大英帝国扩张史

THE EXPANSION of GREAT BRITAIN

ARTHUR HASSALL

〔英〕阿瑟·哈索尔 —————— 著　　曾瑞云 —————— 译

人民东方出版传媒
People's Oriental Publishing & Media
东方出版社
The Oriental Press

图书在版编目（CIP）数据

大英帝国扩张史 / (英) 阿瑟·哈索尔著；曾瑞云译. —北京：东方出版社，2021.3

ISBN 978-7-5207-1776-2

Ⅰ.①大…Ⅱ.①阿…②曾…Ⅲ.①英国—历史—1715-1789Ⅳ.①K561.0

中国版本图书馆CIP数据核字(2020)第245691号

大英帝国扩张史

（DAYING DIGUO KUOZHANGSHI）

作　　者：	[英] 阿瑟·哈索尔	
译　　者：	曾瑞云	
责任编辑：	朱　然	
出　　版：	东方出版社	
发　　行：	人民东方出版传媒有限公司	
地　　址：	北京市西城区北三环中路6号	
邮　　编：	100120	
印　　刷：	北京兰星球彩色印刷有限公司	
版　　次：	2021年3月第1版	
印　　次：	2021年3月第1次印刷	
开　　本：	710毫米×1000毫米　1 / 16	
印　　张：	33.25	
字　　数：	375千字	
书　　号：	ISBN 978-7-5207-1776-2	
定　　价：	128.00元	

发行电话：（010）85924663　85924664　85924641

作者序

　　本书是英国历史教科书系列之一，专为设有英国历史专题课程的班级设计。我们希望这些教科书能适用于中高等学校的教学和地方考试，以及在英格兰、苏格兰、爱尔兰和威尔士举行的其他考试。这一系列教科书篇幅适宜，既能避免简单的史实堆砌，又不会耗去学生大量时间阅读和理解其中的内容。我希望，在吸引学生兴趣的同时，每本教材的史实编排能方便学生记忆。

　　18世纪发生的历史事件对大英帝国的国内外状况产生了深远影响。在国内，1715年和1745年的詹姆斯党人叛乱、卫理公会复兴及工业革命相继发生。在国外，大英帝国征服了加拿大，丢掉了十三块北美殖民地，巩固了其在印度的势力，并且开始殖民澳大利亚。

　　与本系列其他教科书一样，本书充分吸收最新历史研究成果，旨在探究18世纪大不列颠史。因此，本书必然借鉴了关于18世纪大不列颠史的诸多历史著作，其中包括威廉·爱德华·哈特波尔·莱基先生的《18世纪英国史》，《剑桥现代史》系列中的《美国革命》，海军上将阿尔弗雷德·塞耶·马汉的《海权对历史的影响》，威廉·亨特的《1760年到1801年的英国政治史》和马洪伯爵菲利普·斯坦霍普的《英国史》。

与此同时，为获取某个历史事件或人物的更多信息，本书还参考了《国家传记词典》、弗朗西斯·亨利·斯克林先生的《丰特努瓦和大不列颠在1741年到1748年奥地利王位继承战争中的作用》和亨利·克拉克的《苏格兰百年史》等著作。

关于加拿大史部分，弗朗西斯·帕克曼先生的作品值得推荐。阿尔弗雷德·莱尔的《英国在印度统治的兴起与扩张》、威廉·亨特的作品及特洛特上尉的《沃伦·黑斯廷斯传》，为我们了解大不列颠王国在印度的殖民统治提供了丰富的信息。

关于北美殖民地和美国独立战争的著作颇丰，具体目录可检索《剑桥现代史》第七卷卷尾。《剑桥现代史》第七卷为《美国革命》，普通读者可以从中发现大量18世纪北美殖民地的资料。

本书还特别强调威尔士、苏格兰和爱尔兰在政治、社会和宗教方面的重大发展。

在此，我特别感谢《插图英国史》第六版的作者W.S.罗宾逊先生对本书提出的诸多宝贵建议。与此同时，我还想感谢布拉德福德文法学校的C.T.克纳斯先生。他通读了校样，其广博的知识和宝贵的意见令我受益良多。

目 录

第一部分

乔治一世统治时期

（1714—1727）

同时期各主要国家君主			
法兰西王国	神圣罗马帝国	普鲁士王国	俄罗斯帝国
路易十四 1643—1715	查理六世 1711—1740	腓特烈·威廉一世 1713—1740	彼得大帝 1682—1725
路易十五 1715—1774			叶卡捷琳娜一世 1725—1727
西班牙王国	葡萄牙王国	瑞典王国	丹麦王国
腓力五世 1700—1746	约翰五世 1706—1750	卡尔十二世 1697—1718	腓特烈四世 1699—1730
		乌尔里卡·埃利诺拉 1718—1721	
		腓特烈一世 1721—1751	
撒丁王国	教皇国	奥斯曼土耳其帝国	
维克多·阿梅迪奥二世 1720—1730	克雷芒十一世 1700—1721	艾哈迈德三世 1703—1730	
	英诺森十三世 1721—1724		
	本笃十三世 1724—1730		

第 **1** 章

从乔治一世即位到罗伯特·沃波尔内阁初期

（1714—1721）

1714年9月18日，汉诺威选帝侯乔治·刘易斯①登陆英格兰，顺利继承大不列颠王位。1701年的《王位继承法案》确定了汉诺威家族对大不列颠王位的继承权。早在1698年，乔治·刘易斯接替叔叔恩斯特·奥古斯塔斯成为汉诺威选帝侯。随后，由于母亲索菲亚在安妮女王驾崩前几个星期去世，乔治·刘易斯成为欧洲最重要的一个君主国的继承人②。

　　17世纪，汉诺威选帝侯国在德意志地位显赫，其宫廷"富丽堂皇"，堪比德累斯顿和维也纳的宫廷。因此，在成为大不列颠和爱尔兰国王前，乔治·刘易斯已经是欧洲一块重要领土的统治者。

---

① 乔治·刘易斯（George Lewes，1660—1727），英格兰国王詹姆斯一世之女波西米亚女王伊丽莎白·斯图尔特的孙子，英国汉诺威王朝的第一位国王，史称"乔治一世"。——译者注

② 1688年11月光荣革命后，詹姆斯二世（James II of England，1633—1701）因信仰天主教被废黜，其子威尔士亲王詹姆斯出生不到三个月。因此，英格兰议会迎立詹姆斯二世长女玛丽及其丈夫奥兰治的威廉三世共同即英格兰王位。威廉三世是詹姆斯二世姐姐英格兰长公主和奥兰治的威廉二世的儿子，1702年驾崩。由于威廉三世没有后嗣，詹姆斯二世的次女安妮即位。1714年，安妮女王驾崩，没有后嗣。此时，斯图亚特王朝查理一世一脉最直接的继承人是詹姆斯二世的儿子威尔士亲王詹姆斯·弗朗西斯·爱德华·斯图亚特，但1701年的《王位继承法案》不承认天主教教徒的王位继承权。因此，大不列颠王国迎立汉诺威选帝侯乔治·刘易斯为国王。从此，"老王位觊觎者"詹姆斯·弗朗西斯·爱德华·斯图亚特及其子"小王位觊觎者"查尔斯·爱德华·斯图亚特，一直在大不列颠国内外策划推翻汉诺威王朝的运动，史称"詹姆斯党人叛乱"。具体可查看英国王室谱系。——译者注

汉诺威选帝侯乔治·刘易斯

恩斯特·奥古斯塔斯

索菲亚

安妮女王

对原来的汉诺威选帝侯国及其政治制度，乔治一世怀有深厚的感情。他信奉路德教，不会讲英语。登上大不列颠王位后，他很快适应了新的政治环境。他从未试图摆脱宪法对国王权力的制约，尽管此类制约在大不列颠政府体系中比比皆是。他也从未干涉过英格兰国教。因此，他的宗教政策在本质上是自由的。他欣然接受大臣们的建议。由于不懂英语，他不参加内阁会议。因此，他登基后，内阁的重要性和独立性逐步提升。

乔治一世

1714年，陪同乔治一世抵达英格兰的人员中有几位汉诺威选帝侯国枢密院的成员。但他们中对乔治一世的政策产生重大影响的，只有安德烈亚斯·戈特利布·冯·伯恩斯托夫[①]一人。汉诺威选帝侯国派往安妮女王宫廷的特使汉斯·卡斯帕·冯·博特默[②]一直留在英格兰，直到1732年

安德烈亚斯·戈特利布·冯·伯恩斯托夫

---

①　安德烈亚斯·戈特利布·冯·伯恩斯托夫（Andreas Gottlieb von Bernstorff，1649—1726），来自梅克伦堡的伯恩斯托夫家族，1709到1714年任汉诺威选帝侯国的首相，之后随乔治一世前往伦敦，是大不列颠王国中汉诺威系群臣的首领。——译者注

②　汉斯·卡斯帕·冯·博瑟默（Hans Caspar von Bothmer，1656—1732），汉诺威的外交官和政治家。1701年后，他被派往伦敦，曾担任几位大不列颠君主的顾问。——译者注

去世。陪同乔治一世抵达英格兰的约翰·菲利普·冯·哈托夫[1]任乔治一世的御前大臣。大不列颠和汉诺威的政治联盟一直持续到维多利亚女王即位，这为大不列颠国王的执政带来诸多不便，甚至经常影响大不列颠王国的外交政策。可以说，乔治一世的即位将大不列颠王国与汉诺威选帝侯国紧密联系在一起，并且标志着韦尔夫王朝取代斯图亚特王朝。韦尔夫王朝强调建设政党领导的政府，是"理性时代"的明确开端。"理性时代"是指乔治一世登基到乔治二世驾崩这一大不列颠历史时期。

乔治二世

---

[1]　约翰·菲利普·冯·哈托夫（Johann Philipp von Hattorf，1682—1737），1723年到1737年接替安德烈亚斯·戈特利布·冯·伯恩斯托夫的职位。——译者注

罗伯特·沃波尔

　　乔治一世即位后，贵族的影响力逐渐增强。1688年的光荣革命是带有贵族性质的革命。直到1783年小威廉·皮特担任首相前，贵族一直通过未经改革的下议院对大不列颠的政治施加决定性的影响。上议院和下议院的关系一直很融洽。此外，虽然下议院在罗伯特·沃波尔[①]的领导下比以往任何时候都更强大，但一个比上议院更重要的团体——辉格党贵族——仍然是大不列颠最有权势的阶层。辉格党贵族的势力来自他们对新教的支持，与伦敦商人的紧密联盟，以及占有大量土地后在乡村的影

---

① 罗伯特·沃波尔（Robert Walpole，1676—1745），英国历史上第一任首相。——译者注

响力。辉格党贵族富有、聪明，精通管理艺术。他们鼓励英格兰人发展商业，支持不信奉国教者①。因此，乔治二世在位时期，辉格党贵族占据了统治地位。表面上，下议院是国家最高权力机关——在罗伯特·沃波尔的领导下确实如此。但在某种程度上，辉格党贵族控制下议院，不仅可以影响各郡选举，而且占据很多地区的议会席位。直到乔治三世即位，辉格党贵族仍然操控着国王，像操控着大不列颠的社会甚至整个国家一样。直到1760年，年轻的乔治三世希望在政府中有一席之地，人们

乔治三世

---

① 不信奉国教者，指在英国教会史中不"服从"官方认定的英格兰教会的新教教徒，具体包括清教徒、长老会、浸礼会和卫理公会，以及其他加尔文教。——译者注

也开始呼吁下议院代表社会更多阶层的利益。于是辉格党的权力垄断开始逐渐被削弱。

　　乔治一世即位引发的一项重大变化与内阁的历史有关。汉诺威王朝建立前，英格兰的君主都会与大臣们商议政事。查理二世的内阁隶属于由国王提名的枢密院下的一个委员会。1688年光荣革命后，在桑德兰伯爵查尔斯·斯潘塞[①]的建议下，威廉三世决定成立辉格党政府，"在政治协商的共同约束下建立内阁"。但在安妮女王统治早期，各届内阁是

桑德兰伯爵查尔斯·斯潘塞

① 查尔斯·斯潘塞（Charles Spencer, 1675—1722），大不列颠重要政治家，来自著名的斯潘塞家族。——译者注

阿伯丁伯爵乔治·汉密尔顿－戈登

根据综合性原则——囊括各方代表的利益——组建的，其理念是通过联合各方利益加强政府管理。该理念一直深受各位政治家欢迎，直到1852年和1853年，阿伯丁伯爵乔治·汉密尔顿-戈登①领导的辉格党与贵族联盟成立，这个情况才有所改变。

　　但此时，乔治一世即位标志着内阁进入一个新阶段。内阁的意见更受重视。这一转变纯属偶然。由于乔治一世不会说英语，所以让他主持内阁会议就显得很荒唐。于是，国王缺席内阁会议使首席大臣的权力增加。"《王位继承法案》为大不列颠带来了外来君主。外来君主的缺席

---

① 乔治·汉密尔顿–戈登（George Hamilton-Gordon，1784—1860），英国政治家、外交官和贵族领主，1852年到1855年任首相。——译者注

为大不列颠带来了首相"。在罗伯特·沃波尔漫长的首相任期内，内阁对国王的依赖程度日益降低，对议会的依赖程度日益提升。王室特权遭到各种限制后，乔治一世深感不满，乔治二世十分抵触。但由于首相得到下议院多数议员的支持，所以国王越来越无法有效对抗首相的意志。

乔治一世从汉诺威到英格兰之前，什鲁斯伯里公爵查理·塔尔伯特[①]任大不列颠财政大臣。在一批辉格党高级法官的协助下，查理·塔尔伯

什鲁斯伯里公爵查理·塔尔伯特

---

① 查理·塔尔伯特（Charles Talbot，1660—1718），英格兰光荣革命时期著名政治家，主张废黜詹姆斯二世，邀请奥兰治王子威廉三世为英格兰国王。——译者注

特管理着大不列颠王国。与此同时，议会正常运转。乔治一世肯定了辉格党人的行为，成立了一个完全由辉格党人组成的内阁。当时，辉格党的主要领导人有查尔斯·汤森子爵[①]、詹姆斯·斯坦霍普伯爵[②]、罗伯特·沃波尔、巴斯伯爵威廉·普特尼[③]和桑德兰伯爵查尔斯·斯潘塞。其中，首席国务大臣查尔斯·汤森是内阁首脑。

查尔斯·汤森子爵

① 查尔斯·汤森（Charles Townshend, 1674—1738），大不列颠政治家。作为安妮女王统治时期的辉格党领袖，他曾担任英格兰与苏格兰谈判联盟（1707年）的委员和大不列颠王国驻荷兰大使。——译者注

② 詹姆斯·斯坦霍普（James Stanhope, 1673—1721），大不列颠军事家、政治家，乔治一世统治前期的主要大臣。他与法兰西结盟的政策确保了和平，并且使外国对詹姆斯党人的支持降到最低。——译者注

③ 威廉·普特尼（William Pulteney, 1684—1764），辉格党政治家，1707年到1742年在下议院任职。——译者注

詹姆斯·斯坦霍普伯爵

　　查尔斯·汤森是第二代汤森子爵，在许多方面表现突出。威廉三世和安妮女王统治时期，他在政治方面起到领导作用。除了1717年到1721年，他一直任国务大臣，直到1730年退休。随后，他在诺福克开展意义重大的农业技术改良，致力于研究作物轮作和萝卜的田间种植。1717年后，詹姆斯·斯坦霍普伯爵接替查尔斯·汤森子爵任国务大臣。詹姆斯·斯坦霍普伯爵曾参加西班牙王位继承战争，并且率军占领了梅诺卡，但在布里韦加战败。他是一位能力超群、善于雄辩的政治家。

　　罗伯特·沃波尔与查尔斯·汤森是连襟，是一位颇有商人气质的英格兰乡绅，其家族位于诺福克的霍顿。1714年，罗伯特·沃波尔被任命为军队主计长。1715年，他被任命为财政大臣[①]。

巴斯伯爵威廉·普特尼是个野心勃勃的辉格党人，声誉极好，在内阁中任战争大臣。与此同时，威廉·柯珀伯爵任大法官。托马斯·沃顿侯爵任掌玺大臣。诺丁汉伯爵丹尼尔·芬奇任枢密院大臣。桑德兰伯爵查尔斯·斯潘塞脾气火暴、诡计多端，任爱尔兰总督。马尔伯勒公

巴斯伯爵威廉·普特尼

---

① 财政大臣是大不列颠联合王国掌管王国司库的最高首脑。按照惯例，担任该职位的人同时是首相。该职位与其他国家政府形式中的"司库"不同，实际的大不列颠联合王国司库是财政大臣。——译者注

马尔伯勒公爵约翰·丘吉尔

爵约翰·丘吉尔任军队总指挥和军械总司令，曾与"王位觊觎者"詹姆斯·弗朗西斯·爱德华·斯图亚特勾结，但影响力不大。1714年10月到1717年4月，奥福德伯爵爱德华·拉塞尔任海军大臣。1727年，奥福德伯爵爱德华·拉塞尔逝世。由于他没有子嗣，奥福德伯爵爵位就此断绝。

哈利法克斯伯爵查尔斯·蒙塔古曾任财政大臣。1715年年初，哈利法克斯伯爵查尔斯·蒙塔古去世后，卡莱尔伯爵查尔斯·霍华德接替财政大臣一职。1715年10月，卡莱尔伯爵查尔斯·霍华德发现自己不能胜任该职位，便让位给罗伯特·沃波尔。此时，罗伯特·沃波尔的财务能力已经得到广泛认可。

詹姆斯·弗朗西斯·爱德华·斯图亚特

奥福德伯爵爱德华·拉塞尔

哈利法克斯伯爵查尔斯·蒙塔古

卡莱尔伯爵查尔斯·霍华德

在1715年年初的新议会选举中，辉格党获得多数席位。1715年3月17日，下议院召开大会，威尔明顿伯爵斯潘塞·康普顿被选为议长。政府开始筹划打击反对派领导人。在反对派领导人中，博灵布罗克子爵亨利·圣约翰①在安妮女王统治的最后四年发挥了重要作用，并且促成签订

博灵布罗克子爵亨利·圣约翰

① 亨利·圣约翰（Henry St John，1678—1751），大不列颠政治家和政治哲学家。他是保守党的领袖，虽然反对宗教信仰，但在政治上，支持英格兰国教。他支持1715年的詹姆斯党人叛乱。——译者注

《乌得勒支和约》^①。1715年3月28日，博灵布罗克子爵亨利·圣约翰逃亡法兰西，为"王位觊觎者"詹姆斯·弗朗西斯·爱德华·斯图亚特效力了一段时间。1712年以来，奥蒙德公爵詹姆斯·巴特勒一直担任总司令。1715年6月，他发动叛乱失败，也逃亡法兰西。牛津伯爵兼莫蒂默伯爵罗伯特·哈利留了下来，但遭到弹劾，被关进伦敦塔。

奥蒙德公爵詹姆斯·巴特勒

---

① 《乌得勒支和约》是1713年4月到1715年2月在荷兰乌得勒支签订的一系列和平条约。《乌得勒支和约》签订的起因是当时西班牙国王查理二世准备传位给外孙腓力，但腓力同时是法兰西国王路易十四的孙子。因此，西班牙国王查理二世的做法遭到欧洲其他国家的反对，认为此举会导致欧洲两个强大王国的合并，破坏欧洲各国势力的平衡。因此，欧洲各国爆发战争。战后，西班牙、大不列颠、法兰西、葡萄牙、萨瓦、荷兰等欧洲各主要国家签订条约，同意腓力继承西班牙王位，条件是他宣布永久放弃法兰西王位继承权。腓力成为西班牙国王腓力五世，标志着西班牙波旁王朝的开始。——译者注

与此同时，根据《剥夺公权法案》，博灵布罗克子爵亨利·圣约翰和奥蒙德公爵詹姆斯·巴特勒遭到起诉。过了一段时间，议会撤销对牛津伯爵兼莫蒂默伯爵罗伯特·哈利的弹劾。牛津伯爵兼莫蒂默伯爵罗伯特·哈利辩称，他只是遵照安妮女王的意愿行事。当时，人们对大臣应对国家负直接责任的意识还十分模糊。因此，牛津伯爵兼莫蒂默伯爵罗伯特·哈利的辩解仍有一定效力。

牛津伯爵兼莫蒂默伯爵罗伯特·哈利

康斯坦丁·亨利·菲普斯

　　与此同时，辉格党政府还要面对英格兰的混乱和苏格兰的叛乱。辉格党的胜利是党派斗争的结果，是其对手之间的分歧促成的。乔治一世即位当天，诺里奇、伯明翰和布里斯托尔发生了暴乱。牛津大学将荣誉学位授予詹姆斯党人康斯坦丁·亨利·菲普斯，他是上一任爱尔兰大法官。1715年年初，大不列颠各地的骚乱大幅加剧，特别是在斯塔福德郡。显然，这些骚乱是托利党引起的。因此，议会通过《暴动法案》，内容包括：禁止十二人以上扰乱治安的集会；赋予法官更多权力；严惩毁坏教堂的行为。

　　托利党是议会第一大党，但缺乏得力的领导人及行动指导方针。此时，托利党人对世袭权力的支持有所动摇，因为他们确信，支持天主教教徒詹姆斯·弗朗西斯·爱德华·斯图亚特即位，将会沉重地打击英格兰教会。虽然托利党内的极端分子是詹姆斯党人，但从整体上讲，托利党绝不会牺牲英格兰教会。他们憎恨乔治一世即位，对辉格党人的胜利心怀怨恨，但只满足于祈祷詹姆斯·弗朗西斯·爱德华·斯图亚特健康长寿及诅咒汉诺威人万劫不复。作为一股政治力量，托利党就此瓦解。直到1745年叛乱结束后，辉格党仍将托利党等同于詹姆斯党。当时，乔治一世和乔治二世也全力支持辉格党政权。在议会中，托利党的残余势力由诚实能干的威廉·温德姆领导。后来，詹姆斯党人聚集在威廉·希彭麾下。

威廉·温德姆

威廉·希彭

　　1715年到1760年，即辉格党统治的四十五年间，其统治权威几乎没有遇到任何挑战。辉格党培养了令人钦佩的行政管理人员，竭力维护大不列颠的国外及殖民利益。在辉格党单独掌权的时代，大不列颠征服了加拿大，成为欧洲在印度的霸主。辉格党虽然在行政管理上表现出色，在许多改革实践中获得成功，但没有得到大不列颠人民的衷心拥护。辉格党的教会政策导致宗教事务停滞不前。此外，辉格党没有出台任何措施鼓励文学创作。有人认为，辉格党的统治与威尼斯的寡头政治类似。该时期被称为"理性时代"。其间，辉格党逐渐脱离群众，并且没有采取任何措施补救滥用议会代表制度造成的一系列问题。不仅如此，辉格党还牺牲了对宗教、文学、艺术的更高追求，一味鼓励国家追求商业利益和物质繁荣。

1715年，新的汉诺威王朝不得不面对詹姆斯党人叛乱的严峻形势。詹姆斯党人起义并非毫无成功的可能性。对大不列颠王国，苏格兰人有强烈抵触情绪。可以毫不夸张地说，除了极少数人，绝大部分苏格兰人对大不列颠王国怀有强烈的仇恨。安妮女王统治后期，上议院和下议院都试图结束英格兰王国与苏格兰王国的联合。将麦芽税扩大到苏格兰的行为导致苏格兰发生骚乱。安妮女王驾崩后，苏格兰所有党派团结起来对抗英格兰。

乔治一世即位后，詹姆斯党领导人希望获得法兰西的援助，以扶持王位觊觎者詹姆斯·爱德华·斯图亚特上位。詹姆斯党人希望，只要他们在战场上取得胜利，他们的主张就能得到托利党人的支持。他们还想借助苏格兰人对英格兰的仇恨及对民族独立的热情，唤醒苏格兰人对斯图亚特王朝的忠诚，使这份忠诚成为苏格兰民族自豪感的一部分。他们甚至希望，苏格兰高地上"万古长存的风俗和传统"能承载一切。实际上，当时大不列颠的状况也令詹姆斯党人信心十足。路易十四仍然统治着法兰西王国。他虽然年事已高，但应该会极力支持任何反对大不列颠的运动。大多数苏格兰人都支持詹姆斯党人，但当时，格拉斯哥和其他拥护大不列颠王国的城镇还没有什么分量。大不列颠政府只得到少数英格兰人的衷心拥护。此外，大不列颠政府的军队人数不足，作战效率不高，不足以时刻保持戒备状态。

后世认为，詹姆斯党人要确保成功，必须得到法兰西王国的援助，并且有效组织起义。詹姆斯党人必须同时在英格兰和苏格兰发动起义。升起义旗时，詹姆斯·弗朗西斯·爱德华·斯图亚特必须在场。或许还可以加上一点，即高地族人必须团结在各自族长之下，时刻准备为斯图亚特王朝赴汤蹈火，否则起义毫无胜算。然而，这些成功的要素无一存在。因此，詹姆斯党人1715年的起义惨遭失败。

1715年8月2日，马尔伯爵约翰·厄斯金[①]秘密离开伦敦，乘船前往苏格兰。世人称马尔伯爵约翰·厄斯金为"摇摆的约翰"，暗示他缺乏政治立场。在安妮女王统治期间，马尔伯爵约翰·厄斯金曾担任苏格兰事务大臣，支持苏格兰王国与英格兰王国联合。安妮女王统治后

马尔伯爵约翰·厄斯金

---

① 约翰·厄斯金（John Erskine，1675—1732），苏格兰贵族，詹姆斯党人领袖。——译者注

期，他策划废除王国联合，恢复斯图亚特王朝。乔治一世即位后，他尝试在辉格党的政府下谋取职位。然而，乔治一世不愿与安妮女王的大臣及托利党人有任何联系。于是，他将马尔伯爵约翰·厄斯金的苏格兰事务大臣一职交给蒙特罗斯公爵詹姆斯·格雷厄姆。马尔伯爵约翰·厄斯金决定趁詹姆斯党人起义伺机报复。在阿伯丁郡，马尔伯爵约翰·厄斯金有很大影响力。1715年8月27日，他参加了"王位觊觎者"詹姆斯·弗朗西斯·爱德华·斯图亚特的支持者在阿伯丁郡举行的一场狩猎活动。1715年9月6日，在布雷马，起义者高举"王位觊觎者"詹姆斯·弗朗西斯·爱德华·斯图亚特的大旗，宣称詹姆斯·弗朗西斯·爱

蒙特罗斯公爵詹姆斯·格雷厄姆

德华·斯图亚特为苏格兰的詹姆斯七世和英格兰的詹姆斯三世。福斯河以北许多地区宣布承认他为苏格兰国王。然而，起义因时机不对而埋下了失败的种子。1715年8月6日，奥蒙德公爵詹姆斯·巴特勒企图在英格兰西部发动起义，但随后宣告失败，并且逃亡巴黎。1715年9月1日，路易十四驾崩，摄政王奥尔良公爵腓力二世①无意卷入对英格兰的战争，并且宣布保持中立。路易十四曾多次鼓励詹姆斯党人，甚至在驾崩前赠

奥尔良公爵腓力二世

① 腓力二世（Philip II，1674—1723），路易十四的弟弟奥尔良公爵腓力一世的儿子。1715年到1723年，路易十五初登基，地位不稳，由奥尔良公爵腓力二世任摄政王。——译者注

予詹姆斯党人武器和金钱。对詹姆斯党人的事业来说，路易十四的驾崩是一个沉重的打击。逃出英格兰后，博灵布罗克子爵亨利·圣约翰加入了"王位觊觎者"詹姆斯·弗朗西斯·爱德华·斯图亚特的军队，并且成为其名义上的首席顾问。博灵布罗克子爵亨利·圣约翰建议推迟起义时间，但为时已晚。詹姆斯·弗朗西斯·爱德华·斯图亚特更信任马尔伯爵约翰·厄斯金，并且给他发送密令。在詹姆斯·弗朗西斯·爱德华·斯图亚特的拥趸中，只有博灵布罗克子爵亨利·圣约翰和伯里克公爵詹姆斯·菲茨詹姆斯①能组织起义，但他们均遭弃用。詹姆斯党起义

伯里克公爵詹姆斯·菲茨詹姆斯

---

① 詹姆斯·菲茨詹姆斯（James FitzJames，1670—1734），英格兰国王詹姆斯二世与马尔伯勒公爵约翰·丘吉尔的姐姐阿拉贝拉·丘吉尔的私生子。——译者注

军由于缺乏有效管理，所以几乎不可能得到法兰西国王的援助。马尔伯爵约翰·厄斯金能力不足，既缺乏谋略，也没有军事才能。叛乱突然爆发，使许多詹姆斯党人大吃一惊，其他人被马尔伯爵约翰·厄斯金的傲慢态度疏远。虽然马尔伯爵约翰·厄斯金拥有一万人马，但其处境十分不利。许多苏格兰高地氏族仍然坚定支持大不列颠政府。当时，高地氏族还没有意识到高地习俗最终将被废除，族长制度会被根除。1715年，麦凯氏族首领雷伊勋爵乔治·麦凯、狡猾的弗雷泽首领洛瓦特勋爵西蒙·弗雷泽、萨瑟兰伯爵约翰·戈登等人，一直反对詹姆斯党人。1715

弗雷泽首领洛瓦特勋爵西蒙·弗雷泽

年3月，马尔伯爵约翰·厄斯金率领军队驻扎在珀斯。大不列颠王国政府驻苏格兰军队指挥官阿盖尔公爵阿奇伯尔德·坎贝尔是一位"在战场和会议室都有杰出表现的人物"。此时，他正竭力在斯特灵集中军队抗击北部和东部的起义，以防马尔伯爵约翰·厄斯金率军跨过福斯河南下。马尔伯爵约翰·厄斯金举步维艰，如果向南挺进，那么会在后方留下许多敌对的高地氏族。此外，马尔伯爵约翰·厄斯金离开苏格兰时，"王位觊觎者"詹姆斯·弗朗西斯·爱德华·斯图亚特可能会登陆苏格兰。因此，马尔伯爵约翰·厄斯金决定派一支由博尔洛姆的麦金托什准将率

阿盖尔公爵阿奇伯尔德·坎贝尔

领的特遣队进入英格兰。博尔洛姆的麦金托什准将是高地人，曾在大不列颠军队服役。马尔伯爵约翰·厄斯金认为，英格兰会有一大批詹姆斯党人来与博尔洛姆的麦金托什准将会合。博尔洛姆的麦金托什准将率一千五百人顺利渡过了福斯河。虽然没能占领由乔治·普雷斯顿将军控制的爱丁堡，但他还是向凯尔索进发。在凯尔索，托马斯·福斯特、德文沃特伯爵詹姆斯·拉德克利夫和肯穆尔子爵威廉·戈登加入了博尔洛姆的麦金托什准将的军队。此前，即1715年10月12日，肯穆尔子爵威廉·戈登召集了一支两百人的部队，在邓弗里斯郡的莫弗特宣布承认詹姆斯·弗朗西斯·爱德华·斯图亚特为苏格兰国王。接着，博尔洛姆的麦金托什准将的军队经过卡莱尔和兰开斯特，向普雷斯顿进发。大部分英格兰人虽然在情感上支持斯图亚特王朝，"但在理性判断上支持汉诺威王朝"。

刚到达普雷斯顿，詹姆斯党人的军队就被乔治·卡朋特男爵和查尔斯·威尔斯将军率领的军队包围了。1715年11月13日，詹姆斯党人的军队被迫投降。显然，马尔伯爵约翰·厄斯金完全高估了詹姆斯党人在英格兰的实力。事实上，他们根本不可能组织任何强大的力量对抗政府。

博尔洛姆的麦金托什准将的军队在普雷斯顿战败当天，马尔伯爵约翰·厄斯金和阿盖尔公爵阿奇伯尔德·坎贝尔在珀斯和斯特灵之间的谢利菲穆尔交锋，难分胜负。谢利菲穆尔位于奥希尔山的一个山坡上。当马尔伯爵约翰·厄斯金的右翼冲破对面的大不列颠军队时，阿盖尔公爵阿奇伯尔德·坎贝尔成功地将高地军队的左翼赶出战场。一首老歌这样描述战斗结果：

有人说他赢了，有人说我赢了，

有人说谁都没赢，伙计，

托马斯·福斯特

德文沃特伯爵詹姆斯·拉德克利夫

肯穆尔子爵威廉·戈登

查尔斯·威尔斯

但有一点可以肯定，在谢拉穆尔^①，

确实有一场战斗，伙计。

阿盖尔公爵阿奇伯尔德·坎贝尔获得了这场战斗的胜利，并且守住了阵地。马尔伯爵约翰·厄斯金的军队退回珀斯。与此同时，洛瓦特勋爵西蒙·弗雷泽和卡洛登的邓肯·福布斯联合起来，将詹姆斯党人赶出了因弗内斯。于是，马尔伯爵约翰·厄斯金很快陷入困境。1715年12月

邓肯·福布斯

---

① 谢拉穆尔，谢利菲穆尔的别称。——译者注

22日，当詹姆斯·弗朗西斯·爱德华·斯图亚特登陆阿伯丁郡的彼得黑德时，起义实际上已经结束了。如果詹姆斯·弗朗西斯·爱德华·斯图亚特能在1715年9月登陆苏格兰，那么他的出现或许会遏制其他人对马尔伯爵约翰·厄斯金的猜忌及化解起义者内部的分歧，并且让马尔伯爵约翰·厄斯金更好地推进起义。"王位觊觎者"詹姆斯·弗朗西斯·爱德华·斯图亚特的拥趸或许会团结起来，为苏格兰的独立英勇抗争。然而，詹姆斯·弗朗西斯·爱德华·斯图亚特来得太晚了。此外，他虽然和蔼可亲，心地善良，但没有军事素养，不能激发拥趸的热情。同时，他缺乏英雄气概，这只会让军队的意志更消沉。

虽然高地人愿意继续战斗，但成功的机会已经十分渺茫。詹姆斯党人如果有一位更善于高地作战的领袖，那么趁大不列颠政府毫无防备，打个出其不意，起码可以为辉格党政府征服苏格兰设置重重障碍。但由于马尔伯爵约翰·厄斯金的无能，大不列颠军队得以争取时间加强兵力。1715年11月13日后，詹姆斯·弗朗西斯·爱德华·斯图亚特及其拥趸已经没有胜算。在苏格兰待了大约六个星期后，在马尔伯爵约翰·厄斯金的陪同下，詹姆斯·弗朗西斯·爱德华·斯图亚特回到法兰西。1716年2月8日，当阿盖尔公爵阿奇伯尔德·坎贝尔率军到达阿伯丁郡时，詹姆斯党的军队已经解散。

詹姆斯党人1715年的起义不占天时与地利，失败的原因显而易见：詹姆斯党人没有得到法兰西王国的援助；起义军管理不善；"王位觊觎者"詹姆斯·弗朗西斯·爱德华·斯图亚特在几个顾问间摇摆不定；马尔伯爵约翰·厄斯金指挥不力；许多苏格兰当地部落效忠大不列颠政府；起义军过于依赖不可能发生的英格兰起义的响应；辉格党政府实行了有效的措施；起义军没有同时煽动爱尔兰起义；"王位觊觎者"詹姆斯·弗朗西斯·爱德华·斯图亚特不能唤起高地人对自己的忠诚；詹姆斯·弗朗西斯·爱德华·斯图亚特出现在苏格兰的时间太晚；阿盖尔公爵阿奇伯尔德·坎贝尔的作战技巧和勇气及其在苏格兰的斡旋。以上原因都造成了起义的迅速崩溃，尽管起义在开始时似乎具备一些成功的因素。

　　1715年叛乱期间，大不列颠政府采取有力措施，派出一支舰队停在圣马洛城外阻止奥蒙德公爵詹姆斯·巴特勒登陆大不列颠。政府暂停实施《人身保护法案》[①]，并且在大不列颠王国悬赏十万英镑通缉詹姆斯·弗朗西斯·爱德华·斯图亚特。据说，许多疑似倾向詹姆斯党的托利党人被逮捕，其中包括威廉·温德姆和泽西伯爵威廉·维利尔斯。政府将英格兰的八千驻军派往西部，又立即从荷兰召集六千多名士兵。政

泽西伯爵威廉·维利尔斯（左）

---

① 《人身保护法案》是1679年英格兰查理二世统治时期议会通过的一项法案。该法案要求法院为审查拘留囚犯提供合法证据，从而防止非法或随意监禁。《人身保护法案》的制定为保障个人权利铺平了道路，被认为是法律史上的一个里程碑。——译者注

府在英格兰和苏格兰都集结了新的军队，并且采取有力措施打击叛军。英格兰的兵力还在组织加强阶段时，阿盖尔公爵阿奇伯尔德·坎贝尔独自在苏格兰镇压叛乱分子。这时，如果伯里克公爵詹姆斯·菲茨詹姆斯率领正规军，并且取代马尔伯爵约翰·厄斯金获得指挥权，那么大不列颠政府就会陷入困境。叛乱结束后，政府必须决定以何种方式和力度惩罚被捕的叛乱分子。辉格党人认为，1688年议会制定的《光荣革命解决方案》[①]是不能撤销的，詹姆斯党人的行为违反宪法。因此，下议院弹劾并逮捕了七名詹姆斯党贵族：肯穆尔子爵威廉·戈登、德文沃特伯爵詹姆斯·拉德克利夫、温顿伯爵乔治·西顿、尼斯代尔伯爵威廉·麦克斯韦尔、威廉·威德灵顿伯爵、康沃斯伯爵罗伯特·达尔泽尔和奈恩勋爵威廉·默里。肯穆尔子爵威廉·戈登和德文沃特伯爵詹姆斯·拉德克利夫被处死。温顿伯爵乔治·西顿和尼斯代尔伯爵威廉·麦克斯韦尔成功逃脱，其中尼斯代尔伯爵威廉·麦克斯韦尔的出逃多亏了妻子的帮助。其他人被判缓刑。博尔洛姆的麦金托什准将和托马斯·福斯特也顺利逃脱，这可能是政府故意放他们逃脱。英格兰和苏格兰地位较低的叛乱分子的命运各不相同。起初，政府采取严厉措施，在兰开夏郡大规模处决高地叛乱分子。但后来，政府放宽政策。在阿盖尔公爵阿奇伯尔德·坎贝尔的影响下，苏格兰高地各氏族成员被遣送回各自的家园。有八十九名苏格兰囚犯虽然因违反《联合法案》被带到卡莱尔受审，但不是被释放就是只受到轻微的惩罚。

在布洛涅登陆后，詹姆斯·弗朗西斯·爱德华·斯图亚特继续前往圣日耳曼。他解雇了唯一能干的顾问博林布罗克子爵亨利·圣约翰，任命无能的马尔伯爵约翰·厄斯金为顾问大臣。由于大不列颠王国与法兰西王国持续发展友好关系，詹姆斯·弗朗西斯·爱德华·斯图亚特只

---

① 《光荣革命解决方案》，1688年光荣革命后，英格兰议会制定的建立议会主权的一系列立法方案。——译者注

能在教皇治下的阿维尼翁寻求庇护。在阿维尼翁短暂逗留后，迫于奥尔良公爵腓力二世的压力，詹姆斯·弗朗西斯·爱德华·斯图亚特回到意大利。1719年2月，詹姆斯·弗朗西斯·爱德华·斯图亚特访问西班牙。1719年5月28日，他在布洛涅迎娶了波兰国王扬三世·索别斯基的孙女玛丽亚·克莱门蒂娜·索比斯卡。他们生了两个儿子，长子查理·爱德华·斯图亚特领导了1745年的叛乱。在一段时间内，詹姆斯·弗朗西斯·爱德华·斯图亚特的主要顾问是奥蒙德公爵詹姆斯·巴特勒和马尔伯

波兰国王扬三世·索别斯基

玛丽亚·克莱门蒂娜·索比斯卡

爵约翰·厄斯金。1722年，马尔伯爵约翰·厄斯金因背叛被解职。1766年，在罗马，詹姆斯·弗朗西斯·爱德华·斯图亚特因疲病多年去世。

虽然成功镇压了1715年的叛乱，但乔治一世在英格兰并不受欢迎。根据1694年颁布的《三年法案》，议会必须在1716年年底前解散。辉格党政府害怕选举引发骚动，并且不确定本党能否选举获胜。于是，辉格党政府废除《三年法案》。1716年5月7日，议会通过《七年法案》[①]，从而将新一届议会选举推迟到1720年。该法案长期有效，但在当时只是

---

① 1716年通过的《七年法案》将议员的最长任职期限从三年延长到七年。该法案从1716年实施到1911年。1694年颁布的《三年法案》规定议员的任期是三年。——译者注

一项临时法案。由于当时局势动荡，《七年法案》被认为是一项必要措施。托利党人反对《七年法案》，认为这项法案违背宪法，是对人民权利的篡夺。辉格党人辩称，该法案将免除频繁选举花费的开支，减少党派仇恨，提高政府安全性。毫无疑问，这项措施产生的一个结果是使下议院愈发独立于各选区，因为议员一旦当选，会将伦敦作为自己的活动中心，而不必因选举迫在眉睫而往返于选区与伦敦之间。但与此同时，这项措施有利于维护政府国内外政策的稳定，巩固汉诺威王朝的统治。因此，下议院的席位比从前更有价值，选举中的贿赂现象随之增加。然而，直到提出1832年的《改革提案》，下议院在很大程度上仍然依靠拥有巨大财富及影响力的贵族。国王对下议院的影响一直持续到1782年美国独立战争结束时。

1715年叛乱还使议会通过了暂停教士会议的决议。直到1853年，教士会议才复会。辉格党人想遏制教会的影响。为遏制宗教狂热，罗伯特·沃波尔在长年内阁任期内大量任命辉格党人为主教。因此，1715年的叛乱使辉格党通过各种方式巩固了自己的权力。直到乔治三世即位，大不列颠王国一直由辉格党统治，其间涌现了不少干练的行政人才。然而，全国各地仍出现了反对辉格党的强烈呼声。虽然反对派缺乏统一组织，但这一事实本应该使辉格党意识到团结的必要性。

1717年前，由于必须联合行动，辉格党内各派一直没有出现纷争。但詹姆斯党人带来的直接威胁刚刚消除，辉格党内的争端就开始了。这显得很不合时宜，因为身在国外的詹姆斯党人从未停止过阴谋夺权的步伐，大部分大不列颠人民也对汉诺威王朝的国王和辉格党政府深感厌恶。此外，由于欧洲政局动荡，大不列颠王国更需要一个强大而稳定的政府。当时，波罗的海的战争持续不断，西班牙王国正伺机夺回在地中海的统治地位。虽然面临这样的国际局势，并且大不列颠王国刚实现内部安定，但辉格党任由内部分歧进一步扩大。最终，辉格党分裂，查尔斯·汤森子爵和罗伯特·沃波尔领导一派，詹姆斯·斯坦霍普伯爵和桑德兰伯爵查尔斯·斯潘塞领导另一派。

乔治一世的举动促成了辉格党的分裂。他坚持撤销《王位继承法》[①]中约束君主离开领土的条款。1716年夏，在南方事务大臣[②]詹姆斯·斯坦霍普伯爵的陪同下，乔治一世回到汉诺威。北方事务大臣查尔斯·汤森子爵留在国内。由于与威尔士亲王乔治·奥古斯塔斯的关系不佳，乔治一世不愿意将政府交给威尔士亲王乔治·奥古斯塔斯管理，并且称威尔士亲王乔治·奥古斯塔斯虽然是大不列颠王国的守护者，但不是摄政王。查尔斯·汤森子爵和威尔士亲王乔治·奥古斯塔斯因公务交往密切遭到乔治一世的猜忌。来自汉诺威的朝臣对查尔斯·汤森子爵心怀怨恨，不断进谗言反对他。这是由于查尔斯·汤森子爵出于高度的国家荣誉感设置了诸多政策上的限制，无法满足汉诺威朝臣攫取财富的贪欲。

此外，查尔斯·汤森子爵和罗伯特·沃波尔不赞成乔治一世和詹姆斯·斯坦霍普伯爵推崇的外交政策。乔治一世公开希望动用大不列颠舰队保卫汉诺威的不来梅和费尔登，并且将梅克伦堡从俄罗斯军队的控制下解救出来，因为俄罗斯军队的存在令汉诺威选帝侯国政府深感不安。1716年10月，大不列颠王国政府与法兰西王国政府谈判，结成同盟。然而，作为内阁首脑，查尔斯·汤森子爵一直置身事外。

辉格党内部的分歧是由桑德兰伯爵查尔斯·斯潘塞恶意挑起的。他和詹姆斯·斯坦霍普伯爵一起在汉诺威追随乔治一世。自从被任命为爱尔兰总督后，桑德兰伯爵查尔斯·斯潘塞一直反对查尔斯·汤森子

---

① 《王位继承法》是英格兰议会1701年通过的一项法案，旨在规定英格兰和爱尔兰王位只能由新教教徒继承。根据此规定，下一位继承王位的新教教徒是汉诺威的索菲亚，她是英格兰和爱尔兰国王詹姆斯一世的孙女。由于索菲亚先于安妮女王去世，大不列颠王位继承权落到索菲亚的儿子乔治一世身上。该法案还有其他一系列次要条款。——译者注

② 南方事务大臣负责与法兰西王国和西班牙王国有关的事务，北方事务大臣负责与神圣罗马帝国和斯堪的纳维亚半岛北部有关的事务。——原注

爵。乔治一世恰好成为桑德兰伯爵查尔斯·斯潘塞手中的工具。1716年12月，查尔斯·汤森子爵被撤掉北方事务大臣一职，担任爱尔兰总督。1717年4月，查尔斯·汤森子爵被革职后，罗伯特·沃波尔和巴斯伯爵威廉·普特尼也随之辞职。

辉格党的分裂就此结束，政府重组。詹姆斯·斯坦霍普伯爵担任财政大臣，桑德兰伯爵查尔斯·斯潘塞和约瑟夫·爱迪生担任国务大臣。1718年，由于詹姆斯·斯坦霍普伯爵被提升为上议院议员，桑德兰伯爵查尔斯·斯潘塞成为第一财政大臣，约翰·艾斯拉比为财政大臣，詹姆斯·斯坦男爵担任空缺的国务大臣一职。

1717年到1721年，在国内事务方面，詹姆斯·斯坦霍普伯爵和桑德兰伯爵查尔斯·斯潘塞采取了一系列明智措施。《分裂法案》[①]和《临时国教法案》[②]被废除，但由于圣公会的反对，《测试法案》和《公司法案》[③]仍然保留，罗马天主教教徒仍然遭受迫害。

1719年，为巩固上议院的权力，并且使其独立于国王或者下议院，桑德兰伯爵查尔斯·斯潘塞提出《贵族提案》。《贵族提案》禁止无故授封任何贵族[④]，并且限制汉诺威王朝的国王授封贵族的权力。当时共

[①] 《分裂法案》是1714年大不列颠王国议会通过的法案。它规定，任何人想在公立或私立学校任职，必须首先获得主教签发的许可证。因此，教育工作者必须遵守英格兰国教的礼仪，并且在过去一年参加过英格兰国教的仪式，但这项法案没有真正执行过。——译者注

[②] 《临时国教法案》是1711年托利党通过的一项决议，旨在削弱辉格党，并且确保议会选举被托利党控制。这项法案规定非英格兰国教徒不能进入议会、英格兰或者威尔士的任何国家或者地方政府。一个人如果参加过任何其他宗教的"宗教聚会、集会或会议"，那么将被罚四十英镑，并且永久不得在政府任职。——译者注

[③] 《测试法案》和《公司法案》规定，任何当选公共职位的个人必须在当选规定时间内宣誓信奉英格兰国教，确保公职人员是英格兰国教徒。宣誓仪式在参加英格兰国教会圣餐礼时举行。拒绝宣誓者将被排除在政府、军队和大学之外，并且被处以刑罚。《测试法案》原来只适用于平民，多次修订后延伸到贵族。1828年，在托利党的推动下，这项法案被废除。——译者注

[④] 譬如1712年，牛津伯爵兼莫蒂默伯爵罗伯特·哈利和博灵布罗克子爵亨利·圣约翰受封。——原注

约翰·艾斯拉比

詹姆斯·斯坦男爵

一百七十八名贵族，只能再授封六名贵族。上议院通过了这项提案，但罗伯特·沃波尔意识到确保下议院主导地位的重要性，便坚决反对这项提案。因此，这项提案在下议院未能通过。一旦这项提案通过，辉格党的权力将永久化，上议院和下议院将无法就任何有争议的问题达成协议。

1719年，即桑德兰伯爵查尔斯·斯潘塞的《贵族提案》被否决的这年，南海公司的业务得到迅速发展。1711年，南海公司成立，并且得到议会法案认可，获得了在太平洋和南美洲东海岸，即从合恩角到奥里诺科河的独家贸易权。此外，南海公司还从《乌得勒支和约》中获益。大不列颠王国政府为南海公司争取到从事非洲奴隶贸易的独家授权，以及每年派遣一艘船与南美洲的西班牙殖民地进行贸易活动的权利。1717年，南海公司提议给予国债持有人股份而不是股票，并且提议让自己成为政府的唯一债权人。然而，国债的增加引发了大众的担忧。更多分红的前景刺激国债投资者开展外汇交易。由于迫切想从南海公司获利，人们纷纷涌入股票市场。1720年8月，南海公司股票价格迅速从一百英镑上升到一千英镑。于是，许多泡沫公司迅速成立，一波投机浪潮席卷整

合恩角

约翰·劳

个大不列颠。与此同时，法兰西王国卷入了一项与之类似的密西西比计划。这项计划由苏格兰人约翰·劳发起。最终，法兰西王国和大不列颠王国损失惨重，许多人甚至破产。1720年11月，南海公司的股价跌到一百三十五英镑。

由于南海公司的泡沫，许多人倾家荡产。一项调查显示，南海公司贿赂了好几位大臣，诱使他们支持一项允许南海公司接管国债的提案。

桑德兰伯爵查尔斯·斯潘塞被迫辞职。财政大臣约翰·艾斯拉比被逐出下议院。在这场危机中，詹姆斯·斯坦霍普伯爵并未深陷其中，但于1721年2月突然去世。

在很大程度上，詹姆斯·斯坦霍普伯爵为南欧和平做出了贡献。由于法兰西王国和俄罗斯帝国的影响，1721年，波罗的海战争结束。詹姆斯·斯坦霍普伯爵的外交政策虽然缺乏政治远见，但目标明确，即维持《乌得勒支和约》和实现欧洲和平。乔治一世即位时及随后许多年内，一场全面的欧洲战争随时都有爆发的可能：西班牙王国和奥地利公国没能在乌得勒支达成和约；奥斯曼土耳其帝国即将与威尼斯共和国和奥地利公国开战；波罗的海的战事正如火如荼，汉诺威选帝侯国、丹麦王国、普鲁士王国、波兰王国和俄罗斯帝国联合攻打瑞典王国；奥尔良公爵腓力二世摄政法兰西王国引起西班牙国王腓力五世的强烈敌意；

西班牙国王腓力五世

伊丽莎白·法尔内塞

腓力五世的第二任王后伊丽莎白·法尔内塞[1]对奥地利公国在意大利的霸权同样充满敌意。

经历了詹姆斯党人叛乱后，对大不列颠王国的大臣来说，1715年是忧心忡忡的一年。幸运的是，叛乱被轻易镇压。与此同时，法兰西王国孤立无援，并且面对西班牙王国的敌意，摄政王奥尔良公爵腓力二世及

---

① 伊丽莎白·法尔内塞（Elizabeth Farnese，1692—1766），帕尔马公国的继承人。她成为西班牙王后时，腓力五世已经有三个儿子。因此，她的儿子查理继承西班牙王位的希望渺茫。于是，她极力为儿子查理作为帕尔马公国第一顺位继承人在意大利扩充领土。伊丽莎白·法尔内塞的野心引发多国在意大利的领土纷争。与此同时，由于腓力五世个性软弱，在他统治期间，伊丽莎白·法尔内塞是西班牙的实际统治者。——译者注

纪尧姆·迪布瓦

其精明的大臣纪尧姆·迪布瓦①被迫向大不列颠王国政府示好。实际上，乔治一世在许多方面的处境与奥尔良公爵腓力二世相似。虽然路易十四在1715年9月1日驾崩，并且1716年大不列颠王国政府又与神圣罗马帝国政府签订条约，稳固了汉诺威选帝侯国的地位，但"王位觊觎者"詹姆斯·弗朗西斯·爱德华·斯图亚特仍在法兰西虎视眈眈。詹姆斯党人阴谋不断，使乔治一世焦虑不安。奥尔良公爵腓力二世也陷入焦虑中，因为他的地位很不牢固——西班牙王国腓力五世一直企图推翻他的统治。为稳固自身地位，并且让法兰西王国摆脱孤立困境，奥尔良公爵腓力二

① 纪尧姆·迪布瓦（Guillaume Dubois，1656—1723），法兰西枢机主教，摄政王奥尔良公爵腓力二世政府的首席大臣。——译者注

海牙

世派纪尧姆·迪布瓦前往海牙与詹姆斯·斯坦霍普伯爵会面，并且在汉诺威继续谈判。1716年10月，大不列颠王国和法兰西王国结盟。1717年1月4日，荷兰共和国加入，形成三国同盟。

三国同盟成立后，欧洲政坛发生了一场革命性巨变。这场巨变的重要性堪比1756年爆发的革命。在这场革命中，法兰西王国甚至与宿敌奥地利公国联手作战。

以汉诺威王朝和法兰西波旁王朝的利益为基础，新的同盟制度建立起来。然而，三国同盟的基础比王朝利益更牢固。法兰西王国政府已经被西班牙王位继承战争拖得筋疲力尽。此时，法兰西王国政府需要休养生息。因此，只有与大不列颠政府结盟，法兰西才能避免落入西班牙国王腓力五世之手的风险。对大不列颠王国来说，将"王位觊觎者"詹姆斯·弗朗西斯·爱德华·斯图亚特驱逐出法兰西，确保巴黎不再是詹姆斯党人策划阴谋诡计的中心，也很重要。此外，三国同盟打消了法俄联盟的可能性，大大打击了瑞典国王卡尔十二世对大不列颠的野心。对西班牙国王腓力五世和朱利奥·阿尔贝罗尼[①]来说，三国同盟是个令人不快的意外，他们本来希望乔治一世在他们针对奥尔良公爵腓力二世时能提供支持，或者至少保持中立。三国同盟的建立是出于必要，而非感情使然。实际上，无论是大不列颠人民，还是法兰西人民，都不欢迎三国同盟。

三国同盟影响深远。最终证明，在三国同盟中，大不列颠王国比法兰西王国获益更多。当大不列颠王国稳步扩展贸易，逐渐建立海上霸权时，法兰西王国却忽略舰队发展，陷入欧洲战争。大不列颠王国与法兰

瑞典国王卡尔十二世

---

① 朱利奥·阿尔贝罗尼（Giulio Alberoni，1664—1752），意大利枢机主教和政治家，此时为西班牙国王腓力五世效力。——译者注

朱利奥·阿尔贝罗尼

西王国的联盟一直持续到1742年左右。其间，大不列颠王国一直利用三国同盟，但法兰西王国从未意识到这一点。当与大不列颠王国的冲突不可避免时，法兰西王国有必要在印度和加拿大做好充分准备，拥有一支能在海上独霸一方的舰队。

1688年到1697年，以及1702年到1713年，大不列颠王国和法兰西王国一直处于战争状态。1742年到1748年，以及1756年到1763年，两国再次交战。大不列颠王国和法兰西王国不但要争夺海上霸权，而且要争夺在印度和加拿大的霸权。因此，1717年到1742年，大不列颠王国和法兰西王国搁置分歧，和平共处。与法兰西联盟是罗伯特·沃波尔外交政策的基石。长期执政期间，他一直维持着这个联盟。

詹姆斯·斯坦霍普伯爵是主持大不列颠王国与法兰西王国、荷兰共和国谈判的大不列颠王国大臣。三国同盟的成功主要归功于他。查尔斯·汤森子爵没有参与三国同盟的谈判，因为他不赞同詹姆斯·斯坦霍普伯爵的外交政策，这也是造成辉格党分裂和1717年查尔斯·汤森子爵下台的一大原因。

随后，大不列颠王国与法兰西王国的联盟让西班牙大臣朱利奥·阿尔贝罗尼的外交计划受挫。但之后几个月内，他成功策划了西班牙国王腓力五世及王后伊丽莎白·法尔内塞攻打神圣罗马帝国的意大利属地的计划。然而，奥地利公国在意大利逮捕了一名西班牙官员，迫使朱利奥·阿尔贝罗尼采取行动。1717年8月，西班牙王国占领了神圣罗马帝国属地撒丁岛。1718年7月，西班牙王国政府派军攻打了属于萨伏依家族

萨伏依家族的盾形徽章

的西西里岛，理由是朱利奥·阿尔贝罗尼发现大不列颠王国、法兰西王国和神圣罗马帝国正在密谋将西西里岛而不是撒丁岛移交给神圣罗马帝国。根据《乌得勒支和约》，如果萨伏依家族绝嗣，那么西西里岛将移交给西班牙王国。朱利奥·阿尔贝罗尼自然反对如此公然违反刚达成的协议的行为。但为将全部精力投入北方战争，詹姆斯·斯坦霍普伯爵和乔治一世急于安抚神圣罗马帝国皇帝查理六世。对他们来说，只要能确保地中海的和平，他们甚至准备动用武力。

朱利奥·阿尔贝罗尼一边与奥地利公国开战，一边面临来自大不列颠王国、法兰西王国和神圣罗马帝国的敌意，显得游刃有余，精力充

神圣罗马帝国皇帝查理六世

沛。1718年秋，他采取措施促成瑞典王国与俄罗斯帝国和解。他计划怂恿瑞典国王卡尔十二世入侵英格兰或者苏格兰。与此同时，彼得大帝在德意志采取行动，牵制神圣罗马帝国。他还试图说服匈牙利人弗朗索瓦二世·拉科齐在匈牙利领导一场大起义，然后与奥斯曼土耳其帝国联合向神圣罗马帝国宣战。朱利奥·阿尔贝罗尼深知法兰西王国摄政王奥尔良公爵腓力二世地位不稳，便希望组织起义反对法兰西王国政府。1718年晚些时候，西班牙特使安东尼奥·德尔·朱迪切[①]参与了一场反对奥尔良公爵腓力二世的阴谋。

弗朗索瓦二世·拉科齐

---

① 安东尼奥·德尔·朱迪切（Antonio del Giudice，1657—1733），西班牙贵族和外交官。1715年，他被任命为西班牙王国驻法兰西王国大使。——译者注

朱利奥·阿尔贝罗尼十分巧妙地缚住了奥地利公国、大不列颠王国和法兰西王国政府的手脚。他希望阴谋的成功能帮助西班牙王国实现在意大利及地中海的战略目标。

不得不说，詹姆斯·斯坦霍普伯爵的积极政策能成功得益于一系列意外事件。正是这些意外事件摧毁了朱利奥·阿尔贝罗尼实施阴谋的所有机会。

1718年7月21日，神圣罗马帝国皇帝查理六世听取大不列颠政府的建议，与奥斯曼土耳其帝国达成了《帕萨罗维茨和约》，从而能向意大利大规模派遣军队。1718年8月2日，神圣罗马帝国加入三国同盟，从而

《帕萨罗维茨和约》签订现场

形成四国联盟。当时，大不列颠王国、法兰西王国、荷兰共和国和奥地利公国联合起来对抗西班牙王国。詹姆斯·斯坦霍普伯爵想出了一个两全之策，能同时满足神圣罗马帝国皇帝查理六世和西班牙王后伊丽莎白·法尔内塞的愿望。根据四国联盟协商，神圣罗马帝国将获得西西里岛而不是撒丁岛，伊丽莎白·法尔内塞和腓力五世的儿子查理将继承帕尔马公国和托斯卡纳大公国的爵位。然而，詹姆斯·斯坦霍普伯爵没有想到西班牙王后伊丽莎白·法尔内塞如此固执。有人评论说："如此兴师动众地促成一个必然会再次爆发战争的和平局面，真是史上少有。"

大不列颠军队占领了直布罗陀和拥有优良海港马翁港的米诺卡，决心要将西地中海交到友好国家手里。在詹姆斯·斯坦霍普伯爵看来，朱

腓力五世的儿子查理

托灵顿子爵约翰·宾

利奥·阿尔贝罗尼入侵西西里岛的计划令人不安，并且威胁欧洲现有势
力的平衡，必须加以抵制。1718年8月11日，在帕萨罗角附近，海军上将
托灵顿子爵约翰·宾摧毁西班牙舰队。这次战败激起西班牙人的怒火。
朱利奥·阿尔贝罗尼做出积极回应，意图削弱大不列颠的盟友。但1718
年12月8日，安东尼奥·德尔·朱迪切的阴谋败露。1718年12月11日，瑞
典国王卡尔十二世驾崩，使瑞典军队失去了入侵大不列颠的机会。1719
年，詹姆斯党人未能成功进入苏格兰西部，乔治一世的王位丝毫没有动
摇。与此同时，1719年4月，伯里克公爵詹姆斯·菲茨詹姆斯率领一支法
兰西军队入侵西班牙。朱利奥·阿尔贝罗尼精心设计的计划全部宣告失
败，西班牙王国政府被迫投降。1719年12月6日，朱利奥·阿尔贝罗尼遭
到驱逐。

大不列颠舰队与西班牙舰队在帕萨罗角附近交战

西班牙舰队帕萨罗角海战中战败

詹姆斯·斯坦霍普伯爵在南欧的高压政策被证明是成功的。1720年，西班牙王国政府与大不列颠王国政府及法兰西王国政府达成和平协议。但由于之前急于腾出手来处理波罗的海局势，詹姆斯·斯坦霍普伯爵得罪了西班牙王国政府。此后，大不列颠王国与西班牙王国长期处在紧张的关系中。在南美贸易问题上，两国商人总是争斗不休。

　　然而，詹姆斯·斯坦霍普伯爵将全部注意力集中在北欧是有道理的。对大不列颠王国来说，阻止瑞典王国在波罗的海称霸至关重要。1715年到1718年，汉诺威选帝侯乔治一世与瑞典王国伟大的复兴者卡尔十二世一直为控制波罗的海明争暗斗。只要卡尔十二世在位，大不列颠的海上势力就面临瑞典的威胁，詹姆斯党人也会从瑞典出发侵犯大不列颠的利益，正是第二种可能性使朱利奥·阿尔贝罗尼的计划显得如此危险。1718年，卡尔十二世驾崩，朱利奥·阿尔贝罗尼的计划宣告失败。1721年《尼斯塔德和约》签订后，詹姆斯党人从瑞典和俄罗斯获得援助的希望最终破灭。

《尼斯塔德和约》签订现场

1721年前，詹姆斯·斯坦霍普伯爵和乔治一世不得不密切关注北欧事态的发展。

1714年11月，乔治一世抵达英格兰后，瑞典国王卡尔十二世回到施特拉尔松德。好战的卡尔十二世长期征战在外。直到1709年，在波尔塔瓦被彼得大帝击败后，他才终于从奥斯曼土耳其回国。回国后，他发现瑞典在德意志的大部分领土都掌握在普鲁士王国、汉诺威选帝侯国和丹麦王国手中。普鲁士王国占领了瑞典在波美拉尼亚的一半领土，丹麦王国占领了不来梅公国，汉诺威选帝侯国占领了费尔登公国的要塞。此时，在所有根据《威斯特伐利亚和约》划分给瑞典王国的德意志行省和地区中，瑞典王国只拥有施特拉尔松德、吕根岛和维斯玛。

1715年年初，普鲁士王国、汉诺威选帝侯国和丹麦王国结盟，目标是瓜分卡尔十二世统治的瑞典在德意志的领土。汉诺威选帝侯国将占据不来梅公国和费尔登公国。普鲁士王国将占据斯德丁、普鲁士和佩讷河之间的地区，以及乌瑟多姆和沃尔加斯特岛。施特拉尔松德和吕根岛将划给丹麦王国，维斯玛将成为一座自由的神圣罗马帝国城市。

由于大不列颠王国与瑞典王国仍然保持和平关系，乔治一世不能公开利用大不列颠舰队实现自己和盟友的目标。大不列颠王国政府的一些官员强烈反对主动叫板瑞典。然而，在维护贸易利益的幌子下，1715年5月月底，海军上将约翰·诺里斯率领大不列颠舰队启航，与一支荷兰舰队一起，安全护送数百艘商船驶入波罗的海。1715年12月月底前，卡尔十二世失去施特拉尔松德和吕根岛，返回瑞典。虽然大不列颠王国政府并没有向瑞典王国政府公开宣战，但大不列颠王国政府派出舰队发起的挑衅使瑞典失去了施特拉尔松德。毫无疑问，大不列颠舰队在波罗的海的存在为盟国的胜利做出了贡献。1715年年底，除瑞典之外，卡尔十二世只剩下在维斯玛和芬兰的部分领土。

1715年10月15日，从丹麦王国手中获得不来梅公国和费尔登公国

波尔塔瓦战役

《威斯特伐利亚和约》签订现场

后，汉诺威选帝侯国向瑞典王国宣战。于是，瑞典王国与大不列颠王国的关系必将变得比以往更复杂。汉诺威选帝侯国控制了不来梅公国和费尔登公国，以及易北河和威悉河河口，这对大不列颠在波罗的海的贸易大有好处。实际上，在卡尔十二世眼中，汉诺威和大不列颠的利益和政策是紧密捆绑在一起的。

卡尔十二世几近绝望。1715年10月，俄罗斯帝国加入同盟国，条件是彼得大帝将接收因格里亚、卡累利阿、爱沙尼亚和雷瓦尔。人们有充分的理由相信，在北欧，一场漫长而痛苦的斗争即将来临。

彼得大帝

普鲁士国王腓特烈·威廉一世

　　1716年年初，卡尔十二世决心守住梅克伦堡的要塞维斯玛。所有同盟国一致认为必须占领维斯玛，但各国对自己应该为此出多少力存在分歧。普鲁士国王腓特烈·威廉一世占领了施特拉尔松德，认为乔治一世应该在攻打维斯玛的行动中承担主要责任。然而，此时大不列颠王国政府还没有向瑞典王国政府宣战。因此，乔治一世不能动用大不列颠的财力对抗瑞典。于是，彼得大帝积极派兵进入梅克伦堡。1716年，彼得大

叶卡捷琳娜·伊万诺芙娜

帝的侄女叶卡捷琳娜·伊万诺芙娜嫁给了梅克伦堡-施韦林公爵卡尔·利奥波德。为防止心怀不满的贵族叛乱，梅克伦堡-施韦林公爵卡尔·利奥波德十分欢迎俄罗斯帝国军队前来。1716年4月，维斯玛被俄罗斯帝国军队占领，瑞典王国的势力被彻底赶出德意志。但汉诺威选帝侯国和丹麦王国对俄罗斯帝国军队继续留在梅克伦堡深感不安，最终与俄罗斯帝国和普鲁士王国产生隔阂。

　　同盟国军队计划在1716年夏由俄罗斯帝国和丹麦王国组成联军进攻瑞典本土。但1716年9月，彼得大帝决定将所有的行动推迟一年。随后，彼得大帝与丹麦国王腓特烈四世和大不列颠国王乔治一世发生分歧，导致同盟国破裂。

对于1715年动用大不列颠舰队支持汉诺威选帝侯国的计划，大不列颠王国内部公开表示不满。然而，瑞典王国卡尔十二世的行动助了乔治一世一臂之力。1716年，卡尔十二世举兵入侵挪威，并且计划在苏格兰登陆。查尔斯·汤森子爵和乔治一世更有理由相信，阻止卡尔十二世援助詹姆斯党人和保卫大不列颠贸易的最好办法是重新派遣舰队前往波罗的海。约翰·诺里斯带领大不列颠舰队发起第二次远征，见证了俄罗斯帝国和丹麦王国联军入侵瑞典的失败，也见证了反瑞典同盟的迅速瓦解。

各国势力在波罗的海搅动局势时，一件与瑞典特使卡尔·吉伦堡有关的阴谋发生了。在能干的瑞典大臣奥格尔格·海因里希·冯·约尔茨

卡尔·吉伦堡

的请求下，在停留伦敦期间，卡尔·吉伦堡竭力为瑞典王国争取大不列颠王国的支持。然而，他很快意识到，乔治一世决定要守住不来梅和费尔登，保护丹麦王国免受瑞典军队的进攻。接着，在卡尔十二世不知情的情况下，卡尔·吉伦堡与詹姆斯党人谈判。1717年年初，卡尔·吉伦堡的文件被拦截，他本人在伦敦被捕，奥格尔格·海因里希·冯·约尔茨也在荷兰被捕。

瑞典国王卡尔十二世（左）与奥格尔格·海因里希·冯·约尔茨（右）

1716年，由于俄罗斯帝国军队继续驻扎在梅克伦堡，乔治一世和彼得大帝之间的斗争加剧。由于既不信任汉诺威选帝侯国的大臣，也不喜欢乔治一世，普鲁士国王腓特烈·威廉一世站在彼得大帝一边，彼得大帝拒绝从梅克伦堡撤军。1717年年中，四国同盟实际上已经瓦解。在大不列颠，人们担心俄罗斯帝国会在波罗的海沿岸占据主导地位。

查尔斯·汤森子爵认为彼得大帝希望建立俄罗斯帝国在整个波罗的海沿岸的霸权。因此，查尔斯·汤森子爵提议与丹麦王国结盟，并且与瑞典王国和平共处。大不列颠王国和汉诺威选帝侯国共同对抗俄罗斯帝国和普鲁士王国。由于近期战事，丹麦王国已经疲惫不堪，对加入俄罗斯帝国的联盟还是加入大不列颠王国的联盟十分犹豫。1717年4月，丹麦国王腓特烈四世决定与大不列颠王国和汉诺威选帝侯国结盟。与此同时，在海军上将托灵顿子爵约翰·宾的率领下，一支规模宏大的大不列颠舰队进入波罗的海。由于瑞典王国入侵大不列颠的危险已经消除，托灵顿子爵约翰·宾无事可做。于是，1717年年底，大不列颠舰队回国。1717年7月，法兰西摄政王奥尔良公爵腓力二世说服彼得大帝撤兵，梅克伦堡危机宣告结束，但俄罗斯帝国和大不列颠王国已经不可能采取任何共同行动。在1717年的大部分时间里，大不列颠王国和俄罗斯帝国都表示愿意与瑞典王国谈判。然而，大不列颠王国政府坚持汉诺威选帝侯国应拥有不来梅和费尔登。卡尔十二世认为，大不列颠议会肯定不会同意派遣舰队进入波罗的海。因此，他坚决拒绝割让领土，并且倾向于与俄罗斯帝国达成协议。

乔治一世仍然希望将卡尔十二世争取过来。他迫切希望与卡尔十二世建立友好关系，因为俄罗斯帝国已经公开向大不列颠王国表示敌意，瑞典王国还可能成为詹姆斯党人密谋的中心。

此外，从1717年年初起，乔治一世和彼得大帝的隔阂一直没有消除，汉诺威选帝侯国、俄罗斯帝国、丹麦王国、普鲁士王国和波兰王国组成的同盟将很快解体。在这种情况下，由于担心俄罗斯帝国和普鲁士王国会单独与瑞典王国磋商，乔治一世积极与卡尔十二世达成协议。1717年，谈判持续了一年。1718年年初，在乔治一世和安德里亚斯·戈特利布·伯恩斯托夫的指示下，荷尔斯泰因大臣弗雷德里克·恩斯特·德·法布里斯前往瑞典。不久，汉诺威枢密院大臣施拉德也前往瑞典。乔治一世坚称，汉诺威选帝侯国占有不来梅和费尔登是谈判的先决条件，但卡尔十二世反对在此基础上展开任何谈判。此时，奥格尔格·海因里希·冯·约尔茨已经与俄罗斯帝国进行了沟通，说服卡尔十二世听取乔治一世的提议。然而，卡尔十二世并不准备与乔治一世达成任何谅解。大不列颠王国在波罗的海的前景仍然不容乐观。

1718年发生了一系列事件：朱利奥·阿尔贝罗尼试图攻占西西里岛、西班牙舰队在帕萨罗角战败、四国同盟成立。其间，大不列颠王国与俄罗斯帝国和瑞典王国的关系愈发紧张。朱利奥·阿尔贝罗尼和奥格尔格·海因里希·冯·约尔茨借机主张俄罗斯帝国和瑞典王国结成紧密联盟，并且以詹姆斯党人的名义攻打大不列颠。在西班牙王国的牵线下，彼得大帝和卡尔十二世在芬兰海湾的奥兰群岛展开谈判。[1]1718年11月，卡尔十二世在弗雷德里克哈尔德[2]驾崩，詹姆斯党人的希望暂时破灭，俄罗斯帝国和瑞典王国的关系彻底发生变化。乌尔丽卡·埃莉诺拉成为瑞典女王后，奥格尔格·海因里希·冯·约尔茨被处死，瑞典王室大改外交政策，向大不列颠王国示好，与俄罗斯帝国对立。

格兰维尔伯爵约翰·卡特雷被派往瑞典王国，海军上将约翰·诺里斯率领的大不列颠舰队仍然据守波罗的海。1720年，瑞典王国政府与大

---

[1]　阿道弗斯·威廉·沃德：《大不列颠与汉诺威》，牛津，克拉伦登出版社，1899年，第97页。——原注

[2]　弗雷德里克哈尔德，今挪威维肯郡市镇哈尔登（Halden），1665年到1928年称"弗雷德里克哈尔德"。——译者注

格兰维尔伯爵约翰·卡特雷

不列颠王国政府签订了一项对抗俄罗斯帝国的条约，同意乔治一世占有不来梅和费尔登。在格兰维尔伯爵约翰·卡特雷的影响下，瑞典王国还与普鲁士王国和丹麦王国签订条约。但在阻止俄罗斯帝国占领瑞典的利沃尼亚、卡累利阿、埃斯托尼亚和因格里亚方面，这些条约及大不列颠舰队在波罗的海的游弋没有起到多大作用。

　　俄罗斯帝国拒绝了大不列颠王国的斡旋。1721年8月，在法兰西王国的影响下，俄罗斯帝国和瑞典王国缔结了《尼斯塔德和约》。俄罗斯帝国接收了利沃尼亚、爱沙尼亚、因格里亚和卡累利阿的一部分，成为波罗的海沿岸实力最强大的国家。虽然詹姆斯·斯坦霍普伯爵未能使瑞典王国免遭劫掠，但无论如何，他最终促成一项和平协议，将不来梅和费尔登留在汉诺威选帝侯国手中。对此，他和乔治一世均表示满意。

本章大事年表

1715 年　詹姆斯党人叛乱

1716 年　《七年法案》通过

1717 年　三国同盟成立

　　　　　辉格党分裂

1718 年　四国同盟成立

　　　　　议会中止

　　　　　大不列颠王国废除《分裂法案》和《临时国教法》

　　　　　卡尔十二世驾崩

1719 年　《贵族提案》遭到否决

　　　　　詹姆斯党人企图在苏格兰叛乱失败

1720 年　南海泡沫爆发

1721 年　《尼斯塔德和约》签订

第 **2** 章

从罗伯特·沃波尔组阁到乔治一世驾崩

（1721—1727）

1721年4月，罗伯特·沃波尔接替桑德兰伯爵查尔斯·斯潘塞成为大不列颠财政大臣。查尔斯·汤森子爵和格兰维尔伯爵约翰·卡特雷成为国务大臣。巴斯伯爵威廉·普特尼曾与詹姆斯·斯坦霍普伯爵和罗伯特·沃波尔共事，并于1717年与查尔斯·汤森子爵和罗伯特·沃波尔一起辞职。巴斯伯爵威廉·普特尼虽然同意担任调查弗朗西斯·阿特伯里阴谋委员会的主席，但轻蔑地拒绝了贵族头衔。此时，他担任王室司库，拒绝与罗伯特·沃波尔和平共事。1730年退休前，查尔斯·汤森子爵主要负责大不列颠王国的外交事务。罗伯特·沃波尔主要负责国内事务，继续维护大不列颠王国和法兰西王国的联盟。

1721年，即罗伯特·沃波尔上任这年，大不列颠王国国内刚恢复稳定，对外与欧洲列强建立了友好关系。南海泡沫破裂后，大不列颠王国的贸易和外交稳步发展：大不列颠王国与西班牙王国重新建立友好关系，拉开了一段外交政治和平时期的序幕。大不列颠王国唯一的对手是俄罗斯帝国，但没有盟友的俄罗斯帝国无法对乔治一世的领土造成任何严重损害。

因此，在组阁初期，罗伯特·沃波尔不用担心国外局势发生变化。只要欧洲各国继续维持现有的局势，他就不必担心詹姆斯党人再次发动起义。

从现代意义上来说，罗伯特·沃波尔是英国的第一位首相。[①]虽然在议会外，尤其是1730年查尔斯·汤森子爵退休后，他是国王提名的首相，但在很大程度上，他的权力来自下议院多数议员的支持。为获得乔治二世的信任，他被迫争取王后安斯巴赫的卡罗琳的支持，但他是第一位通过寻求下议院多数派支持保住职位的英国首相。乔治一世统治时期，他与查尔斯·汤森子爵共同执政。罗伯特·沃波尔之所以声名显赫，是因为他的政治能力已经举世公认，并且他已经跻身"一批对当时

安斯巴赫的卡罗琳

---

① 威廉·安森：《法律和宪法习俗》第二部《皇冠》，牛津，克拉伦登出版社，1907年，第125页。——原注

主要问题持一致意见的人"的前列①。在金融、行政和外交方面，他都极具声望，从而使他逐渐取代与他意见相左的同僚。1730年，查尔斯·汤森子爵退休后，罗伯特·沃波尔毫无争议地成为内阁的领导者。其间，内阁通常由十六名顾问组成。在内阁中，主要大臣——首相、两位国务大臣和财务大臣——组成了一个核心团体，讨论有关国内外政策的重要问题。直到弗雷德里克·诺斯勋爵倒台后，外围内阁才消失，内阁大臣中只包括有具体职位的官员。

弗雷德里克·诺斯勋爵

---

① 威廉·安森：《法律和宪法习俗》第二部《皇冠》，牛津，克拉伦登出版社，1907年，第126页。——原注

18世纪20年代初，紧迫的局势需要一项有力而谨慎的政策。南海泡沫破裂及随之而来的民众的不满、内阁危机与大不列颠和法兰西联盟的主要支持者詹姆斯·斯坦霍普去世，以及1720年"王位觊觎者"詹姆斯·弗朗西斯·爱德华·斯图亚特的儿子查尔斯·爱德华·斯图亚特诞生，再次激起詹姆斯党人的希望。在大不列颠王国，詹姆斯·弗朗西斯·爱德华·斯图亚特的事务由一个五人委员会管理。这个委员会包括罗切斯特主教弗朗西斯·阿特伯里、阿伦伯爵阿瑟·戈尔、奥尔里伯爵查尔斯·博伊尔、威廉·诺斯男爵和约翰·莱维森-高尔伯爵。然而，詹姆斯党人一如既往地没能从国外获得援助。因此，他们的阴谋不可能得

少年时期查尔斯·爱德华·斯图亚特

玛丽亚·特蕾莎

逞。法兰西王国是大不列颠王国的盟友。西班牙王国刚刚与法兰西王国达成协议。神圣罗马帝国皇帝查理六世忙于在尼德兰谋取奥地利公国的商业利益，并且让女儿玛丽亚·特蕾莎继承哈布斯堡王朝王位。此外，大不列颠王国的詹姆斯党领袖也不团结，他们的阴谋被法兰西王国摄政王奥尔良公爵腓力二世的特使透露给了大不列颠王国政府。

1723年6月18日，《人身保护法案》暂停，弗朗西斯·阿特伯里遭到逮捕。与此同时，议会提出《剥夺公民权提案》[①]。1723年6月18日，弗朗西斯·阿特伯里被剥夺主教头衔并被驱逐出境。罗伯特·沃波尔继

---

① 《剥夺公民权提案》重要内容是立法机关没有根据正常司法程序，未经定罪，对怀疑犯叛国罪或者重罪者处以死刑以下的惩罚。——译者注

续打击詹姆斯党人，并且向拒绝宣誓派①和天主教反抗派②征收重税。显然，这是高压政策，但在当时情况下或许是合理手段。1723年7月，已经获得乔治一世赦免的博灵布罗克子爵亨利·圣约翰回到大不列颠王国，收回从前被没收的财产。然而，《剥夺公权法案》仍然有效。因此，他永远不能恢复上议院议员身份。

1724年，罗伯特·沃波尔与格兰维尔伯爵约翰·卡特雷发生争执。格兰维尔伯爵约翰·卡特雷不再担任南方事务大臣。该职务由纽卡斯尔公爵托马斯·佩勒姆-霍利斯接任。1690年，格兰维尔伯爵约翰·卡特雷出

纽卡斯尔公爵托马斯·佩勒姆－霍利斯

① 拒绝宣誓派，1688年光荣革命后拒绝宣誓承认威廉三世和玛丽二世为英格兰合法君主的英格兰教会教徒。——译者注
② 天主教反抗派，英格兰宗教改革后拒绝参加英格兰教会宗教仪式的天主教教徒。——译者注

查塔姆伯爵威廉·皮特

生，是同时代人中的翘楚。在1721年结束的北方战争期间，他表现出高超的外交技巧。他对外交事务了如指掌，并且会说德语，对德意志政治很感兴趣，因此深受乔治一世及后来的乔治二世的宠信。跟查塔姆伯爵威廉·皮特①一样，他晚年决心要让自己名垂青史，让祖国被后人铭记。他说："谁是审判官，谁是主教，这与我有什么关系？我的职责是拥护君

① 威廉·皮特（William Pitt，1708—1778），著名英国政治家，18世纪中期担任英国首相。历史学家称他为查塔姆伯爵威廉·皮特，或者老威廉·皮特，以便与后来担任首相的小威廉·皮特区分。他被称为"伟大的平民"，因为他长期拒绝接受贵族头衔。直到1766年，他才被封为查塔姆伯爵。查塔姆伯爵威廉·皮特是大不列颠王国获得七年战争胜利的重要功臣。七年战争的胜利有助于建立一个真正的大英帝国。——译者注

主，维持欧洲平衡。"此时，人们逐渐认识到，内阁成员应该共同行动。然而，格兰维尔伯爵约翰·卡特雷一直保持独立态度，并且认为国内政治应服从国外政治，这使他在罗伯特·沃波尔领导的内阁中无法保住国务大臣一职。1723年，格兰维尔伯爵约翰·卡特雷与托利党密谋。1724年，他被派往爱尔兰担任总督，但直到1730年，他仍是内阁成员。

　　1724年格兰维尔伯爵约翰·卡特雷到达都柏林时，一场危险的骚乱正在进行。英格兰的一位铁匠获得了一项专利，可用来弥补爱尔兰钱币的不足。解决爱尔兰钱币不足的问题需要铸造新铜币，但按照惯例，铸币合同中有很大营私舞弊的空间。此外，新铸的十万八千英镑钱币明显超出爱尔兰市场的需求。开放专利只是小事，而真正引起骚乱的原因

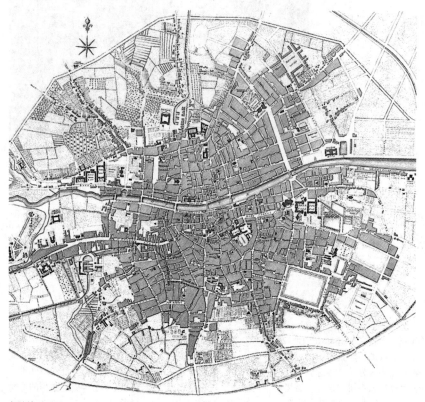

都柏林平面图

乔纳森·斯威夫特

在于政府制度，因为爱尔兰方面的意见被完全忽略。圣帕特里克大教堂的主任牧师乔纳森·斯威夫特投身爱尔兰事业，出版了著名的《布商的信》。与此同时，乔纳森·斯威夫特不满于政府对他个人的忽视，便借机破坏政府的造币计划。乔纳森·斯威夫特虽然表达不尽准确，但言辞雄辩有力，并且他的雄辩言辞唤醒了整个爱尔兰。由于担心新教教徒可能会联合天主教教徒，以及詹姆斯党人联合辉格党，罗伯特·沃波尔不顾查尔斯·汤森子爵的反对，决定撤销铸币专利。1727年，爱尔兰议会剥夺所有天主教教徒的选举权。直到1793年，新教教徒在爱尔兰的统治地位才受到动摇。

1725年，巴斯伯爵威廉·普特尼反对罗伯特·沃波尔提出的关于王室年俸的提议，辞职抗议。直到罗伯特·沃波尔下台，巴斯伯爵威廉·普特尼一直积极抨击内阁政府。1684年，巴斯伯爵威廉·普特尼出生。乔治一世即位后，他被任命为战争大臣。1717年4月，查尔斯·汤森子爵被解除爱尔兰总督职务，罗伯特·沃波尔随之辞职，巴斯伯爵威廉·普特尼也辞去职务。1721年，当查尔斯·汤森子爵与罗伯特·沃波尔政府组阁时，巴斯伯爵威廉·普特尼没有被列入新内阁人员名单。从这时起，他就开始反对新内阁。许多人认为，巴斯伯爵威廉·普特尼是一位精于雄辩的演说家，但疏于政务，并且没什么爱国精神，喜欢搞党派斗争。巴斯伯爵威廉·普特尼有一定的理财能力，"虽然一直表现突出，却称不上杰出"。他做事投入，坚持不懈，与博灵布罗克子爵亨利·圣约翰和乔纳森·斯威夫特的亲密关系大大提高了他的声望。他的堂兄丹尼尔·普特尼才华横溢，颇有文学造诣。1731年，丹尼尔·普特尼去世。同年，巴斯伯爵威廉·普特尼被革除枢密院大臣一职。

1725年4月，与罗伯特·沃波尔决裂后不久，巴斯伯爵威廉·普特尼公开与反对派联合起来反对政府。他联合博灵布罗克子爵亨利·圣约翰创办《工匠》杂志，专门攻击当时的政府。1726年12月5日，《工匠》杂志首次发行。直到1736年4月17日，这份杂志才停刊。威尔士亲王乔治·奥古斯塔斯与父亲乔治一世关系不好，他的住所莱斯特宫成了反对派的总部。反对派将政府的每个行动都当作攻击目标。此后，反对派开始成为"党派政府不可分割的一部分"。

1721年8月签订的《尼斯塔德和约》，以及1720年西班牙王国与法兰西王国和大不列颠王国签订的协议，并没有消除导致外交关系紧张的所有因素。1721年到1731年，由于神圣罗马帝国皇帝查理六世和西班牙国王腓力五世都野心勃勃、目标远大，欧洲战争一触即发。罗伯特·沃波尔政府的首要目标是与西班牙王国缔结条约。根据该条约，大不列颠王国政府承诺在坎布雷会议维护西班牙王国的利益。此前，1718年，根据四国同盟的计划，各相关国家将在坎布雷召开会议，解决神圣罗马帝国和西班牙王国的所有分歧。大不列颠王国政府和法兰西王国政府应该保证，帕尔马公爵和托斯卡纳大公领地在现任领主去世后归西班牙王后伊丽莎白·法尔内塞的儿子查理所有。然而，西班牙王国政府的政策没有延续性。1725年，伊丽莎白·法尔内塞由于缺乏耐心，抛弃了大不列颠王国和法兰西王国，转而与神圣罗马帝国皇帝查理六世结盟。此外，西班牙王国政府向来不甘心失去直布罗陀，准备一有机会就通过策划阴谋或者以武力的方式夺回直布罗陀。

神圣罗马帝国皇帝查理六世的目标同样危及欧洲和平。与此同时，作为奥地利大公查理三世①，他未能征服西班牙王国，并且一直对西班牙国王腓力五世持敌对态度。根据《乌得勒支和约》，神圣罗马帝国皇帝查理六世收回奥地利在尼德兰的领地。但由于斯海尔德河禁止开展任何商业活动，安特卫普无法成为一个大贸易中心。因此，1722年，查理六世成立奥斯坦德东印度公司，开始与大不列颠王国和荷兰共和国展开商业竞争。大不列颠王国和荷兰共和国方面表示反对，并且认为奥斯坦德东印度公司的成立违反了1648年签订的《威斯特伐利亚和约》及其他条约，同时侵犯了大不列颠王国和荷兰共和国的贸易特权。面对大不列颠王国和荷兰共和国的压力，查理六世被迫放弃对西班牙王国的敌视态度。1725年，神圣罗马帝国与西班牙王国签订《维也纳第一条约》。

罗伯特·沃波尔外交政策的基础是维持和平，以巩固汉诺威王朝在大不列颠王国的王权。在欧洲，大不列颠王国对直布罗陀和米诺卡的

① 神圣罗马帝国皇帝查理六世同时是波西米亚国王查理二世，匈牙利、克罗地亚和塞尔维亚国王，以及奥地利大公查理三世。1700年，西班牙国王查理二世驾崩后，王位空缺。奥地利大公查理三世宣称拥有西班牙王位继承权，自称西班牙国王，但此前西班牙国王查理二世已立外孙，即法兰西国王路易十四的孙子腓力为继承人，即腓力五世。1711年，奥地利大公查理三世成为神圣罗马帝国皇帝，从此与西班牙国王腓力五世结仇。——译者注

控制为大不列颠王国在地中海的贸易提供了保护。在北美，大不列颠王国已经拥有十二个殖民地。不久，佐治亚也将成为大不列颠王国的殖民地。在加拿大，大不列颠王国控制了纽芬兰、新斯科舍和哈得孙湾。在西印度群岛，大不列颠王国占领了巴巴多斯、巴哈马群岛、牙买加和背风群岛。在印度，东印度公司控制了加尔各答、马德拉斯和孟买等商业中心。但此时，殖民地不被重视。直到汉诺威王朝的君主巩固了王位，大不列颠王国确立了商业霸权，大不列颠王国政府才有可能推行领土扩张的政策。

在罗伯特·沃波尔的领导下，大不列颠王国的商业得到发展，大不列颠的船队是欧洲最精良的。由于大不列颠王国避开了国外纷争，詹姆斯党人没能掀起大的反对运动，对汉诺威王朝无法构成威胁。与外国保持友好关系是当务之急，因为只有通过外国援助，詹姆斯党人才有成

东印度公司总部——加尔各答的威廉堡

功的可能。罗伯特·沃波尔充分认识到"王位觊觎者"詹姆斯·弗朗西斯·爱德华·斯图亚特的危险。因此，罗伯特·沃波尔认为必须维持与法兰西王国的联盟关系，并且与西班牙王国确立友好关系。事实上，大不列颠王国与法兰西王国的联盟一直持续到1742年罗伯特·沃波尔政府垮台，与西班牙王国的友好关系也一直维持到1739年，尽管1725到1729年与西班牙王国的友好关系曾中断。罗伯特·沃波尔一贯支持查理继承帕尔马公国和托斯卡纳大公国的爵位，从而确保大不列颠王国在西印度群岛的贸易不受西班牙王国的干涉。然而，西班牙王国对大不列颠王国有诸多不满。

1721年，乔治一世曾给西班牙国王腓力五世写信，承诺会尽快归还直布罗陀。当时，詹姆斯·斯坦霍普伯爵对直布罗陀的重要性毫无察觉。1725年及随后几年，腓力五世希望收回直布罗陀。但此时，直布罗陀的防卫十分周密，大不列颠王国政府拒绝兑现乔治一世的承诺。

接下来是贸易问题。由于大不列颠商人和南海公司违反《乌得勒支和约》，西班牙海关关员没收了大不列颠商船，并且给大不列颠的对外贸易制造障碍。由于在南美开展贸易活动有利可图，罗伯特·沃波尔尽可能满足西班牙王国在欧洲的诉求。直到1739年，大不列颠王国与西班牙王国才爆发战争。

在坎布雷会议上，西班牙王国的要求一直得不到满足，这加剧了西班牙王国对大不列颠王国的不满。1724年1月26日，坎布雷会议开幕，西班牙王国提出的要求包括：第一，神圣罗马帝国皇帝查理六世放弃对西班牙王位的继承权；第二，在西班牙王位继承战争中与西班牙王国结盟并遭受迫害的意大利诸亲王恢复他们从前的爵位；第三，西班牙王国有向帕尔马和托斯卡纳派驻军队的权利。

神圣罗马帝国皇帝查理六世反对西班牙王国在帕尔马的权利。1724年9月，西班牙国王腓力五世要求大不列颠王国政府和法兰西王国政府立即协助他实现自己在意大利的目标。与此同时，他要求大不列颠王国归还直布罗陀。腓力五世和伊丽莎白·法尔内塞发现大不列颠王国政府和法兰西王国政府不准备满足他们的愿望。于是，他们决定调整策略，希望通过与老对手神圣罗马帝国皇帝查理六世结盟达成他们的目的。里珀达男爵约翰·威廉原是荷兰人，此时为西班牙效力，并且被派往维也纳展开谈判。1725年3月，已与法兰西国王路易十五订婚的西班牙公主被退婚。对这个侮辱，西班牙国王腓力五世和王后伊丽莎白·法尔内塞十分恼怒，加快了与神圣罗马帝国的谈判。1725年4月，著名的《维也纳第一条约》签订，西班牙王国和奥地利公国成为盟友。

法兰西国王路易十五

1725年9月，为了对抗《维也纳第一条约》的三国同盟，查尔斯·汤森子爵促成汉诺威联盟成立。最初，汉诺威联盟只包括大不列颠王国、法兰西王国和普鲁士王国。

罗伯特·沃波尔生性不喜结盟，但发现西班牙王国和奥地利公国的目标包括推翻乔治一世，以及扶持"王位觊觎者"詹姆斯·弗朗西斯·爱德华·斯图亚特重登大不列颠王位后，他同意了查尔斯·汤森子爵的政策。大不列颠王国仍然与法兰西王国结盟。获悉腓力五世和神圣罗马帝国皇帝查理六世支持詹姆斯·弗朗西斯·爱德华·斯图亚特的阴谋后，大不列颠议会批准并支持政府的外交政策。

汉诺威联盟使神圣罗马帝国和西班牙王国的联盟更加紧密。1725年11月，神圣罗马帝国与西班牙王国在维也纳签订一份秘密条约，条约内容包括安排神圣罗马帝国和西班牙王室的联姻、进攻直布罗陀、支持奥斯坦德东印度公司及与法兰西决裂。1726年年初，普鲁士国王腓特烈·威廉一世退出汉诺威联盟，并且与神圣罗马帝国皇帝查理六世签订条约。与此同时，神圣罗马帝国与俄罗斯帝国结成同盟。尽管如此，查尔斯·汤森子爵还是成功地维系了大不列颠王国与丹麦王国、瑞典王国、荷兰共和国，以及德意志境内一些邦国的同盟关系。因此，大不列颠王国与神圣罗马帝国形成制衡。1727年，欧洲分为两大阵营。神圣罗马帝国的盟军可以集结三十八万七千名将士，大不列颠王国的盟军有三十一万五千名将士。查尔斯·汤森子爵的联盟赢得了一场伟大的外交胜利。在很大程度上，他的精心斡旋避免了一场欧洲战争。

1727年6月10日，乔治一世在汉诺威驾崩。在关键时刻，直布罗陀被西班牙军队围攻。但直布罗陀成功抵御了西班牙军队的进攻。霍齐尔上尉率领一支舰队前往西印度群岛，奉命维护大不列颠王国的利益，但被要求尽量采取守势。

乔治一世统治期间，一个有组织的反对党形成了。这个反对党包括：（一）由威廉·温德姆领导的汉诺威托利党。但只要"王位觊觎者"詹姆斯·弗朗西斯·爱德华·斯图亚特仍然信仰天主教，汉诺威托利党就不愿支持詹姆斯·弗朗西斯·爱德华·斯图亚特。（二）巴斯伯爵威廉·普特尼领导的辉格党不满分子。（三）由实干的政治家威廉·希彭领导的詹姆斯党人。直到罗伯特·沃波尔垮台，巴斯伯爵威廉·普特尼才在议会形成对抗力量，博灵布罗克子爵亨利·圣约翰才借助《工匠》杂志，企图将所有反对派组织成一个统一的反对党。

本章大事年表

1721 年　罗伯特·沃波尔组阁
　　　　　《尼斯塔德和约》签订
1722 年　桑德兰伯爵查尔斯·斯宾塞去世
1723 年　弗朗西斯·阿特伯里遭放逐（6 月）
　　　　　博灵布罗克子爵亨利·圣约翰回到大不列颠王国（7 月）
1724 年　《布商的信》出版
1725 年　《维也纳第一条约》签署（4 月）
　　　　　《汉诺威条约》签署（9 月）
1726 年　牛津伯爵罗伯特·哈雷逝世
　　　　　第一期《工匠》发行（12 月）
1727 年　爱尔兰议会撤销天主教教徒的选举权

第二部分

乔治二世统治时期

（1727—1760）

同时期各主要国家君主			
法兰西王国	神圣罗马帝国	普鲁士王国	俄罗斯帝国
路易十五 1715—1774	查理六世 1711—1740	腓特烈·威廉一世 1713—1740	彼得二世 1727—1730
	查理七世 1742—1745	腓特烈大帝 1740—1786	安娜 1730—1740
			伊凡六世 1740—1741
			伊丽莎白 1741—1762
西班牙王国	葡萄牙王国	丹麦王国	教皇国
腓力五世 1700—1746	若昂五世 1706—1750	腓特烈四世 1699—1730	本笃十三世 1724—1730
斐迪南六世 1746—1759	若泽一世 1750—1777	克里斯蒂安六世 1730—1746	克莱门特十二世 1730—1740
查理三世 1759—1788		腓特烈五世 1746—1766	本笃十四世 1740—1758
			克莱门特十三世 1758—1769
瑞典王国	撒丁王国	奥斯曼土耳其帝国	
腓特烈一世 1720—1751	维克多·阿梅迪奥二世 1720—1730	艾哈迈德三世 1703—1730	
阿道夫·腓特烈 1751—1771	查理·伊曼纽尔三世 1730—1773	马哈茂德一世 1730—1754	
		奥斯曼三世 1754—1757	
		穆斯塔法三世 1757—1774	

第 1 章

从乔治二世即位到罗伯特·沃波尔垮台

（1727—1742）

精彩
看点

和父亲乔治一世一样，乔治二世对汉诺威感情深厚，并且秉性固执，才能平庸，眼光狭隘。但他极具勇气，是最后一位亲征的大不列颠国王。他做事有条不紊、干脆利落，对别人也持同样要求。他一旦信任某位大臣，就不会轻易动摇。因此，发现罗伯特·沃波尔的价值后，他就决不会改变对他的信任。安斯巴赫的卡罗琳王后对他帮助良多。贤能的安斯巴赫的卡罗琳王后热爱文学，对政治极有兴趣。此外，她个性坚强，为人慷慨，十分欣赏罗伯特·沃波尔的能力，并且一直坚定不移的支持罗伯特·沃波尔。作为大不列颠王国王后，她对大不列颠王国的发展发挥了积极影响。

　　乔治一世驾崩后，人们以为罗伯特·沃波尔会跟着下台。乔治二世即位后的第一件事是罢免罗伯特·沃波尔的职位，并且任命下议院议长斯潘塞·康普顿为首相。斯潘塞·康普顿几乎没有任何处理政治问题的经验，甚至不会撰写国王的演讲稿。安斯巴赫的卡罗琳王后十分了解罗伯特·沃波尔的才能，并且很快意识到新首相斯潘塞·康普顿的无能。此外，罗伯特·沃波尔公开表示愿意大幅增加王室年俸。因此，安斯巴赫的卡罗琳王后轻易说服乔治二世重新任用罗伯特·沃波尔。于是，王

斯潘塞·康普顿

室年俸增加到每年十三万英镑。不久，斯潘塞·康普顿被任命为枢密院大臣。后来，他还被封为威尔明顿伯爵。从此，直到1742年下台，罗伯特·沃波尔的首相地位一直很稳固。

对罗伯特·沃波尔来说，他面临的最紧迫的两个问题是持异见者[①]的问题和外交问题。为安抚持异见者并且不过分刺激教会，1727年，罗伯特·沃波尔通过一年一度的《豁免法案》[②]替代《测试法案》和《公司

[①] 持异见者，指在17世纪和18世纪的大不列颠，由于各种原因不信奉英格兰国教的其他基督教教徒，包括天主教教徒和新教教徒中的不信奉国教者。有时，持异见者还包括不信奉苏格兰教会长老会的苏格兰人。——译者注

[②] 《豁免法案》，1727年大不列颠议会通过的一项议会法案。该法案废除了《测试法案》和《公司法案》中的条款，即公职人员必须在圣公会教堂接受上帝晚餐的圣礼。——译者注

法案》。对此，持异见者并不满意。1736年和1739年，持异见者要求废除《测试法案》和《公司法案》。由于害怕引起宗教方面的争议，罗伯特·沃波尔坚决拒绝持异见者的要求。

实际上，当时的外交问题更加紧迫。1727年，欧洲仍然分为两大阵营。西班牙军队仍在围攻直布罗陀，普鲁士国王也加入神圣罗马帝国皇帝查理六世的集团，一场欧洲战争随时可能爆发。然而，一连串事件令神圣罗马帝国皇帝查理六世认识到维持和平的必要性。

1727年5月，俄罗斯女皇叶卡捷琳娜一世驾崩，彼得二世即位。当时，彼得二世只是个孩子。因此，神圣罗马帝国皇帝查理六世一时还不

叶卡捷琳娜一世

能指望俄罗斯帝国给自己提供任何积极的帮助。此外，他从不希望西班牙王国的势力在意大利立足。他知道不可能从西班牙王国获得资金支持，也不指望西班牙王国会积极支持他的奥斯坦德东印度公司，并且很清楚"在意大利建立一个西班牙王国"损害了奥地利公国的根本利益。

　　1727年年初，在维也纳，和平倡议开始占据上风，奥地利公国和西班牙王国的联盟势力被削弱。此外，法兰西王国政府首席大臣安德烈-埃居尔·德·弗勒里和大不列颠王国首相罗伯特·沃波尔都赞成达成真正的和平协议。1727年5月，法兰西王国、西班牙王国、荷兰共和国和神圣罗马帝国的大臣们在维也纳签署了和约的初步协议。1727年6月，乔治二

安德烈-埃居尔·德·弗勒里

世即位，西班牙王国看到机会，希望大不列颠王国改变对西班牙王国的政策。但西班牙王国发现大不列颠王国的政策并没有发生变化，并且意识到神圣罗马帝国皇帝查理六世不会提供任何援助。1728年3月，西班牙国王腓力五世和王后伊丽莎白·法尔内塞同意签订《帕多协定》，结束大不列颠王国和西班牙王国的短暂战争，并且促成法兰西王国和西班牙王国的友好关系。对于安德烈-埃居尔·德·弗勒里来说，《帕多协定》是一次伟大的胜利，他希望西班牙王国加入现有的大不列颠王国、法兰西王国和荷兰共和国的同盟。

然而，大不列颠王国的外交危机远远没有结束。西班牙王后伊丽莎白·法尔内塞一如既往地决心为儿子查理保住其在意大利相关公国的爵位。1728年6月，在安德烈-埃居尔·德·弗勒里的建议下，苏瓦松会议召开。会上，各方讨论存在争议的问题。神圣罗马帝国皇帝查理六世发现德意志各邦国不支持神圣罗马帝国与西班牙王国结盟。于是，查理六世公然抛弃西班牙王国。1729年年初，查理六世明确拒绝了西班牙王子查理和玛丽亚·特雷莎的婚事。1729年11月9日，西班牙国王腓力五世被神圣罗马帝国皇帝查理六世的行为激怒。随后，西班牙王国与大不列颠王国和法兰西王国签署《塞维利亚条约》。这份条约保证了西班牙王子查理继承意大利境内公国爵位的权利。此外，西班牙王国还计划占领托斯卡纳的海港①。因此，奥地利公国和西班牙王国的联盟宣告破裂。法兰西王国和西班牙王国的联盟揭开了欧洲历史的新篇章。直到法国大革命爆发前，法兰西王国和西班牙王国的联盟已经成为惯例。《塞维利亚条约》的签订奠定了一种政治格局的基础，其主要特点是，法兰西王国和西班牙王国联合起来反对以大不列颠王国和普鲁士王国为代表的日耳曼民族的扩张。

---

① 这些海港包括托斯卡纳海岸的一些海港及厄尔巴岛的龙岗港。——原注

《塞维利亚条约》使神圣罗马帝国皇帝查理六世孤立无援，欧洲局势一时处于危急状态。在大不列颠王国内阁，罗伯特·沃波尔拥有最高话语权。1730年，格兰维尔伯爵约翰·卡特雷辞去爱尔兰总督一职，查尔斯·汤森子爵也退出政坛。查尔斯·汤森子爵曾希望立即攻打神圣罗马帝国，但罗伯特·沃波尔犹豫不决，不愿采取极端措施。罗伯特·沃波尔不支持与奥地利公国的联盟，但担心欧洲战争爆发后，汉诺威选帝侯国会遭到袭击，以及法兰西王国会出兵占领奥地利公国在尼德兰的属地。与此同时，以威廉·温德姆和巴斯伯爵威廉·普特尼为代表的大不列颠人普遍认为，从1688年起，与大不列颠王国关系密切的奥地利公国是大不列颠的真正盟友，拥有大量殖民地的法兰西王国和西班牙王国是大不列颠的真正对手。西班牙海上警卫队动用武力干扰大不列颠在美洲的贸易行为，以及西班牙王国与大不列颠王国在佐治亚殖民地边界问题上争端不断，并且在洪都拉斯砍伐树木，都加深了大不列颠王国对西班牙王国的敌意。

因此，罗伯特·沃波尔面临一项艰巨的任务。像安德烈-埃居尔·德·弗勒里一样，他决心维护和平，拒绝攻打奥地利公国，并且努力争取西班牙王国政府对大不列颠王国的不满给予补偿。1731年1月，帕尔马公爵安东尼奥·法尔内塞去世。按照《塞维利亚条约》的约定，西班牙军队计划进入意大利。为阻止该计划，神圣罗马帝国皇帝查理六世派一支奥地利军队抢先占领帕尔马。如果西班牙军队仍然打算在意大利登陆，那么一场欧洲战争将不可避免。然而，罗伯特·沃波尔的外交技巧避免了战争的爆发。他提出，如果神圣罗马帝国皇帝查理六世从帕尔马撤军，那么他将保证查理六世的《国是诏书》得到执行。查理六世由于没有儿子，所以立下《国是诏书》，立长女玛丽亚·特雷莎为奥地利公国的继承人，并且希望欧洲列强保证《国是诏书》在他驾崩后能够执行。因此，查理六世欣然接受罗伯特·沃波尔的建议，避免了一场欧洲战争。1731年3月，

帕尔马公爵安东尼奥·法尔内塞

《维也纳第二条约》签订。该条约实际上由两份条约组成：第一份条约由奥地利公国、大不列颠王国和荷兰共和国联合签订。在这份条约中，神圣罗马帝国皇帝查理六世签署将不来梅和费尔登转让给乔治二世的授权书，并且承诺解散奥斯坦德东印度公司，允许西班牙军队占领意大利境内各公国。大不列颠王国和荷兰共和国保证《国是诏书》的执行。但一条秘密条款规定，玛丽亚·特雷莎不能与波旁王朝或者勃兰登堡王朝联姻。[①]作为汉诺威选帝侯，乔治二世承诺在下次神圣罗马帝国皇帝选举中将票投给玛

---

① 波旁王朝指法兰西王国和西班牙王国，勃兰登堡王朝指普鲁士王国。这三个国家是当时欧洲大陆的强国，大不列颠王国和荷兰共和国认为，玛丽亚·特雷莎代表的奥地利公国与任何一个强国联姻都会打破欧洲大陆的势力平衡。——译者注

洛林公爵弗朗茨

丽亚·特雷莎的丈夫洛林公爵弗朗茨。[①]1731年7月22日，神圣罗马帝国和西班牙王国签订第二份条约。查理六世不反对西班牙王国向帕尔马和皮亚琴察派遣六千名士兵，腓力五世和伊丽莎白·法尔内塞的长子查理可以"和平占领帕尔马"。《维也纳第二条约》的重要性在于，罗伯特·沃波尔再次避免了欧洲战争，伊丽莎白·法尔内塞也取得了巨大胜利，让西班牙王国势力成功进入意大利。此外，《维也纳第二条约》还结束了欧洲长达十五年的纷争，为欧洲争取了几年的和平。

---

① 神圣罗马帝国皇帝并非世袭，由神圣罗马帝国下属的几个有投票权的选帝侯国投票产生。按规定，女性不能成为神圣罗马帝国皇帝。因此，玛丽亚·特雷莎代表的奥地利公国的被选举权只能由其丈夫洛林公爵弗朗茨接替。乔治二世代表的汉诺威选帝侯国是有投票权的选帝侯国之一。——译者注

担任首相期间，罗伯特·沃波尔要应对许多困难。1730年5月，查尔斯·汤森子爵辞职。实际上，查尔斯·汤森子爵和罗伯特·沃波尔没有共同之处。此前，1726年，罗伯特·沃波尔的妹妹，即查尔斯·汤森子爵的夫人多萝西·沃波尔去世，"削弱了两位大臣的联系"。查尔斯·汤森子爵"脾气暴躁、盛气凌人、嫉妒心强"。安斯巴赫的卡罗琳王后对罗伯特·沃波尔的偏爱更是激怒了查尔斯·汤森子爵。贺拉斯·沃波尔[1]写道，"只要查尔斯·汤森子爵在前，罗伯特·沃波尔在后，二人就会一直保持和谐"，然而，"一旦变成罗伯特·沃波尔在前，查尔斯·汤森子爵在后，问题就会出现，两人就分道扬镳"。

多萝西·沃波尔

---

① 贺拉斯·沃波尔（Horace Walpole，1717—1797），罗伯特·沃波尔的幼子。——译者注

查尔斯·汤森子爵辞职后，罗伯特·沃波尔大权在握。罗伯特·沃波尔管理着国内外事务，声望高涨。反对派对他的攻击也随之增强。然而，乔治二世支持罗伯特·沃波尔。1733年，大不列颠王国的土地税减少了一先令，保障了土地拥有者的利益。

1733年，罗伯特·沃波尔提出"消费税计划"，为早在1723年就开始的一系列金融改革画上句号。1723年，他曾禁止商人走私茶叶和咖啡，并且增加了税收。

从1721年上任到1733年，罗伯特·沃波尔通过一系列明智的措施为宏大的"消费税计划"铺平道路。他废除了曾经为限制从殖民地进口木材设置的关税。1730年，为了进一步证明拥有繁荣殖民地的好处，他允许佐治亚殖民地和弗吉尼亚殖民地用大不列颠商船将当时的大米运往欧洲。他还减少胡椒、丁香和其他香料的关税，以及靛蓝、药品和许多其他物品的关税。他废除了盐税，并且打消了斯皮塔菲尔德的法兰西难民对丝绸征收重税的不满。在取消向生活必需品征税的同时，他严厉禁止走私和掺假行为。罗伯特·沃波尔的财政政策被描述为"减轻食品和生活必需品给人民造成的负担，减轻大不列颠王国制造业的负担，鼓励进口制造业所需原材料"。[①]

然而，在接下来的十年，即1733年到1742年，罗伯特·沃波尔的内阁在处理国内外事务时很不顺利。在国内，以博灵布罗克子爵亨利·圣约翰和巴斯伯爵威廉·普特尼为首的反对势力不断增强。随后，一个由年轻政客组成的名为"青年爱国者"的政党加入反对派，使反对派的势头更盛。这些青年政客包括乔治·切斯特菲尔德、乔治·格伦维尔和查塔姆伯爵威廉·皮特。罗伯特·沃波尔下台前，反对派从未停止对他的攻击。1733年，罗伯特·沃波尔未能实现著名的"消费税计划"，即代

---

① 《英国社会史》，第五部，第121页。——原注。

乔治·格伦维尔

表"他财政政策的精髓和最高成就"的计划。反对派趁机对他发起攻击。此时，关税、消费税和土地税是国家财政收入的主要来源。关税是在港口对进口商品征收的，主要针对烟草和葡萄酒。消费税是对本国生产和制造的产品征收的，主要针对盐和酒。此外，关税虽然是税收的主要来源，但很容易被逃税。罗伯特·沃波尔提议将酒和烟草从关税转为消费税，对为再出口而进口的货物不再征税。换句话说，进口的烟草和葡萄酒只有从出售的仓库中移出时才需要交税。这个政策将遏制走私，并且帮助罗伯特·沃波尔废除土地税。罗伯特·沃波尔的建议很好，也很有政治远见。但不幸的是，在英格兰内战期间，由议会派[①]首次征收

---

① 议会派，英格兰内战期间，以议会为代表的反对查理一世绝对君主制的一派。——译者注

的消费税很不得人心。反对派的机会来了，他们在《工匠》刊文，猛烈抨击"消费税计划"。他们宣称，"消费税计划"将使英格兰到处都是税收人员，并且消费税将扩大到服装和所有食品，摧毁大不列颠王国的神圣家园。于是，人们纷纷向下议院请愿，反对"消费税计划"。伦敦城也公开表示反对"消费税计划"。1733年4月，罗伯特·沃波尔在下议院多数派的地位岌岌可危。于是，他不得不撤回"消费税计划"。反对派的第一次攻击取得巨大胜利后，一些被罗伯特·沃波尔驱逐的政府官员转而加入反对派，使反对派的声势愈发浩大。乔治二世对"消费税计划"很感兴趣，全力支持被罗伯特·沃波尔解职的官员。被罗伯特·沃波尔解职的主要官员有切斯特菲尔德伯爵菲利普·斯坦霍普、蒙特罗斯

切斯特菲尔德伯爵菲利普·斯坦霍普

马切蒙特伯爵亚历山大·休姆－坎贝尔

公爵詹姆斯·格拉厄姆、马切蒙特伯爵亚历山大·休姆-坎贝尔和斯泰尔伯爵约翰·达尔林普尔。博尔顿公爵查尔斯·波利特和科伯姆子爵理查德·坦普尔曾被军队罢免上校军衔。

在1735年的大选中，罗伯特·沃波尔领导的内阁失去下议院多数议席的支持，动摇了罗伯特·沃波尔的首相地位。在一定程度上，受斯泰尔伯爵约翰·达尔林普尔的影响，苏格兰民众对罗伯特·沃波尔的忠诚度开始降低。1736年，爱丁堡爆发了一场大规模起义。苏格兰的局势需要警惕。自苏格兰王国与英格兰王国合并以来，苏格兰社会取得了巨大进步。在一定程度上，这是苏格兰获准开展自由贸易导致的。此后，苏格兰的工业得到巨大发展。与此同时，1726年到1737年，在乔治·韦德将军的倡导下，苏格兰高地道路系统建成，高地偏远地区得到开发。苏格

斯泰尔伯爵约翰·达尔林普尔

博尔顿公爵查尔斯·波利特

科伯姆子爵理查德·坦普尔

乔治·韦德

兰人虽然从与英格兰王国的联系中获得诸多好处，但十分抵触苏格兰王国与英格兰王国合并。1724年，罗伯特·沃波尔以每桶啤酒六便士的消费税取代麦芽税。对此，苏格兰人爆发暴动以示抗议，迫使罗伯特·沃波尔更重视苏格兰事务。罗伯特·沃波尔废除苏格兰事务大臣一职，从此将苏格兰事务的管理权掌握在自己手中。

1736年，在爱丁堡，走私犯安德鲁·威尔逊和乔治·罗伯逊被判处死刑。然而，行刑前不久，在安德鲁·威尔逊的帮助下，乔治·罗伯逊逃跑了。安德鲁·威尔逊的勇气激起了暴民们的同情和怜悯。在安德鲁·威尔逊被处决当天，有人向爱丁堡市警卫队扔石头。警卫队队长约翰·波蒂厄斯大怒，向人群开枪，并且打死了一些人。约翰·波蒂厄斯因此被判死刑，但随后获减刑。于是，一批有组织的暴徒袭击了爱丁堡市托尔布斯监狱，

托尔布斯监狱

约翰·波蒂厄斯被绞死

并且在菜市场绞死了约翰·波蒂厄斯。由于苏格兰方面拒绝提交有关暴
乱者罪行的证据，大不列颠王国政府立即决定废除爱丁堡宪章，拆毁城
门，解散卫兵。对此，苏格兰议会议员表示强烈反对。为避免激起苏格
兰人的民族感情，罗伯特·沃波尔采取明智措施。爱丁堡市政府被罚款
两千英镑，用于赔偿约翰·波蒂厄斯的遗孀。此外，罗伯特·沃波尔还
解除了爱丁堡市市长的职务。

威尔士亲王腓特烈

1737年，安斯巴赫的卡罗琳王后薨逝，再次严重危及罗伯特·沃波尔的地位。此前，以乔治三世的父亲威尔士亲王腓特烈为核心的反对派从未停止对罗伯特·沃波尔的攻击，但罗伯特·沃波尔一直坚持立场。安斯巴赫的卡罗琳王后在世时一直坚定不移地支持罗伯特·沃波尔。但随着她的薨逝，罗伯特·沃波尔面临的困难与日俱增。

法兰西王国和西班牙王国对大不列颠王国海上霸权和殖民扩张的反对日益增强，这更令罗伯特·沃波尔举步维艰。1731年，《维也纳第二条约》签订，欧洲人似乎可以享受几年太平时光。然而，1733年，波兰王位继承战争爆发。这场战争表面上是波兰王位继承问题引发的战争，其重要性体现在以下几个方面：第一，1729年，《塞维利亚条约》的签订使法兰西王国和西班牙王国走到一起。1733年，两国又签订《第一次家族盟约》①。从此，直到法国大革命爆发，法兰西王国与西班牙王国一直保持联盟关系，共同反对大不列颠王国。第二，撒丁王国趁机向意大利北部扩张领土。但当时，西班牙王国和法兰西王国正集中精力对付奥地利公国。西班牙王国渴望在意大利收回更多领土，法兰西王国渴望向莱茵河方向扩张其东部边界。1733年到1735年，波兰王位继承战争持续了两年。其间，俄罗斯帝国军队将路易十五的岳父斯坦尼斯瓦夫·莱什琴斯基②逐出

斯坦尼斯瓦夫·莱什琴斯基

---

① 法兰西国王路易十四的孙子腓力成为西班牙国王腓力五世后，法兰西王国和西班牙王国同属波旁王朝统治。因此，两国的盟约又称家族盟约。此后，法兰西王国和西班牙王国又两次签订家族盟约。——译者注

② 斯坦尼斯瓦夫·莱什琴斯基（Stanislaw Leszczynski, 1677—1766），当时的波兰国王、立陶宛大公、洛林公爵和神圣罗马帝国伯爵。——译者注

奥古斯塔斯二世

波兰，并且将萨克森的"强壮的"奥古斯塔斯二世扶上波兰王位。与此同时，法兰西王国占领了洛林，西班牙王国和撒丁王国的军队在意大利战胜了奥地利公国的军队。因此，各方签订了《维也纳第三条约》。根据这份条约，法兰西王国将洛林留给斯坦尼斯瓦夫·莱什琴斯基，西班牙王子查理交出帕尔马公国，换取那不勒斯王国、西西里岛与托斯卡纳沿岸的海港厄尔巴岛。

在波兰王位继承战争期间，大不列颠王国和荷兰共和国保持中立。罗伯特·沃波尔外交政策的基础是与法兰西王国保持友好关系。他了解到法兰西舰队的弱点。他虽然已经获悉《第一次家族盟约》，但并不在意，这点被证明是明智的。罗伯特·沃波尔致力于保护大不列颠王国对西班牙殖民者的贸易特权。直到1739年，他仍在尽力协调西班牙商人和大不列颠商人的分歧。他充分意识到，与西班牙王国的战争将会遏制大不列颠王国的贸易和殖民发展。此外，荷兰共和国也保持中立，这使罗伯特·沃波尔维护和平的决心更坚定了。

如果大不列颠王国卷入波兰王位继承战争，那么詹姆斯党人会立即重新策划一系列阴谋。这将威胁到汉诺威王朝的继承权，并且影响大不列颠王国的对外贸易。神圣罗马帝国皇帝查理六世曾向世代盟友大不列颠王国请求帮助。考虑到应该遏制波旁王朝的扩张政策，许多大不列颠人表示应该予以支持。但罗伯特·沃波尔坚信，不干涉政策才是对大

波旁王朝的盾形徽章

不列颠王国真正有利的政策。1734年，他对安斯巴赫的卡罗琳王后说："夫人，今年欧洲有五万人被杀，但没一个是英格兰人。"

1737年，罗伯特·沃波尔最主要的支持者安斯巴赫的卡罗琳王后去世，罗伯特·沃波尔的权力逐渐遭到削弱。从1737年起，大不列颠商人和西班牙王国政府的斗争愈加尖锐。1738年年初，《詹金斯的耳朵》的故事传遍全国。根据罗伯特·詹金斯的说法，1731年，他在公海被俘，并且被割掉耳朵。几年后，埃德蒙·伯克①说这件事不过是一个寓言故

埃德蒙·伯克

———————
① 埃德蒙·伯克（Edmund Burke，1729—1797），英国政治家、演说家和政治思想家。1765年到1795年，他在公共事物中表现突出。在政治理论史上，他占有重要地位。——译者注

事，但当时人们都认为这个故事是真实的。罗伯特·詹金斯被带到下议院，当有人问他被西班牙人抓住时是怎么想的，他回答说："我将灵魂交给了上帝，将事业奉献给国家。"在国内好战情绪的推动下，以巴斯伯爵威廉·普特尼为首的反对派充分利用这起事件，迫使罗伯特·沃波尔向西班牙王国宣战。

1738年5月，大不列颠王国议会上议院通过了反对西班牙王国政府搜查权的决议。在这一年中，大不列颠民众反对西班牙王国政府的情绪日益高涨。罗伯特·沃波尔屈服于国内的好战情绪，准备通过备战迫使西班牙王国政府接受自己提出的和平主张。海军上将尼古拉斯·哈多克

尼古拉斯·哈多克

率领十艘军舰驶向地中海。为了保卫大不列颠王国的殖民地及保护大不列颠王国的贸易，大不列颠王国的军队和军用物资也被运往受到西班牙军队进攻和威胁的佐治亚殖民地。一系列备战措施产生了效果。西班牙王国的态度开始好转。在伦敦和马德里，两国代表展开了谈判。1739年1月14日，大不列颠王国和西班牙王国签署了一份和约。和约没有提到西班牙的搜查权或者西班牙王国对直布罗陀领土的主张，两国间的其他重要争议仍然悬而未决。大不列颠王国要求西班牙王国赔偿二十万英镑的贸易损失，但同意向西班牙王国支付六万英镑，以赔偿托灵顿子爵约翰·宾1718年攻击西班牙舰队造成的损失。

当大不列颠王国议会讨论与西班牙王国的和约时，反对派极力反对。他们提出，西班牙的搜查权没有废除，佐治亚殖民地的边界也没有划定，西班牙海军迫害大不列颠商人的行为没有受到惩罚，但大不列颠王国政府要为1718年托灵顿子爵约翰·宾的胜利赔偿六万英镑，这简直是一种耻辱。当时还很年轻的查塔姆伯爵威廉·皮特猛烈抨击这份和约，认为它"不可靠、不让人满意、有失颜面"。在猛烈抨击罗伯特·沃波尔后，威廉·温德姆带着大约六十名反对派成员退出下议院。许多反对派领导人不赞成这种分裂，但这种分裂使罗伯特·沃波尔能够在"异乎寻常的平静"中迅速结束会议。

随着大不列颠国内对西班牙王国的好战情绪迅速高涨，并且大不列颠对战争的狂热情绪同时传到了西班牙王国，维护和平已经不可能。

西班牙王国政府拒绝放弃海上搜查权。1739年10月19日，大不列颠王国政府向西班牙王国宣战。1739年11月22日，在巴拿马地峡，海军上将爱德华·弗农率军摧毁了贝略港。西班牙王国政府立即采取强有力的行动保卫西班牙本土及殖民地。西班牙王国政府筹集大量资金、削减开支以支持军事行动。其军事行动对直布罗陀、米诺卡，甚至爱尔兰造成威胁。大不列颠民众被逐出西班牙，西班牙与大不列颠的贸易也戛然而

大不列颠舰队轰炸贝略港

止。爱德华·弗农袭击卡塔赫纳和圣地亚哥失败。西班牙杰出的首席国务大臣何塞·帕蒂尼奥虽然已于1736年去世，但他的改革和重组政策已经将西班牙王国变成一个全新的国家。此时，西班牙王国国力强盛，足以抵御任何国家的入侵。大不列颠王国很快意识到，罗伯特·沃波尔的和平政策是何等明智。

在何塞·帕蒂尼奥执政时期，西班牙王国推行了重大的行政改革。西班牙王国改善了海军，促进了与本国殖民地的贸易，并且与法兰西王国签署了《第一次家族盟约》。

何塞·帕蒂尼奥

乔治·安森男爵

　　大不列颠王国与西班牙王国开战后，罗伯特·沃波尔继续执政，并且希望阻止法兰西王国卷入这场战争。他很清楚，一旦与法兰西王国开战，詹姆斯党人将会继续作乱——与西班牙王国开战已经违背他的本意。当庆祝双方宣战的钟声响起时，他说："他们现在鸣钟，但他们将很快被绑起手脚。"起初，大不列颠王国与西班牙王国的战事规模并没有扩大，仅限于爱德华·弗农和乔治·安森男爵对西班牙殖民地发动袭击。1740年9月，乔治·安森男爵被派往太平洋攻打西班牙殖民地。此后近四年内，他杳无音信。实际上，他的环球航行没有对西班牙王国造成损失。由于没有取得任何明显的胜利，大不列颠王国的好战情绪迅速熄灭了。

普鲁士国王腓特烈大帝

　　1740年，罗伯特·沃波尔发现自己面临新的困难。同年，普鲁士国王腓特烈·威廉一世、神圣罗马帝国皇帝查理六世和沙皇安娜相继驾崩，这开启了欧洲历史的新纪元。新任普鲁士国王腓特烈大帝立即入侵西里西亚。1741年4月10日，他赢得莫尔维茨战役的胜利。莫尔维茨战役对欧洲局势影响重大。法兰西王国政府立即决定不再支持神圣罗马帝国皇帝查理六世的《国是诏书》，并且与西班牙王国、巴伐利亚选帝侯国、萨克森选帝侯国和普鲁士王国结盟对抗奥地利女大公玛丽亚·特雷莎。与此同时，法军和巴伐利亚军队同时入侵波西米亚，并且进入布拉格。此时，罗伯特·沃波尔处境艰难。大不列颠王国决心维护《国是诏书》，支持玛丽亚·特雷莎。但1741年10月28日，乔治二世发现汉诺威选帝侯国受到法兰西王国和普鲁士王国的威胁。因此，他代表汉诺威选帝侯国签订了一项中立条约。这激起大不列颠国民的反对，他们上诉到罗伯特·沃波尔这里，虽然乔治二世事先并没有征求他的意见。在这种困难处境下，罗伯特·沃波尔主张奥地利公国和普鲁士王国达成和解，敦促玛丽亚·特雷莎放弃西里西亚。

1742年2月，罗伯特·沃波尔下台。他的下台不仅是一位普通政治家的垮台，而且意味着1717年大不列颠王国和法兰西王国的同盟解体。维护与法兰西王国的同盟是罗伯特·沃波尔外交政策的基础，维护汉诺威王朝是他国内政策的基础。汉诺威王朝最大的危险来自法兰西王国的敌意。罗伯特·沃波尔知道，与奥地利公国结盟并不能有效阻止法兰西王国入侵大不列颠，也无法阻止詹姆斯党人在法兰西的武器和黄金的支持下登陆大不列颠海岸。在漫长的执政生涯中，他一直致力于维护与法兰西王国的和平，但当他下台时，该政策已经无法继续实施下去。实际上，他的下台是因为人们认识到他的外交政策已经不再适合欧洲的形势。反对派对他提出一系列指控，却指不出他有任何重大失误。他被指控议会腐败，但议会腐败并不是什么新鲜事。每位首席大臣都会利用议会腐败，罗伯特·沃波尔也不能避免，但他做得并不出格。《七年法案》大大提升议会议席的价值。购买下议院议员选票也变得越来越普遍，并且在乔治三世统治时期达到高潮，形成制度性贿赂。罗伯特·沃波尔利用议会腐败，让不受欢迎的汉诺威王朝巩固王权。关于罗伯特·沃波尔妒贤嫉能的指控没有根据。当对所有重大外交问题存在分

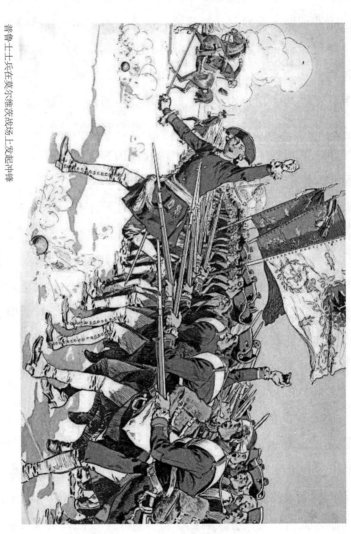

普鲁士士兵在莫尔维茨战场上发起冲锋

莫尔维茨战役获胜后的腓特烈大帝

歧时，他不可能让格兰维尔伯爵约翰·卡特雷继续担任国务大臣。乔治·切斯特菲尔德遭到解职同样是正当的。对罗伯特·沃波尔的另一项指控是他没有采取重大立法措施。诚然，他确实没有做出重大立法贡献，但他所有国内政策的主要目标是尽可能不干扰国内的任何阶层。出于同样的目的，他不惜任何代价维持大不列颠的和平。1715年到1745年，在乔治一世即位后的三十年里，对大不列颠王国来说，和平是绝对必要的。1745年，詹姆斯党人叛乱溃败证明，罗伯特·沃波尔鼓励大不列颠王国扩大贸易、发展制造业及避免国外纷争的政策是十分明智的。

对罗伯特·沃波尔的大多数指控都是基于党派斗争，并且毫无根据。心怀不满的辉格党人组织的反对活动纯粹是针对罗伯特·沃波尔个人。与此同时，毫无疑问，罗伯特·沃波尔对教会和殖民地的态度应该受到严厉批评。当时，大不列颠王国的殖民地正在迅速扩张，英格兰、苏格兰和威尔士的大城镇也在蓬勃发展。出于政治目的，罗伯特·沃波尔任命了政治主教，但没有向大不列颠王国的殖民地派遣神职人员。罗伯特·沃波尔没有维护教会，也没有为卫理公会的复兴提供帮助。他无法理解当时的宗教需求，这给英格兰和威尔士的社会和宗教生活造成了灾难性的影响。他对苏格兰问题的处理也显示出他对1715年詹姆斯党人叛乱后出现的问题一无所知。

罗伯特·沃波尔的性格可能不为人喜欢，但他处理政治事务极具智慧和远见。他属于乔治·坎宁[1]或者帕默斯顿子爵亨利·约翰·坦普尔[2]这类政治家——他们擅长行政管理而不是立法。

---

[1]　乔治·坎宁（George Canning，1770—1827），英国托利党政治家。1827年4月到1827年8月，在生命最后四个月，他担任英国首相。——译者注

[2]　亨利·约翰·坦普尔（Henry John Temple，1784—1865），英国政治家，19世纪中期曾两次担任首相。1830年到1865年，他主导了英国的外交政策。——译者注

乔治·坎宁

帕默斯顿子爵亨利·约翰·坦普尔

本章大事年表

1729 年　《塞维利亚条约》签订

1730 年　查尔斯·汤森子爵辞职

1731 年　《维也纳第二条约》签订

1733 年到 1735 年　波兰王位继承战争

1733 年　罗伯特·沃波尔提出"消费税计划"

1736 年　《维也纳第三条约》签订

1736 年　约翰·波蒂厄斯暴动

1737 年　安斯巴赫的卡罗琳王后薨逝

1738 年　卫理公会成立

1739 年　大不列颠王国向西班牙王国宣战

1741 年到 1748 年　奥地利王位继承战争

1741 年　莫尔维茨战役

1742 年　罗伯特·沃波尔下台

第 **2** 章

从罗伯特·沃波尔垮台到
《艾克斯拉沙佩勒和约》签订

（1742—1748）

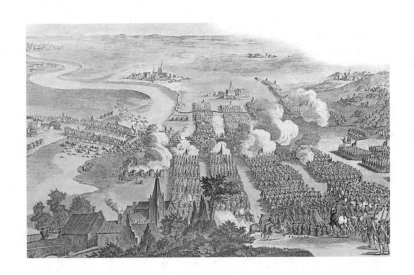

罗伯特·沃波尔的下台标志着英国历史上一个新时期的开始。从1689年起，大不列颠王国和法兰西王国就夺取新世界和印度的霸权争斗不休。从签订《乌得勒支和约》到罗伯特·沃波尔下台前，大不列颠度过了一段和平时期。此时，由于某些特殊原因，大不列颠王国和法兰西王国结盟。罗伯特·沃波尔下台后，两国结盟的基础已经不复存在，大不列颠王国和波旁王朝的斗争重新开始。海洋控制权将落入大不列颠王国还是法兰西王国和西班牙王国手中？在北美称霸的将是日耳曼民族还是拉丁民族?主导印度局势的将是法兰西王国还是大不列颠王国？1763年时，这些问题的答案都指向大不列颠王国。

此外，罗伯特·沃波尔下台标志着大不列颠王国的宗教和政治生活出现新的精神风貌。汉诺威王朝确立后，大不列颠民众一直热衷于商业。在罗伯特·沃波尔漫长的执政期内，大不列颠民众没有表现出强烈的宗教热情和政治兴趣，在思想上处于政治和宗教休眠状态。罗伯特·沃波尔倒台后，大不列颠民众的宗教和政治意识逐渐觉醒。其中，卫理公会运动标志着大不列颠宗教的觉醒，1757年查塔姆伯爵威廉·皮特的上台标志着大不列颠政治的觉醒。

约翰·卫斯理

　　1740年，约翰·卫斯理、查尔斯·卫斯理和乔治·怀特菲尔德领导了卫理公会复兴运动。乔治一世即位标志着英格兰国教进入漫长的休眠期。威廉三世时期拒绝效忠派的分裂[①]削弱了英格兰国教。许多忠于斯图亚特王朝的教会人士增加了教会中反对政府的势力。乔治一世和乔治

---

① 拒绝效忠派的分裂，指1688年英格兰光荣革命后，英格兰、苏格兰和爱尔兰的圣公会对威廉三世和玛丽二世是否可以在法律上被承认为君主产生的分裂。许多圣公会神职人员认为，他们从前宣誓效忠詹姆斯二世是受法律约束的，他们能接受威廉三世为摄政王，但不能接受他为国王。最终，英格兰国教中的自由主义教派控制了英格兰教会，长老会控制了苏格兰教会。拒绝效忠派成了宗教上的詹姆斯党人，虽然他们不积极参与政治反叛活动。——译者注

二世统治时期，教会内部一直争议不断，这更削弱了教会在精神层面的影响力。在这些争议中，最突出的是班戈争议和三位一体争议。1715年到1721年，本杰明·霍德利担任班戈主教。其间，他从未到过自己管辖的教区。他是一位自由主义教派教徒^①，他的布道和反对教会公认教义的文章在神职人员中激起了强烈的反对声。教士会议强烈谴责他的著作，乔治二世随后暂停了教士会议。直到1852年，教士会议才复会。三位一体争论的起因是一些人否认基督的神性，并且创立了一位神论^②派。一位

本杰明·霍德利

---

① 自由主义教派认为坚持十分具体的教义、礼仪形式和教会组织形式不仅没必要，而且可能是有害的。——译者注

② 一位神论，一种自由的基督教神学理论。这种神学理论信仰上帝的统一性，但不承认三位一体、原罪、宿命和《圣经》无谬的理论。——译者注

神论教派的观点遭到剑桥大学莫德琳学院院长丹尼尔·沃特兰博士的驳斥。丹尼尔·沃特兰博士的著作有效地巩固了宗教在大不列颠的地位，并且在很大程度上遏制了英格兰国教中自由主义思想的发展。当时，在饱受内部攻击的同时，英格兰国教还遭到自然神论者①的外部攻击。自然神论者中有著名的托利党政治家和作家博灵布罗克子爵亨利·圣约翰。自然神论者不相信上帝的启示，并且希望将宗教降为一种纯粹的道德体系。1736年，约瑟夫·巴特勒主教出版了《宗教类比：自然与神启，自

约瑟夫·巴特勒

———————
① 自然神论承认上帝的存在，但不承认上帝创造万物。自然神论者拒绝将上帝的启示作为宗教知识的来源，认为对自然世界的理性认识和观察足以证明事物的存在或者宇宙的绝对原则。——译者注

然的构成与发展》，检验并推翻了自然神论者的观点。乔治·贝克莱主教和威廉·沃伯顿主教也支持约瑟夫·巴特勒主教的主张。

不幸的是，在乔治一世和乔治二世统治期间，主教中虽然不乏渊博之士，但大多数都是普通政客，他们的地位来自他们在辉格党政府中的职位。本杰明·霍德利是这个时代一名典型的主教。1734年，由于其政治贡献，他被授予温彻斯特教区主教一职。兰斯洛特·布莱克本曾在一名海盗手下当过牧师。1723年到1743年，他担任约克大主教，但很少参与教区事务，其生活作风也是浪荡不堪。在这些宗教领袖的领导下，大不列颠人民的宗教观念淡化，主教和神职人员的鸿沟愈发扩大。毫无疑问，1714年到1760年，辉格党政府的政策对宗教产生灾难性影响，因为罗伯特·沃波尔的目标是让教会和政府保持稳定。因此，神职人员经常玩忽职守，很少履行相应的宗教义务，其行为也不受主教监督。虽然也有不少例外，但总的来说，该时期的宗教氛围以懒惰、自私和伊拉斯特主义①为特征。

培养神职人员的牛津大学和剑桥大学也沾染了该时期所有神职机构的懈怠弊端。1715年到1760年，理性和常识主宰了大不列颠的宗教和教育生活。

然而，虽然教会活动处于休眠状态，但教会的学术氛围依然浓厚。牛津大学和剑桥大学虽然支持詹姆斯党人的主张，但仍然是独立的学术研究中心。当某些法兰西神职人员建议大不列颠和法兰西的教会合并时，威廉·韦克大主教巧妙地捍卫了大不列颠教会的立场。

丹尼尔·沃特兰博士和乔治·贝克莱、威廉·沃伯顿和约瑟夫·巴特勒都表现出杰出的学术造诣。他们在辩论中压倒了对手，并且占据舆

---

① 伊拉斯特主义是以托马斯·伊拉斯特的名字命名的一个教派。托马斯·伊拉斯特是瑞士神学家。在他死后，他写的一百多篇论文出版，其中关于宗教的主要观点是，惩罚基督徒的过失行为应由民事政府，而不是教会实施。——译者注

乔治·贝克莱

威廉·沃伯顿

兰斯洛特·布莱克本

威廉·韦克

论上风。不过，在反对自然神论者的观点时，约瑟夫·巴特勒主教也提到了"对宗教外部形式的忽视"。他支持对牧师工作的效率制定更严格的标准。卫理公会的发展最终使英格兰国教从麻木中觉醒，但卫理公会运动产生的第一个结果是加强了神职人员对宗教热情的厌恶，以及对宗教虔诚的怀疑。

此时，基督教真理已经明晰，民族的宗教本能需要通过刺激来唤醒。点燃大不列颠宗教复兴第一束火焰的是约翰·劳，他的《基督教的完善》和《严肃的召唤》唤醒了许多人的宗教感情。但约翰·劳只是先驱，宗教复兴的主要倡导者是约翰·卫斯理、查尔斯·卫斯理和乔治·怀特菲尔德。

1703年，约翰·卫斯理在林肯郡的埃普沃斯出生，之后在牛津大学的查特豪斯学院和基督教堂学院接受教育。1726年，他当选为牛津大

牛津大学林肯学院

坎特伯雷大主教约翰·波特安

学林肯学院的院士。1728年，他被坎特伯雷大主教约翰·波特安立为教士，并且在父亲萨缪尔·韦斯利位于埃普沃斯和沃特的教堂工作了两年。回到牛津后，他加入了由弟弟查尔斯·卫斯理成立的小宗教社团。当时，查尔斯·卫斯理是基督教堂学院的成员。在约翰·卫斯理的领导下，十四个社团成员一起学习希腊语的《圣经》、古希腊和古罗马经典著作，制定和遵守一定的生活规则。在十四名社团成员中，还有彭布罗克学院的乔治·怀特菲尔德。每逢星期日，他们都在圣玛丽教堂领圣餐，并且认真、有条理地执行教会规则。卫理公会的名字由此而来。1735年，该小宗教社团解散，约翰·卫斯理和詹姆斯·奥格尔索普将军一同前往佐治亚殖民地，试图让当地原住民皈依宗教，并且向大不列颠的殖民者传播卫理公会信仰。在佐治亚殖民地，约翰·卫斯理接触到摩拉维亚教派^①。该教派的成员对皈依持有特殊观点。最终，约翰·卫斯理的海外传教计划失败了。实际上，殖民者不赞成他严格遵守教会规则和纪律的主张。1738年，约翰·卫斯理返回大不列颠传教。从这年起，耶稣复活的日期被确立下来。1739年，他以乔治·怀特菲尔德为榜样，开始实地布道——尽管一开始强烈反对宗教狂热。同年，他获准建造卫理公会礼拜堂。对约翰·卫斯理来说，自己的一切行为"都为他做实事的愿望服务"，他似乎从未想过要脱离英格兰国教。

在许多方面，乔治·怀特菲尔德与约翰·卫斯理不同。在学问方面，他确实不如约翰·卫斯理。在本质上，乔治·怀特菲尔德是位传教

约翰·卫斯理在不列颠布道

① 摩拉维亚教派，基督新教的一个教派。1722年，为逃避宗教迫害，该教派成员从摩拉维亚逃到德意志的萨克森，因此得名。——译者注

乔治·怀特菲尔德在北美传教

士，并且在北美、伦敦和英格兰其他地区都有巨大影响力——成千上万未受教育的人都来听他布道。"他的热情和真诚，他洪亮的声音，戏剧性的动作，高贵的为人，都使全世界为他倾倒。"无论是在布里斯托尔附近的金斯伍德向矿工布道，还是在托特纳姆的临时会幕中，或者是在某个客厅里，他总能引起人们的注意。但实际上，他对神学了解不多，做事轻率，是一位"缺乏引领但自制力强、训练不足又容易冲动的狂热者"。最终，他与约翰·卫斯理分道扬镳。在这场运动中，约翰·卫斯理是组织者，乔治·怀特菲尔德是演说家，查尔斯·卫斯理是赞美诗人。

与约翰·卫斯理一样，查尔斯·卫斯理是一位富有感染力的传教士，意志坚强，但比哥哥约翰·卫斯理更热衷于传教。1784年，约翰·卫斯理任命了一位叫托马斯·科克的主教主管美洲的传教活动，但遭到查尔斯·卫斯理的强烈谴责。另外，查尔斯·卫斯理写了许多优美的赞美诗，并且产生了不可估量的影响。

受卫斯理兄弟和乔治·怀特菲尔德的影响，英格兰国教中的福音派成长起来，其主要成员包括约翰·威廉·弗莱彻、亨廷顿伯爵夫人塞利娜·黑斯廷斯、汉娜·莫尔、诗人威廉·柯珀，以及许多来自上层和中上层的人士。福音派虽然反对卫理公会的许多不规范行为，但认同卫理

亨廷顿伯爵夫人塞利娜·黑斯廷斯

汉娜·莫尔

公会的观点，并且希望重振宗教精神，更严格地遵守礼拜制度，参与主日崇拜活动，扩大宗教真理的传播。福音派和卫理公会都充满慈善精神和宗教热情，由于他们的努力，监狱条件得到改善，贫困阶层受到更多关注。宗教复兴的同时催生出废除奴隶贸易运动。

　　1784年，八十一岁的约翰·卫斯理发现主教们不会任命他的非教会牧师。于是，他亲自任命长老和一位主教，并且将他们派往北美管理卫理公会。

　　这一行为使卫理公会与英格兰国教分离，尽管约翰·卫斯理本人从未离开英格兰国教。1791年，约翰·卫斯理去世，卫理公会和英格兰国教的分裂不可避免。据说，在1791年，卫理公会在大不列颠有七万一千名会众，在北美有四万八千名会众，并且拥有一个完整的布道组织。一旦他们开始管理圣餐，教士们就不被允许留在英格兰国教会内。

宗教复兴在威尔士尤其明显。在早期汉诺威王朝国王的管理下，威尔士人民的宗教需求被直接忽视。主教的任命纯粹出于政治考量，这使威尔士人与教会日益疏远。"许多教堂一连好几个月都没有讲道。在一些地方，牧师们除对目不识丁的威尔士会众讲英语外，别无其他活动。"威尔士各教区内的牧师都很贫穷，兰德道的格里菲斯·琼斯是英格兰国教会的著名牧师，并且擅长布道。豪厄尔·哈里斯是非英格兰国

豪厄尔·哈里斯

教会牧师。在约翰·卫斯理复兴卫理公会前，他们二人在威尔士拉开了一场宗教复兴运动。格里菲斯·琼斯派巡回教士前往许多教区，开展威尔士农民扫盲运动。在长达十七年的时间里，他一直巡回传教。他的雄辩激起了一场运动，并且在他的领导下，许多传教士将他的理念传遍了威尔士。

1751年，豪厄尔·哈里斯与丹尼尔·罗兰产生分歧。1752年，豪厄尔·哈里斯退休，回到位于布雷肯的家乡特里维卡继续传教。豪厄尔·哈里斯是威尔士卫理公会的创始人。丹尼尔·罗兰1713年出生，1790年去世，是威尔士最伟大的宗教复兴者。他是英格兰国教教会的牧师，善于雄辩，十分虔诚，影响力巨大。和西康沃尔的宗教运动一样，起初，威尔士的宗教复兴运动并不是卫斯理兄弟的功劳，但卫斯理兄弟

丹尼尔·罗兰

掀起的宗教复兴运动很快就影响了威尔士的宗教复兴。1763年，丹尼尔·罗兰被停职，并且不再从事传教工作。

1740年到1763年也是欧洲的一个重要时期。改革的新思想发展迅速。腓特烈大帝占领了西里西亚。在莫尔维茨战役中，普鲁士王国战胜了奥地利公国，标志着德意志内部一股新势力的崛起。随后，法兰西王国、巴伐利亚公国和萨克森选帝侯国入侵了奥地利公国。

然而，罗伯特·沃波尔下台时，世人还没有意识到上述问题的重要性。威尔明顿伯爵斯潘塞·康普顿接替罗伯特·沃波尔担任首相。反对派领袖巴斯伯爵威廉·普特尼拒绝在政府任职，并且以巴斯勋爵的身份返回上议院。威尔明顿伯爵斯宾塞·康普顿担任第一财政大臣，亨利·佩勒姆和哥哥纽卡斯尔公爵托马斯·佩勒姆-霍利斯保住了各自的职

亨利·佩勒姆

位。纽卡斯尔公爵托马斯·佩勒姆-霍利斯继续担任南方事务大臣。格兰维尔伯爵约翰·卡特雷成为北方事务大臣，并且指导政府的外交工作。格兰维尔伯爵约翰·卡特雷是辉格党人，认为应该恢复大联盟①，并且恢复1711年被废除的辉格党政策。因此，他赞成以玛丽亚·特雷莎的名义积极干预奥地利王位继承战争。于是，大不列颠王国政府派遣一万六千名士兵来到低地国家②，并且雇用了相同数量的汉诺威士兵。荷兰共和国政府也准备加入大不列颠一方，西里西亚战争即将发展成一场欧洲大战。1742年7月28日，玛丽亚·特雷莎遵照格兰维尔伯爵约翰·卡特雷的意愿，与腓特烈大帝签署一项条约，承认割让西里西亚。1742年9月，萨克森选帝侯国政府和奥地利公国政府签署了一项条约。

　　1743年是战争史上重要的一年。这一年，奥地利公国保住了巴伐利亚。1743年6月26日，一支由大不列颠王国、汉诺威选帝侯国和黑森选帝侯国组成的联军与两万名奥地利公国士兵组成的辅助部队联合起来，赢得了代廷根战役的胜利。阿德里安·莫里斯·德·诺瓦耶担任法军总司令，并且派外甥路易·德·格拉蒙公爵率领特遣队渡过美因河，阻挡联军前进。然而，路易·德·格拉蒙公爵违反军令，袭击了盟军。在这场战役中，乔治二世指挥着这支名为"护昭部队"的盟军，沉着冷静，英勇奋战。乔治二世的亲征打消了军队内的恐慌情绪，并且大挫法军。这是大不列颠国王最后一次亲征，乔治二世的勇气使汉诺威王朝赢得了大不列颠的民心。代廷根战役获胜后，大不列颠王国本应退出战争——其向玛丽亚·特雷莎提供帮助的目标已经实现。玛丽亚·特雷莎重新获得

---

① 大联盟，1689年12月20日，英格兰王国、荷兰共和国和奥地利公国成立的反法同盟。这项联盟的条约由法兰西王国的三位主要反对者，即英格兰国王威廉三世、荷兰共和国总督及代表奥地利公国的利奥波德一世签署。后来，西班牙王国和萨伏依公国也加入反法同盟。这一联盟的成立引发了1688年到1697年的九年战争。——译者注
② 低地国家，指欧洲西北部莱茵河、梅斯河和海斯尔特河入海口附近的低洼地带，是原来的尼德兰。——译者注

代廷根战役

乔治二世在代廷根战场

除西里西亚以外的所有领土，并且不用担心法军再次入侵，她的军队也占领了巴伐利亚。然而，格兰维尔伯爵约翰·卡特雷非但没有退出奥地利王位继承战争，反倒在1743年9月14日，通过与奥地利公国签署《沃尔姆斯条约》，使大不列颠王国与奥地利公国缔结成紧密同盟。另外，撒丁王国也加入进来。作为回应，法兰西王国和西班牙王国缔结了《枫丹白露条约》，即众所周知的《第二次家族盟约》。虽然直到1744年，法兰西王国才正式向大不列颠王国宣战，但代廷根战役及《沃尔姆斯条约》表明，大不列颠王国和法兰西王国的斗争其实已经重新开始。当时，法兰西王国实力强大。威廉·爱德华·哈特波尔·莱基先生写道："大不列颠王国面临的最大危险在于法兰西的势力，而现在法兰西的势力正迅速增长。"博灵布罗克子爵亨利·圣约翰宣称，二十年的和平"足以让法兰西王国解决麻烦，并且以牺牲欧洲各国的利益为代价，重新富裕起来"。由于何塞·帕蒂尼奥的改革政策，西班牙也进入了新的历史时期，开始积极参与在意大利的战争。在整个奥地利王位继承战争期间，大不列颠的政治家们对法兰西和西班牙波旁王朝势力的复兴深感忧虑。

格兰维尔伯爵约翰·卡特雷认为，整个德意志都应该团结起来，奋起反抗法兰西王国，从而完成因《乌得勒支和约》而中断的事业。然而，他的政策并没有得到同僚的充分支持。1743年7月，亨利·佩勒姆接替威尔明顿伯爵斯潘塞·康普顿出任首相，但不支持乔治二世和格兰维尔伯爵约翰·卡特雷的亲德意志政策。在公众舆论的支持下，大不列颠王国内阁反对格兰维尔伯爵约翰·卡特雷在汉诺威维持驻军和资助巴伐利亚选帝侯国的计划。大不列颠王国内阁认为，大不列颠王国与其在德意志与法兰西王国和西班牙王国展开陆地战争，不如在海上与这两国对抗。格兰维尔伯爵约翰·卡特雷虽然享有很高的政治声誉，并且对外交事务了如指掌，但从未获得同事、议会和国民的认可。他的外交政策不受信任。他鄙视平民机构的态度众所共知，他与乔治二世的亲

哈林顿伯爵威廉·斯坦霍普

密关系也受到同事们的嫉恨。1744年11月，他被哈林顿伯爵威廉·斯坦霍普取代。

1743年7月，法军在代廷根战役中被大不列颠军队击败。1743年9月，大不列颠王国、奥地利公国、撒丁王国和萨克森选帝侯国签订了《沃尔姆斯条约》，组成反法联军。支持"王位觊觎者"查尔斯·爱德华·斯图亚特的事业和占领大不列颠本土立即成为法兰西王国的利益所

莫里斯·德·萨克斯

在。1744年年初，法军试图入侵大不列颠。莫里斯·德·萨克斯元帅率领一万五千名将士在敦刻尔克等候海军上将艾马·约瑟夫·德·罗克伊指挥的法兰西舰队到来。在约翰·诺里斯的指挥下，大不列颠舰队密切关注法兰西舰队的动向。幸运的是，一场风暴直接吹向敦刻尔克，摧毁了法军的许多运输船。法兰西政府只好放弃入侵计划，莫里斯·德·萨克斯元帅被派往佛兰德斯指挥军队。1744年3月，法兰西王国正式向大不列颠王国宣战。1744年3月到1745年4月，大不列颠王国在国内外的疲弱为詹姆斯党人的阴谋提供了有利时机。1743年7月，威尔明顿伯爵斯潘塞·康普顿逝世，亨利·佩勒姆接任首相。但在1744年和1745年，亨利·佩勒姆处境十分艰难。1744年11月，格兰维尔伯爵约翰·卡特雷遭解职。随后，大不列颠王国内阁重组，一些托利党人在内阁获得职位，查塔姆伯爵威廉·皮特得到安抚。但亨利·佩勒姆刚巩固了自己在国内的地位，就在国外遭遇挫败。与此同时，苏格兰开始发生叛乱。

1745年5月11日，坎伯兰公爵威廉王子[①]率领一支主要由大不列颠人、汉诺威人和荷兰人组成的军队，救援被法军元帅莫里斯·德·萨克

坎伯兰公爵威廉王子

---

① 威廉王子（Prince William，1721—1765），乔治二世的第三子，因率军击败1745年詹姆斯党人的叛乱而在大不列颠享有威望。——译者注

斯围攻的图尔内，但在奥地利属尼德兰的丰特努瓦被击败。实际上，法军阵地的地形十分有利：法军右边是谢尔特河及安托万和丰特努瓦的村庄。此外，法军占领了左边的巴尔丛林，并在此派驻了一队人马。在沃尔代克兼皮尔蒙特大公卡尔·奥古斯特[1]的指挥下，荷兰军队奉命进攻法军右翼，大不列颠的理查德·英戈尔兹比将军率军进攻巴尔丛林。但这两位将军进攻都失败了，并且撤回了各自的军队。与此同时，大不列

沃尔代克兼皮尔蒙特大公卡尔·奥古斯特

---

① 卡尔·奥古斯特（Karl August，1704—1763），沃尔代克兼皮尔蒙特大公，奥地利王位继承战争中荷兰军队的统帅。——译者注

法兰西军队与大不列颠军队在丰特努瓦摆开交战阵形

颠和汉诺威军队的主力大约一万人穿过了丰特努瓦和巴尔丛林之间的缺口。这支军队英勇向前推进，切断了法军的中路防线，并且击退了法军骑兵的几次冲锋。如果能得到沃尔代克兼皮尔蒙特大公卡尔·奥古斯特率领的荷兰军队的支持，那么大不列颠纵队会赢得巨大胜利。然而，沃尔代克兼皮尔蒙特大公卡尔·奥古斯特按兵不动。在爱尔兰人和法军炮兵的夹击下，大不列颠纵队最终被迫撤退。撤退很顺利，虽然坎伯兰公爵威廉王子不得不撤退到阿特郡，但大不列颠步兵的英勇推进被永远铭记。

在丰特努瓦，一个被称为"黑色监察兵"[1]的苏格兰高地步兵团表现十分突出。这支步兵团的前身是一支苏格兰高地军队，他们的首领支持汉诺威王朝。1729年，乔治·韦德将军将这支军队召集起来。这支军队组成了克劳福德伯爵约翰·林赛步兵团的核心，并且被命名为"黑色监

---

① F.H.斯科林：《丰特努瓦》，第62页、第63页、第194页。——原注

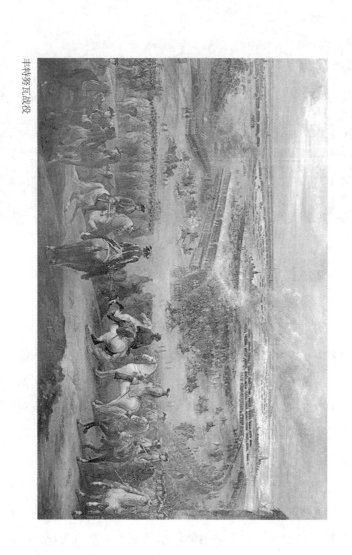

丰特努瓦战役

大不列颠军队在丰特努瓦战败

察兵"。在丰特努瓦，这支步兵团由罗伯特·芒罗指挥，并且作战十分英勇，受到坎伯兰公爵威廉王子的高度赞扬。

与此同时，查尔斯·爱德华·斯图亚特侥幸摆脱了一艘大不列颠军舰的追捕，并且乘船前往赫布里底群岛。1745年7月25日，查尔斯·爱德华·斯图亚特抵达阿里塞格附近的陆地。1745年8月19日，在格伦芬南山谷，阿瑟尔公爵领地的继承人图利巴丁侯爵威廉·默里为查尔斯·爱德华·斯图亚特立起义旗。查尔斯·爱德华·斯图亚特抵达赫布里底群岛令他的主要支持者感到十分意外和不满。此时，他从国外获得援助的可能性不大，大不列颠的詹姆斯党人也没有起义的迹象，只有洛基尔的唐纳德·卡梅伦不得已表示拥护查尔斯·爱德华·斯图亚特，并且为他争

洛基尔的唐纳德·卡梅伦

得许多苏格兰高地人的支持。但在绝大多数情况下，这种支持是出于情感而不是理智判断。1720年，查尔斯·爱德华·斯图亚特出生。此时，他是父亲詹姆斯·弗朗西斯·爱德华·斯图亚特的继承人，母亲玛丽亚·克莱门蒂娜·索比斯卡是波兰著名国王扬三世·索别斯基的孙女。查尔斯·爱德华·斯图亚特仪表堂堂，擅长体育运动，骑术高明，口才了得。在意大利的一次战役中，他作战出色。查尔斯·爱德华·斯图亚特生性勇敢。在与苏格兰高地人打交道时，他表现得很机智，脾气温和，并且表示愿意与苏格兰高地人同甘共苦。查尔斯·爱德华·斯图亚特是"一位理想的领导者，但前途渺茫"。他凭借个人魅力唤起了追随者的热情和忠诚。卡洛登战役后，这种热情和忠诚对他帮助很大。

1715年的叛乱被镇压后，英格兰政府既没有采取任何有效措施团结苏格兰的高地氏族和低地苏格兰人，也无法保持苏格兰境内任何一方的效忠。乔治·韦德将军的确被委以重任在高地上修路，并且建立了若干堡垒，如尼斯湖边的威廉堡和奥古斯都堡，以及因弗内斯附近的乔治堡。此外，乔治·韦德将军还组建了一支高地警察部队。他奉行明智而温和的政策，但没有得到大不列颠王国政府的支持。氏族首领的势力也对维护秩序持续造成威胁。在苏格兰高地，教育被完全忽略，苏格兰当地的武装没有真正解除。1725年，大不列颠王国政府授权洛瓦特勋爵西蒙·弗雷泽组织一支高地部队。这支高地部队被称为"六个独立连"，共四百八十名将士。但随后，洛瓦特勋爵西蒙·弗雷泽叛变。此外，大不列颠王国政府没有努力改善高地居民的生活状况。1740年，乔治·韦德的警察部队解散。

因此，大不列颠王国政府的愚蠢行为使苏格兰高地处于无法无天的高地氏族首领的控制之下。苏格兰高地氏族首领肆无忌惮地抢劫勒索。实际上，乔治·韦德将军的政策已经被抛弃，大不列颠王国政府的苏格兰政策十分短视。随后，大不列颠王国军队在丰特努瓦遭遇惨败。受法兰西王国援助的鼓舞，布劳顿的约翰·默里策划的詹姆斯党人的阴谋引发了1745年的叛乱。

1745年的叛乱发生时，苏格兰政府掌握在阿盖尔公爵阿奇伯尔德·坎贝尔手中。在罗伯特·沃波尔政府后期，他已经担任苏格兰事务大臣。1744年，大不列颠政府任命他接替特威代尔侯爵约翰·海伊。1744年，阿奇伯尔德·坎贝尔继承了哥哥约翰·坎贝尔的公爵爵位。他极有政治天赋，得到了弥尔顿勋爵安德鲁·弗莱彻的帮助。弥尔顿勋爵安德鲁·弗莱彻是苏格兰大陪审法官，精力充沛，极有远见。虽然他们

特威代尔侯爵约翰·海伊

连同苏格兰最高民事法庭庭长卡洛登的邓肯·福布斯,都无法阻止1745年的叛乱,但当叛乱被镇压时,他们尽最大努力减轻对叛军的惩罚,并且鼓励苏格兰当地商业的发展。然而,苏格兰民众对许多方面都很不满。1745年的叛乱表明,与1715年相比,许多苏格兰高地氏族更愿意反对政府。1715年,苏格兰高地氏族的海关和司法权不会面临被立即废除的危险。但在1745年,宪法原则的推进令苏格兰高地氏族的首领们高度警觉。事实上,他们的势力和司法权受到威胁。苏格兰高地人奉行氏族制度,长期以来对与英格兰王国合并不满。因此,他们很容易被氏族首领鼓动起来捍卫自身独立。此外,罗伯特·沃波尔实施的啤酒税极不明智。这项税收只带来每年两万英镑的收入,却使爱丁堡和格拉斯哥当地民众对大不列颠王国政府离心日盛。约翰·波蒂厄斯事件表明了苏格兰民众的不满，并且使大不列颠王国政府名誉扫地。因此，1715年起发生的一系列事件都有利于詹姆斯党人制造叛乱。实际上，这些事件导致许多温和派人士参加了1745年的叛乱。

　　大不列颠王国一直忙于与法兰西王国作战。起初，大不列颠王国政府的成员还不相信查尔斯·爱德华·斯图亚特登陆苏格兰的消息。直到1745年8月6日，大不列颠王国政府才悬赏三万英镑缉拿"王位觊觎者"查尔斯·爱德华·斯图亚特。查尔斯·爱德华·斯图亚特率领的叛军势力迅速壮大，大不列颠王国政府只能依靠约翰·科普率领的三千名苏格

约翰·科普

珀斯公爵约翰·德拉蒙德

兰士兵进行抵抗。约翰·科普没有等待苏格兰高地氏族的武装赶来支援，而是从斯特灵向因弗内斯进军，导致通往爱丁堡的道路完全失去防守力量。1745年8月30日，查尔斯·爱德华·斯图亚特抵达布莱尔。1745年9月3日，他抵达珀斯。此时，珀斯公爵约翰·德拉蒙德和图利巴丁侯爵威廉·默里的弟弟乔治·默里勋爵也加入了查尔斯·爱德华·斯图亚特的叛军。乔治·默里勋爵被任命为叛军总司令，是一名有一定作战经验的军人，脾气专横，态度傲慢，头脑简单。他很快就与查尔斯·爱德华·斯图亚特的国务大臣布劳顿的约翰·默里发生冲突。事实上，他的嫉妒心和对阴谋诡计的热衷让布劳顿的约翰·默里的商业才能无用武之地。查尔斯·爱德华·斯图亚特进军爱丁堡的消息引起爱丁堡全城的恐慌，因为此时爱丁堡只有两个龙骑兵团驻守。1745年9月16日，龙骑兵团与前来的高地氏族武装合并，然后一起逃到邓巴。这场小规模战斗被称为"科尔特布里格慢跑"。

1745年9月17日，查尔斯·爱德华·斯图亚特进入爱丁堡。当天凌晨，在洛基尔的约翰·卡梅伦的带领下，一群高地氏族武装突袭了爱丁堡。在一群对大不列颠联合王国不满的人的热情簇拥下，查尔斯·爱德华·斯图亚特在爱丁堡市的十字路口被宣布为詹姆斯八世。不过在两位超过八十五岁的老将军乔治·普雷斯顿和乔舒亚·格斯特的共同保卫下，爱丁堡城堡没有被占领。因此，查尔斯·爱德华·斯图亚特在霍利鲁德组建自己的"王室"时，爱丁堡城堡仍然由政府方面控制。与此同时，约翰·科普到达因弗内斯后，在阿伯丁登陆，并且于1745年9月18日抵达邓巴。

1745年9月21日，约翰·科普在普雷斯顿潘遭到詹姆斯党人军队的袭击。普雷斯顿潘位于卡伯里山附近，曾是苏格兰玛丽女王①战败的地方。约翰·科普的军队约有三千名士兵，查尔斯·爱德华·斯图亚特的军队约有二千五百名官兵。乔治·默里勋爵组织了夜间作战，突袭并大败约翰·科普的士兵。只有詹姆斯·加德纳上校一人率部竭力制止高地氏族武装进攻引起的恐慌。查尔斯·爱德华·斯图亚特亲自率领了第二纵队。苏格兰高地人民说："我们的亲王，能吃干面包，睡在稻草上，四分钟吃完饭，五分钟能打胜仗。"

查尔斯·爱德华·斯图亚特获得了普雷斯顿潘战役的胜利，但这

---

① 苏格兰玛丽女王（Mary，Queen of Scots，1542—1587），即苏格兰玛丽一世，1542年12月14日到1567年7月24日统治苏格兰。玛丽出生六天时继承父亲的苏格兰王位。她童年大部分时间都在法兰西度过，苏格兰由摄政统治。1558年，她嫁给法兰西王储弗朗索瓦二世。1559年到1560年，玛丽任法兰西王后。1561年，玛丽返回苏格兰。1587年，玛丽被英格兰伊丽莎白一世处死。——译者注

普雷斯顿潘战役

是他能获得的最大胜利。有人说："他虽然获得了胜利，但结束了权威。"爱丁堡城堡的顽强抵抗使查尔斯·爱德华·斯图亚特在爱丁堡的统治地位岌岌可危。此时，在他的阵营中，各派纷争不断，法兰西王国也没有提供任何有效的援助，使他无法团结新的支持者。已经加入他阵营中的高地氏族首领也表示强烈不满。

叛乱能否成功完全取决于法兰西王国的援助，否则查尔斯·爱德华·斯图亚特的反叛注定要失败。然而，在短时间内，普雷斯顿潘战役的胜利带来了可喜的结果。包括基尔马诺克伯爵威廉·博伊德和后来的洛瓦特勋爵西蒙·弗雷泽在内的许多人都加入詹姆斯党。查尔斯·爱德华·斯图亚特向格拉斯哥和其他城镇征收了税款，他在苏格兰高地和低地的追随者也加入了他的军队。查尔斯·爱德华·斯图亚特的事业似乎能蓬勃发展。

基尔马诺克伯爵威廉·博伊德

诺曼·麦克劳德

　　但没有法兰西王国的援助，查尔斯·爱德华·斯图亚特无法取得任何实质进展，从而使大不列颠政府能增加和集中自己的军队。苏格兰高地氏族的首领们期望法军能在苏格兰的港口登陆。此前，两个在苏格兰西部岛屿上有权势的首领——莱特氏族的麦克唐纳和麦克劳德氏族的诺曼·麦克劳德——都不会参加起义。由于同样的原因，威廉·萨瑟兰伯爵、雷伊勋爵乔治·麦凯和西福斯伯爵肯尼思·麦肯齐对政府愈加忠诚，他们积极响应卡洛登的邓肯·福布斯在苏格兰北方的增兵计划。因此，当乔治·韦德将军在纽卡斯尔集结一支强大的大不列颠和荷兰联军时，因弗内斯也集中了一支大规模的军队。

在这种情况下，查尔斯·爱德华·斯图亚特决定进军英格兰，否则他只能留在苏格兰。如果留在苏格兰，那么查尔斯·爱德华·斯图亚特可以监视苏格兰北方敌对氏族，并且防止低地人对自己发动攻击。他还可以随时接受可能的法兰西王国的援助，但获得法兰西王国援助的希望渺茫。查尔斯·爱德华·斯图亚特在苏格兰等待的时间越长，大不列颠王国政府就有更多时间集结一支势不可当的军队。此外，只要爱丁堡城堡仍由乔治·普雷斯顿将军控制，詹姆斯党人在苏格兰首都的地位就不稳固。或许在普雷斯顿潘战役后，立即进军英格兰是查尔斯·爱德华·斯图亚特的最佳选择，因为当时大不列颠王国政府没有做任何准备，也没有外国援军。事实证明，拖延对詹姆斯党的反叛带来了毁灭性后果。包括乔治·默里勋爵在内的查尔斯·爱德华·斯图亚特的许多支持者，都反对向英格兰进军，但查尔斯·爱德华·斯图亚特坚持己见。他坚信自己能轻松推翻乔治二世的统治，并且得到大多数英格兰民众的支持与法兰西王国政府的援助。他的打算被证明是完全错误的。在詹姆斯党人进军英格兰时，英格兰民众表现得格外冷漠。他们既不支持查尔斯·爱德华·斯图亚特，也不爱戴乔治二世。在乔治一世和乔治二世的统治下，英格兰中产阶级财富增加，事业兴旺。中产阶级一心追求物质享受，没有宗教和政治热情。议会掌握在大家族手中，与国民没有关联。虽然乔治二世没有激起臣民的忠诚，但英格兰民众也不愿冒叛乱的风险为查尔斯·爱德华·斯图亚特发动起义。因此，英格兰民众保持旁观者态度，任凭政府采取一切必要措施镇压詹姆斯党人的叛乱。

1745年10月31日，查尔斯·爱德华·斯图亚特率领五千五百名士兵离开爱丁堡。1745年11月17日，卡莱尔投降。随后，近一千名苏格兰高地士兵脱离查尔斯·爱德华·斯图亚特的军队，天主教教徒珀斯公爵约翰·德拉蒙德与乔治·默里勋爵发生争吵。珀斯公爵约翰·德拉蒙德是天主教冒险家的领袖，乔治·默里勋爵代表了很大一部分真正的苏格兰詹姆斯党人。乔治·韦德将军再次从纽卡斯尔挺进。这些因素加在一起,即使没有摧毁查尔斯·爱德华·斯图亚特率部向英格兰进军的行动,也阻止了他进军的步伐。但珀斯公爵约翰·德拉蒙德与乔治·默里勋爵达成和解,乔治·韦德将军撤退,使查尔斯·爱德华·斯图亚特能继续进军。虽然在兰开夏郡,查尔斯·爱德华·斯图亚特受到热情欢迎,但在曼彻斯特,他只招到了大约二百名追随者。1745年12月月初,查尔斯·爱德华·斯图亚特抵达德比郡。这一天被英格兰人称为"黑色星期五"。情况十分危急。乔治·韦德将军在纽卡斯尔有一万名士兵,坎伯兰公爵威廉王子在利奇菲尔德率领另一支军队,芬奇利驻扎着乔治二世准备亲自率领的卫兵和训练有素的民兵团。詹姆斯党人约四千人的小规模部队受到总数约三万人的三支政府军的威胁。然而,查尔斯·爱德华·斯图亚特仍然决意向伦敦迅速进军,这是他成功的唯一机会。伦敦陷入恐慌,英格兰银行的信用动摇,芬奇利的备战工作仍然没有完

英格兰银行

成，"整个大不列颠王国的权力机构陷入瘫痪"。查尔斯·爱德华·斯图亚特只要再获得一次像普雷斯顿潘战役那样的胜利，或者占领伦敦，就可能导致法兰西王国发兵，并且激起冷漠的英格兰民众对他的热情。

然而，法兰西王国的援助仍然没有到来，乔治·默里勋爵和叛军其他领导人发现成功的机会渺茫，就坚持立即撤回苏格兰。斯特拉瑟伦子爵威廉·德拉蒙德已经在珀斯附近为詹姆斯党召集了三四千名士兵，一队法兰西士兵在珀斯公爵约翰·德拉蒙德的率领下登陆蒙特罗斯。乔治·默里勋爵相信詹姆斯党能在苏格兰保存一段时间的实力，甚至认为苏格兰可以脱离大不列颠联合王国，拥护查尔斯·爱德华·斯图亚特为苏格兰国王。

从德比撤军的决定打破了詹姆斯党人的希望，也大大削弱了詹姆斯党人的实力。查尔斯·爱德华·斯图亚特是进军时的灵魂人物，但在撤退时，他脾气暴躁，对乔治·默里勋爵的计划不感兴趣，也从来没有欣赏过乔治·默里勋爵的战略技巧。在彭里斯附近，乔治·默里勋爵击退了坎伯兰公爵威廉王子率领的军队的进攻。离开卡莱尔时，查尔斯·爱德华·斯图亚特在卡莱尔留驻了大约三百名士兵。1745年12月19日，大不列颠王国政府收复卡莱尔。返回苏格兰后，查尔斯·爱德华·斯图亚特发现威廉·霍姆伯爵和格伦凯恩伯爵威廉·坎宁安已经在苏格兰西南部组建了一支政府军，阿盖尔公爵阿奇伯尔德·坎贝尔在苏格兰北部指挥着另一支支持乔治二世的军队。爱丁堡已经不在查尔斯·爱德华·斯图亚特的控制之下。此时，有消息说，黎塞留公爵阿尔芒·德·维涅龙·杜普莱西准备从法兰西派遣大批增援部队。为增加财政收入，查尔斯·爱德华·斯图亚特在格拉斯哥和邓弗里斯征收了大笔税款。

1746年1月10日，查尔斯·爱德华·斯图亚特的军队包围斯特灵，斯特拉瑟伦子爵威廉·德拉蒙德也率领一支庞大的军队加入对斯特灵的围攻中。珀斯公爵约翰·德拉蒙德率领的一小队法兰西士兵打败了阿盖尔

黎塞留公爵阿尔芒·德·维涅龙·杜普莱西

公爵阿奇伯尔德·坎贝尔率领的高地氏族武装，也加入围攻的军队中。当时，查尔斯·爱德华·斯图亚特的兵力已经达到九千人，他希望能攻占威廉·布莱克尼男爵驻守的斯特灵。与此同时，1745年12月31日，坎伯兰公爵威廉王子在卡莱尔击败詹姆斯党的驻防军队，但由于担心法军入侵，他被召回伦敦。亨利·霍利将军取代乔治·韦德将军成为追击部队的指挥官。亨利·霍利将军曾参加过一些战役，如1715年的谢利夫穆尔战役。他十分鄙视高地氏族武装的作战能力。亨利·霍利将军生性残暴，缺乏相应的军事技术和作战知识。他率领主要由老兵构成的八千名士兵，他的过度自满对大不列颠王国政府平息叛乱造成了灾难性打击。亨利·霍利将军从爱丁堡出发前往斯特灵，并且在1746年1月14日抵达福尔柯克。由于没有采取通常的预防措施，他的军队完全被乔治·默里勋爵牵着走。1746年1月17日，亨利·霍利将军发现自己处于两支前进的军队之间。珀斯公爵约翰·德拉蒙德率军从斯特灵沿着大路向福尔柯克挺进，乔治·默里勋爵则率部迂回前进，并且占领了福尔柯克荒原的一个山脊。高地氏族武装的冲锋打乱了亨利·霍利军队的中路和右翼。此时，詹姆斯·沃尔夫虽然只是一名年轻的军官，但战术运用娴熟，阻止

詹姆斯·沃尔夫

了对方的进攻。在哈斯克将军的带领下，詹姆斯·沃尔夫率部守住了英格兰军队的退路，防止了英格兰军队的溃败。由于当时处在狂风暴雨的天气条件下，所以在某种程度上，战斗后期有点像谢利夫穆尔的混战。然而，由于亨利·霍利将军放弃了营地和大炮回到爱丁堡，查尔斯·爱德华·斯图亚特的军队和苏格兰高地氏族武装赢得了胜利。

英格兰军队纪律涣散，导致福尔柯克战役失败，使大不列颠王国政府意识到苏格兰的严重局势，开始采取积极措施平息叛乱。1746年1月25日，坎伯兰公爵威廉王子接替亨利·霍利将军。与汉诺威王室成员一样，坎伯兰公爵威廉王子精力充沛，勇敢无畏。他的残忍为他获得了"屠夫"的绰号。英格兰军队中作战经验丰富的老兵被高地氏族武装打败了，这令坎伯兰公爵威廉王子十分愤怒。到达爱丁堡后，他发现查尔斯·爱德华·斯图亚特非但没有一鼓作气乘胜追击，反倒转身继续围攻斯特灵的城堡。但由于缺乏重炮，查尔斯·爱德华·斯图亚特所率军队的围攻毫无效果。士气低落的英格兰军队被重新组织起来。英格兰军队的士兵们也学会了如何抵御苏格兰高地氏族武装的冲锋，很快就恢复了英格兰军队的信心。在坎伯兰公爵威廉王子的率领下，英格兰军队从斯特灵向珀斯进发。与此同时，乔治·默里勋爵及其他叛军领导人坚持加强对斯特灵城堡的包围，并且要求詹姆斯党的军队撤回因弗内斯。在查尔斯·爱德华·斯图亚特的军队中，许多高地氏族士兵带着战利品回到自己所在氏族的领地。因此，查尔斯·爱德华·斯图亚特的军队兵力大大减少。查尔斯·爱德华·斯图亚特希望在斯特灵与坎伯兰公爵威廉王子的军队进行一场对决，但在谨小慎微的顾问团的劝阻下，他不得不放弃这一想法。

1746年2月1日，斯特灵解围，詹姆斯党的军队分成三个纵队向北撤退。在卡莱尔和德比的战役中，查尔斯·爱德华·斯图亚特和乔治·默里勋爵并未达成和解。相反，二人目前的矛盾越来越明显了。

然而，查尔斯·爱德华·斯图亚特的叛乱在大不列颠北部继续扩大影响。阿盖尔公爵阿奇伯尔德·坎贝尔率领的两千人军队被轻易驱散了。1746年2月18日，詹姆斯党人占领了因弗内斯。1746年2月20日，他们占领了乔治堡。卡洛登战役爆发前三个月里，詹姆斯党人一直控制着苏格兰北部。尽管如此，在许多英格兰军人看来，詹姆斯党人的叛乱已经结束。1746年夏发生的任何新状况都不会引起他们的恐慌。然而，坎伯兰公爵威廉王子还是听取苏格兰大陪审法官弥尔顿勋爵安德鲁·弗莱彻的意见。弥尔顿勋爵安德鲁·弗莱彻坚信，只有在一场地面激战中击败高地氏族的武装，查尔斯·爱德华·斯图亚特的叛乱才算结束。在六千名黑森士兵的增援下，坎伯兰公爵威廉王子稳步向北推进。1746年2月25日，他的先头部队到达阿伯丁，他的八千名步兵、一千名骑兵和重炮部队直接从海上获取补给。坎伯兰公爵威廉王子从阿伯丁驶向因弗内斯，并且在1746年4月14日抵达奈恩。在卡洛登附近，离奈恩十二英里、因弗内斯约五英里的德尼莫西荒原上，詹姆斯党人的约五千名士兵在等候坎伯兰公爵威廉王子的到来。许多高地士兵不敢冒险，还有许多叛军士兵已经回家了。为了给军队争取时间并让所有氏族的士兵加入军队，撤退是叛军更明智的选择。然而，查尔斯·爱德华·斯图亚特反对所有撤退的建议。

　　1746年4月15日，恰逢坎伯兰公爵威廉王子的生日，乔治·默里勋爵提议发起夜间突袭，打英格兰军队一个措手不及。然而，不幸的是，由于查尔斯·爱德华·斯图亚特的个人问题，苏格兰叛军在夜间行军中一片混乱，被迫放弃突袭计划。1746年4月16日8时，在著名的卡洛登战役中，英格兰军队发动进攻，苏格兰军队疲惫不堪，无法进入战斗状态。麦克唐纳所部本来被安排在右翼，但被命令去占领左翼。对此，其首领十分愤怒。于是，该部在武装冲锋前犹豫了一阵。与此同时，在乔治·默里勋爵的指挥下，由查尔斯·爱德华·斯图亚特率领的军队、卡

卡洛登战役

梅伦部族和阿索尔部族的武装组成的右翼突破了第一道防线。在进攻第二道防线时，他们被英格兰军队的重炮、火枪和刺刀大量歼灭。此时，包括詹姆斯·沃尔夫在内的英格兰军官们指挥着一支作战经验丰富的军队。他们已经学会如何应付高地氏族武装的冲锋，并且取得决定性胜利。坎伯兰公爵威廉王子率领两千名士兵攻打詹姆斯党人军队的主力。战报中说，叛军在混乱中溃逃，最终战败。叛军伤员没有得到安置。战斗结束后的几个月内，逃亡者像野兽一样被追捕、屠杀。凶狠的坎伯兰公爵威廉王子将苏格兰当作一个被征服的国家，没有施行宽容政策。

查尔斯·爱德华·斯图亚特本人逃到了戈塔莱格，又从戈塔莱格逃到格伦加里和苏格兰西部诸岛。经历了约五个月的冒险后，他逃到了法兰西。1748年，《艾克斯拉沙佩勒和约》签订后，查尔斯·爱德华·斯图亚特被法兰西王国政府驱逐出境。1766年，他的父亲詹姆斯·弗朗西

英格兰军队与苏格兰军队在卡洛登展开肉搏

《艾克斯拉沙佩勒和约》签订现场

斯·爱德华·斯图亚特去世。他自称英格兰国王，死于1788年。他的弟弟亨利·本尼迪克特·斯图亚特是位枢机主教，自称亨利九世，死于1807年。

卡洛登战役标志着詹姆斯党人希望的终结，"卡洛登荒原上的惨败浇灭了詹姆斯党人的最后一线希望"。①

镇压叛乱后，许多囚犯被处死。曼彻斯特团的汤利上校、基尔马诺克伯爵威廉·博伊德、巴尔梅里诺勋爵阿瑟·埃尔芬斯通和洛瓦特勋爵西蒙·弗雷泽都被判处死刑。图利巴丁侯爵威廉·默里死在狱中，克罗默蒂伯爵乔治·麦肯齐被赦免。

此后，苏格兰进入一个新时代，但这个时代的转换伴随着许多痛苦。大不列颠政府认为苏格兰圣公会同情詹姆斯党人，对其大肆迫害，

① 亨利·克拉克：《苏格兰百年史》，第1卷，第298页。——原注

亨利·本尼迪克特·斯图亚特

曼彻斯特步兵团的标志

巴尔梅里诺勋爵阿瑟·埃尔芬斯通

克罗默蒂伯爵乔治·麦肯齐

并且摧毁其会众集会的教堂。1746年通过的一项法案对苏格兰人的礼拜施加了严格的限制。对苏格兰圣公会教徒的宗教迫害与17世纪末对盟约派①的迫害相似。大不列颠政府决意解除高地氏族的武装。从前，解除高地氏族的武装只是做样子，但1746年，亨利·佩勒姆领导的政府提出一项措施，要求坚决解除高地氏族的武装。此外，相关惩罚措施还包括剥夺叛乱分子的爵位，禁止穿高地服装。世袭的司法管辖权及氏族制度也被废除。1747年，哈德威克伯爵菲利普·约克提出的两项法案获得通过。其

哈德威克伯爵菲利普·约克

---

① 盟约派，17世纪在各种危机中签署盟约的苏格兰长老会成员，尤其是1638年的《国家盟约》和1643年的《庄严同盟和圣约》，这些盟约的签署是为了反对斯图亚特王朝的国王干涉苏格兰长老会的事务，并且维持长老会的教会管理和礼拜形式。——译者注

中，第一项法案是废除苏格兰的监护权①，第二项法案是废除苏格兰的世袭司法权②。这些措施打破了分隔苏格兰和英格兰两个民族的壁垒，并且通过建立一个更开明的体制，给苏格兰带来了更长久的利益。

在高地执行维护和平与秩序的政策带来了一场社会和经济革命。随着牧羊业的扩张，大量苏格兰高地人移民到加拿大和其他大不列颠的殖民地。许多高地几乎无人居住，留下来的高地人则沦为佃农。1747年12月，苏格兰著名政治家和律师卡洛登的邓肯·福布斯去世。卡洛登的邓肯·福布斯一直是汉诺威王朝的坚定支持者。他的诉求代表了苏格兰人民对法律和秩序的渴望，这种渴望直到1745年的叛乱被镇压后才得到保障。在这次叛乱中，卡洛登的邓肯·福布斯担任苏格兰最高民事法庭庭长，并且建议坎伯兰公爵威廉王子对待叛乱者要宽容和仁慈，但他的建议没有被采纳。

苏格兰历史的新篇章始于1747年。从詹姆斯党人的叛乱中"诞生了一个新的民族"③。苏格兰高地人和低地人的鸿沟逐渐弥合——外界的影响使他们感到自己是统一的苏格兰的一分子。经过几年移风易俗，苏格兰民族的面貌完全改变了。

当时，贵族领主遭到全面打击。随着世袭司法权的废除，苏格兰首次实现了统一的司法管理。法院的权威逐渐得到确认，一直忠于大不列颠政府的教会在苏格兰的学术发展中起到了主导作用。

此外，联合王国不再遭到苏格兰人的憎恨。查塔姆伯爵威廉·皮特建立了高地军团，苏格兰在大不列颠议会两院也有了代表权，这让英格兰和苏格兰团结在一起。

---

① 监护权是一种古老的王室管辖权，源于国王作为政府监护人保护臣民的责任。——译者注
② 根据这一法案，司法权将"不再由当地领主所有，而是由国王提名的治安官代为管理"。亨利·克拉克：《苏格兰百年史》，第1卷，第344页。——原注
③ 亨利·克拉克：《苏格兰百年史》，第1卷，第347页。——原注

与此同时，腓特烈大帝正与奥地利公国陷入第二次西里西亚战争，他担心玛丽亚·特雷莎和乔治二世联合攻击自己。实际上，这种担心不无根据。1744年8月到1745年12月，普鲁士王国与奥地利公国交战。1745年秋，腓特烈大帝面临萨克森和奥地利联军的强大压力。幸运的是，詹姆斯党人的叛乱完全吸引了大不列颠王国和乔治二世的注意力。1745年8月26日，乔治二世担心自己王位不稳，与腓特烈大帝签署了《汉诺威公约》，承认腓特烈大帝对西里西亚的所有权，并且确认1742年的《柏林条约》有效。玛丽亚·特雷莎对乔治二世的背信弃义十分愤怒，并且继续与腓特烈大帝作战。但最终，奥地利公国战败。1745年12月25日，《德累斯顿条约》签订，第二次西里西亚战争结束。腓特烈大帝保住了对西里西亚的控制权，《汉诺威公约》得到确认。

詹姆斯党人叛乱时期，大不列颠王国发生内阁危机。在格兰维尔伯爵约翰·卡特雷和巴斯伯爵威廉·普特尼的影响下，乔治二世拒绝了亨利·佩勒姆让查塔姆伯爵威廉·皮特和霍兰勋爵亨利·福克斯进入内阁的请求，但乔治二世突然发现自己没有内阁了。

在这两位政治家中，前马德拉斯总督托马斯·皮特的孙子查塔姆伯爵威廉·皮特生于1708年，曾就读于伊顿公学和牛津大学三一学院。有一段时间，他担任国王名下一个骑兵团的中尉。1735年，他代表袖珍选区老萨鲁姆进入议会。他曾因大力反对罗伯特·沃波尔而声名大噪。因此，他被剥夺了中尉职务。后来，他又反对格兰维尔伯爵约翰·卡特雷的汉诺威政策。因此，乔治二世也很不喜欢他。霍兰勋爵亨利·福克斯生于1705年，虽然很有才干，但缺乏优秀的政治品质。他总是急于维护自己的利益，使自己深陷政治腐败中。因此，他更多是以查尔斯·詹姆斯·福克斯的父亲的身份闻名于世。

由于乔治二世拒绝查塔姆伯爵威廉·皮特和霍兰勋爵亨利·福克斯进入内阁，1746年1月，亨利·佩勒姆辞职。但格兰维尔伯爵约翰·卡特雷没

霍兰勋爵亨利·福克斯

查尔斯·詹姆斯·福克斯

能组阁成功，于是，乔治二世被迫让步，恢复亨利·佩勒姆组建的内阁。后来，查塔姆伯爵威廉·皮特成为爱尔兰副财务大臣。不久，他改任军队主计长一职。由于拒绝从中谋取私利，他引起了人们的注意。此后，他被公认为是一个诚实正直的人。与此同时，霍兰勋爵亨利·福克斯被任命为战争大臣。不久，切斯特菲尔德伯爵菲利普·斯坦霍普成为国务大臣。

1746年到1748年，奥地利王位继承战争仍在继续，尽管乔治·安森男爵和彼得·沃伦在菲尼斯特角战役中获胜，但总体局势对大不列颠不利。法军占领了马德拉斯。1746年和1747年，莫里斯·德·萨克斯元帅

彼得·沃伦

菲尼斯特角战役

率领所有先头部队进入荷兰共和国。1746年1月，他占领了布鲁塞尔。
1746年10月，他赢得了劳库克斯战役的胜利，使整个荷兰都臣服于自己
脚下。荷兰共和国爆发了革命，奥兰治亲王威廉四世成为荷兰共和国总
督。但在卡洛登战役后，坎伯兰公爵威廉王子返回欧洲大陆时，大不列
颠王国和荷兰共和国的联合军队无法抵御莫里斯·德·萨克斯元帅先头
部队的攻势。1747年7月，联军在马斯特里赫特附近的劳菲尔德遭遇失
败。随后，法兰西人开始包围贝亨奥普佐姆。1747年9月，法兰西人占
领贝亨奥普佐姆。早在1745年，新英格兰人占领了布雷顿角岛，法军失
去了该岛的首府路易斯堡，也由此失去了海上立足点。此外，俄罗斯帝
国还与大不列颠王国及荷兰共和国签署了一项条约，约定1748年3月3日
向法兰西派兵三万人。大不列颠王国和法兰西王国都打算议和。法兰西
王国虽然在荷兰取得胜利，但眼睁睁看到自己的海军覆灭，商业被毁。
1748年4月30日，大不列颠王国、法兰西王国与荷兰共和国的使节在艾克

劳瑞克斯战役

劳菲尔德战役

斯拉沙佩勒签署和约的初步协议。奥地利公国勉强表示同意签订这份和约。1748年10月，《艾克斯拉沙佩勒和约》签订，战争结束。

《艾克斯拉沙佩勒和约》确认了大不列颠王国和法兰西王国在各自所有已征服领土上的权益。法兰西王国承认乔治二世为大不列颠国王，撤掉了进入荷兰的屏障堡垒，并且承诺将查尔斯·爱德华·斯图亚特驱逐出法兰西。玛丽亚·特雷莎除了失去西里西亚，还被迫将萨伏依割让给撒丁王国，将尼斯割让给西班牙王国，将帕尔玛、皮亚琴察和瓜斯塔拉割让给西班牙王子查理的弟弟西班牙的腓力。在印度，法兰西王国占领的马德拉

西班牙的腓力

斯被归还给大不列颠王国，大不列颠王国将路易斯堡和布列顿角岛交还给法兰西王国。西班牙王国向大不列颠王国承认《阿西恩托条约》有效，并且承认大不列颠王国有每年向南美洲派遣商船的权利。

《艾克斯拉沙佩勒和约》标志着大不列颠王国与奥地利公国联盟的削弱。格兰维尔伯爵约翰·卡特雷曾极力主张维持这一联盟，但罗伯特·沃波尔并不支持。玛丽亚·特雷莎违心地同意了这份和约，并且将《柏林条约》《沃尔姆斯条约》《德累斯顿条约》给她造成的损失主要归咎于大不列颠王国。她曾多次试图在不知会大不列颠王国的情况下与法兰西王国议和。然而，和平只是一种休战，只是为长期斗争提供有益的喘息时间。在德意志，玛丽亚·特雷莎一有机会就想收复西里西业。关于北美、印度和海上霸权问题，大不列颠王国和法兰西王国还没有得出定论。在北美，由于大不列颠王国的海上霸主地位，法兰西王国一直无法阻止新英格兰人占领路易斯堡，这是法兰西王国保有其在加拿大领土的关键。《艾克斯拉沙佩勒和约》规定，由委员会专员确定大不列颠王国和法兰西王国在北美的利益范围。但在北美，法兰西王国和大不列颠王国不可能维持任何长久的和平。

在北美，虽然在与法兰西王国的斗争中，大不列颠王国从总体上占据上风。但在印度，两国争斗的情形恰恰相反。1745年，大不列颠王国与法兰西王国在印度的斗争开始，并且持续了十八年，直到1763年大不列颠王国取得最终胜利。大不列颠王国和法兰西王国分别在1600年和1662年成立了各自的东印度公司，主要是为了开展贸易。1744年，法兰西王国对大不列颠王国宣战时，大不列颠王国在印度的势力微弱。当时，英属东印度公司开辟了三个管辖区，总部分别设在孟买、马德拉斯和加尔各答。孟买原是葡萄牙王国的殖民地，1662年被割让给大不列颠王国，1668年被英属东印度公司控制。马德拉斯辖区始建于1639年，一度被称为圣乔治堡。加尔各答辖区始建于1690年，大不列颠王国在当地建有威廉堡。默苏利珀塔姆也设立了一个贸易站①。1744年，在马德拉斯辖区，大不列颠王国的军队只有六百人，无法与法军对抗。法兰西王国在苏拉特、马苏利帕塔姆、金登讷格尔、戈雷、马埃和本地治里建立了殖民地，并且控制了印度洋上的法兰西岛和波旁岛，即毛里求斯。

1741年，约瑟夫·弗朗索瓦·迪普莱被任命为本地治里总督，并且立即推行了前任弗朗索瓦·马丁和皮埃尔·伯努瓦·迪马的政策，促进了法属东印度公司的繁荣。然而，约瑟夫·弗朗索瓦·迪普莱并不满足

约瑟夫·弗朗索瓦·迪普莱

---

① 贸易站，15世纪起，欧洲国家在非洲、亚洲和美洲建立贸易站，这是殖民扩张的前兆。贸易站可同时作为市场、仓库、海关、防御基地、航运中转站及政府。——译者注

奥朗则布

于仅仅发展贸易，他想将大不列颠人从印度驱逐出去，建立一个伟大的大陆帝国。在比西-卡斯泰尔诺侯爵夏尔·约瑟夫·帕蒂西耶的帮助下，他卷入当地人的阴谋，开始以欧洲的方式训练当地军队。

1707年，著名的莫卧儿皇帝奥朗则布驾崩，标志着印度历史进入一个新时期。从他驾崩到1761年的第三次巴尼帕德战役，印度饱受外部入侵和内部无政府状态的困扰。

1739年，纳迪尔·沙阿从伊朗入侵印度，打败了印度皇帝，带走了大量财宝。之后，马赫拉塔邦的势力迅速崛起，并且希望将印度变成马赫拉塔人统治下的印度斯坦。然而，要实现这一目的，他们必须首先征服德干土邦王公和卡纳蒂克的长官，因为这两个地区名义上还属于莫卧儿王朝。

大不列颠王国在印度取得局部胜利。1761年，法兰西王国的势力被蚕食，莫卧儿王朝被摧毁，但印度皇帝仍然居重要地位，英属东印度公司不过是他的代理。马赫拉塔人的希望似乎破灭了，没人能预测他们居然能再次占领德里，并且在1770年到1805年与大不列颠人多次决一死战。1763年后，在沃伦·黑斯廷斯的治理下，大不列颠王国在印度的统治地位逐渐确立。

大不列颠王国和法兰西王国的战争爆发时，由于海军力量不足，法兰西王国的商业遭受重创。但毛里求斯总督贝特朗-弗朗索瓦·马

沃伦·黑斯廷斯

贝特朗-弗朗索瓦·马埃·德·布尔多奈

埃·德·布尔多奈的军事才能比约瑟夫·弗朗索瓦·迪普莱高超，并且他懂得拥有一支舰队的重要性。1746年，他匆忙召集了一支舰队，前去帮助约瑟夫·弗朗索瓦·迪普莱。1746年9月20日，贝特朗-弗朗索瓦·马埃·德·布尔多奈率部占领马德拉斯。他对待俘虏态度温和，拒绝囚禁大不列颠商人。从这时起，约瑟夫·弗朗索瓦·迪普莱和贝特朗-弗朗索瓦·马埃·德·布尔多奈的内斗愈演愈烈，这种内斗是造成法兰西势力在印度垮台的原因之一。占领马德拉斯后不久，贝特朗-弗朗索瓦·马埃·德·布尔多奈的舰队的一部分被一场风暴摧毁，使舰队撤退到毛里求斯。随后，这支舰队继续前往欧洲，但在航行中落入了大不列颠人手中。获释后，贝特朗-弗朗索瓦·马埃·德·布尔多奈回到法兰西为自己辩护。法兰西王国用马德拉斯交换路易斯堡。贝特朗-弗朗索瓦·马埃·德·布尔多奈在巴士底狱中被关押了三年，于1753年去世。与此同时，约瑟夫·弗朗索瓦·迪普莱提高了法军的威望，使大不列颠舰队围攻本地治里失败。直到1764年约瑟夫·弗朗索瓦·迪普莱被召回，法兰西王国在印度的势力一直强于大不列颠王国。此后，法兰西王国在东方扬威的一切希望就此终结。

签署《艾克斯拉沙佩勒和约》后，直到1756年七年战争爆发前，大不列颠王国经历了一段小波折不断的休整期。在这八年中，辉格党开展了许多有益的改革。然而，在印度，特别是在北美，法兰西王国和大不列颠王国的争斗从没有真正停止。

本章大事年表

1743年　代廷根战役

　　　　签署《第二次家族盟约》

1744年　法兰西王国向大不列颠王国宣战

　　　　格兰维尔伯爵约翰·卡特雷下台

1745年　丰特努瓦战役（5月11日）

1745年到1746年　詹姆斯党人叛乱（1745年8月—1746年4月）

1746　卡洛登战役（4月10日）

1748　签署《艾克斯拉沙佩勒和约》

第 **3** 章

七年战争和乔治二世统治后期

（1748—1760）

七年战争爆发前，辉格党政府主要实施了一些必要的改革。首相亨利·佩勒姆是罗伯特·沃波尔的学生和追随者，不喜欢战争，也不能胜任战时首相。他坚决支持和平谈判，缔结《艾克斯拉沙佩勒和约》，并且对大不列颠的未来持悲观态度。1748年4月，他写道："和平对我们的生存十分必要。"1749年，他在下议院宣称："我们绝不可能单独抵挡整个波旁王朝。在当前情况下，我们也不能形成一个大陆联盟，这将是个累赘，而不是优势。"

　　奥地利王位继承战争结束后，亨利·佩勒姆致力于在国内立法。1749年，他减轻了国家债务，并且每年结余五十万英镑。1752年，在切斯特菲尔德伯爵菲利普·斯坦霍普的影响下，大不列颠王国进行了历法改革。早在1582年，教皇格列高利十三世纠正了旧历中的一个错误。然而，虽然大多数欧洲大国采用了新的公历，但大不列颠王国仍然使用旧历。1751年，大不列颠王国的历书多了十一天。于是，议会通过了一项法案，要求从历书中删除十一天，并且采用公历。许多人以为他们被骗去了十一个工作日的工资，于是，暴徒们到处叫嚷："把十一天还给我们！"

　　1753年，哈德威克伯爵菲利普·约克旨在防止秘密结婚的《婚姻法案》虽然遭到霍兰勋爵亨利·福克斯的强烈反对，但最终获得通过。

1751年，威尔士亲王腓特烈去世，留下寡妻和几个孩子，长子乔治当时十三岁，后来继承了乔治二世的王位。同年，博灵布罗克子爵亨利·圣约翰去世。1764年，亨利·佩勒姆去世。

亨利·佩勒姆生前一直担心印度发生的事件可能导致大不列颠王国与法兰西王国和欧洲爆发新的冲突。《艾克斯拉沙佩勒和约》并没有给印度带来和平，大不列颠王国和法兰西王国继续打着印度各王侯的旗号斗争。斯特林格·劳伦斯少将是英属东印度公司一位令人钦佩的指挥官，曾在西班牙王国和低地国家服役，是大英帝国在印度统治的缔造者

斯特林格·劳伦斯

罗伯特·克莱夫

之一。1748年，斯特林格·劳伦斯担任军队指挥。1752年8月，他在巴胡尔战役中大败法军。直到1754年前，他一直是大不列颠王国在印度进行殖民扩张的主要支持者。与此同时，1751年，在著名的阿尔果德保卫战中，曾在英属东印度公司任职的罗伯特·克莱夫打败了法军和印度本土军组成的联军。阿尔果德是卡纳蒂克的首府。因此，罗伯特·克莱夫被查塔姆伯爵威廉·皮特称为"天降将军"。军事对抗行动仍在继续，约瑟夫·弗朗索瓦·迪普莱如果得到法兰西王国政府的支持，那么或许能在印度建立一个法兰西帝国。

对于大不列颠王国来说，幸运的是，法兰西王国政府对印度事务并不热衷，并且不想与大不列颠王国爆发战争。1754年，为避免与大不列颠王国爆发战争，法兰西王国政府召回约瑟夫·弗朗索瓦·迪普莱。亨利·佩勒姆担心印度局势会引发欧洲冲突，但结果证明这实属多虑。

然而，要在北美平息法兰西王国与大不列颠王国的争端已经完全不可能。1750年，纽卡斯尔公爵托马斯·佩勒姆-霍利斯写道："北美事务是当前事务中最困难、最危险的事务。"只要法兰西王国控制着加拿大和路易斯安那殖民地，十三块大不列颠殖民地就不可能太平。此时，西班牙王国已经控制了南美，而法兰西王国希望控制整个北美。虽然法兰西王国在北美只有八万人，大不列颠王国在北美有一百二十五万人，但法兰西殖民地的领导人精明强干，愿意冒险，并且法兰西殖民者远比大不列颠殖民者团结。法兰西王国决定在圣劳伦斯河河口到密西西比河河口之间建立堡垒，将其在加拿大和路易斯安那的殖民地连成一片。在这些堡垒中，最著名的有位于俄亥俄河源头附近的迪凯纳堡①、尚普兰

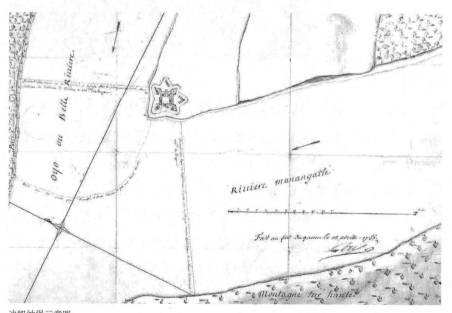

迪凯纳堡示意图

---

① 即后来的匹兹堡。——原注

乔治·华盛顿

湖的王冠角和圣劳伦斯河的尼亚加拉。1754年5月，乔治·华盛顿率领一支军队在俄亥俄山谷袭击了法军。1755年，在向迪凯纳堡进军时，爱德华·布雷多克将军遭到一支由法兰西人和当地原住民组成军队的袭击并阵亡。同年，大不列颠军队捕获了两艘法兰西船"阿尔希德"号和"莱斯"号。这引发了法兰西王国国内极大的愤慨，大不列颠王国与法兰西王国的和平无法持续下去。1756年5月，大不列颠王国向法兰西王国宣战，两国爆发敌对行动。与此同时，欧洲开始了七年战争。

1754年到1757年，纽卡斯尔公爵托马斯·佩勒姆-霍利斯任首相，格兰瑟姆男爵托马斯·鲁宾孙和霍兰勋爵亨利·福克斯任国务大臣，查塔

爱德华·布雷多克将军阵亡

爱德华·布雷多克将军的葬礼

姆伯爵威廉·皮特任军队主计长。纽卡斯尔公爵托马斯·佩勒姆-霍利斯将他能出任首相归功于自己家族的关系和巨额财富。他虽然没有弟弟亨利·佩勒姆的能力和才智，但为人诚实，公正无私，是一位有为的议会管理者。他任命格兰瑟姆男爵托马斯·鲁宾孙为下议院领袖，但饱受内阁嘲笑。格兰瑟姆男爵托马斯·鲁宾孙很迟钝，缺少主持议会的经验，经不住查塔姆伯爵威廉·皮特和霍兰勋爵亨利·福克斯的攻击。不久，霍兰勋爵亨利·福克斯接替格兰瑟姆男爵托马斯·鲁宾孙成为下议院议长。1755年11月，霍兰勋爵亨利·福克斯被任命为国务大臣。为保卫汉诺威，内阁批准与俄罗斯帝国和黑森-卡塞尔签订带有补贴性质的条约。对此，查塔姆伯爵威廉·皮特表示反对。因此，1755年12月，查塔姆伯

格兰瑟姆男爵托马斯·鲁宾孙

爵威廉·皮特被解除军队主计长职务。查塔姆伯爵威廉·皮特说："我认为，如果汉诺威因为我们的缘故受到攻击，那么我们确实应该对汉诺威予以关照。但我们不能通过补贴的方式保护汉诺威，况且这也不是保护汉诺威的方式。"

查塔姆伯爵威廉·皮特卸任后，财政大臣亨利·比尔森-莱格也反对补贴黑森-卡塞尔。毕竟，补贴的必要性并不存在，因为1756年1月，腓特烈大帝和乔治二世已经签署了《威斯敏斯特第二条约》。这个条约又称《威斯敏斯特公约》，是1756年外交革命的第一步。到目前为止，腓特烈大帝一直与法兰西王国保持联系。在奥地利王位继承战争中，他

亨利·比尔森－莱格

与法兰西王国签订了两项条约。直到1755年，大不列颠王国与奥地利公国的联盟才结束。这一年，玛丽亚·特雷莎认为与大不列颠王国的联盟不再有利可图，她的首席大臣考尼茨-里特贝格伯爵文策尔·安东建议以与法兰西王国的联盟取而代之。与此同时，腓特烈大帝也在考虑与法兰西王国的关系是否对自己有利。法兰西王国与大不列颠王国不可避免地为争夺殖民地爆发战争。腓特烈大帝既不愿保证法属殖民地的安全，

考尼茨－里特贝伯爵文策尔·安东

又不信任法兰西王国的大臣们。1755年12月，腓特烈大帝意识到大不列颠王国和俄罗斯帝国已经签订了保卫汉诺威的条约。于是，他当即做出决定。1756年1月，根据《威斯敏斯特第二条约》，他同意在汉诺威遭到法军攻击时保卫汉诺威。通过这项条约，腓特烈大帝将大不列颠王国变成盟友，并且解除了俄罗斯帝国军队在汉诺威驻扎带来的风险，他也成为"大不列颠王国在欧洲大陆最强大的盟友"。这项条约的效果惊人。1756年5月1日，《凡尔赛第一条约》签订。法兰西王国想攻打大不列颠王国，奥地利公国想联合俄罗斯帝国和萨克森选帝侯国攻打普鲁士王国。此时，欧洲大陆被分为两个阵营，一个阵营是与大不列颠王国结盟的腓特烈大帝，另一个阵营是俄罗斯帝国、法兰西王国、奥地利公国和萨克森选帝侯国。直到1759年，西班牙王国才加入七年战争。但1761年，西班牙王国提前退出七年战争。

1756年6月，大不列颠王国和法兰西王国的海战以法军占领米诺卡岛开始。1756年8月29日，腓特烈大帝倾兵入侵萨克森，七年战争开始。海军上将托灵顿子爵约翰·宾未能成功拯救米诺卡岛。米诺卡岛的沦陷引起大不列颠公众的强烈抗议。1756年11月，纽卡斯尔公爵托马斯·佩勒姆-霍利斯辞职。在印度，大不列颠遭受了一场令人震惊的灾难。1756年6月，加尔各答被孟加拉纳瓦布①苏拉杰-乌德-达勒率部攻陷，大不列颠囚犯被关在一间名为"黑洞"的房间里，一百二十三名囚犯一夜之间死亡。然而，1756年12月，海军上将查尔斯·沃森率领大不列颠舰队夺回加尔各答。1757年6月23日，罗伯特·克莱夫赢得了普拉西战役的胜利，并且征服了孟加拉。在对海军上将托灵顿子爵约翰·宾进行著名的审判前，德文公爵威廉·卡文迪什取代纽卡斯尔公爵托马斯·佩勒姆-霍利斯

① 纳瓦布，莫卧儿帝国皇帝批准并授予南亚半自治伊斯兰教君主国统治者的荣誉称号。纳瓦布的首要职责是维护莫卧儿帝国皇帝的权力，并且管理一个邦。18世纪下半叶，莫卧儿王朝式微，各邦王公逐渐脱离皇帝的控制，俨然成为一方诸侯。——译者注

出任首相。德文公爵威廉·卡文迪什是大革命家族①的主要代表。查塔姆伯爵威廉·皮特成为国务大臣。由于得到坦普尔伯爵理查德·格伦维尔和乔治·格伦维尔的支持，查塔姆伯爵威廉·皮特在内阁极具影响力。他为民兵组织提出了一项方案，并且从苏格兰高地征集了两个团，还向北美派遣援军。然而，他没能拯救海军上将托灵顿子爵约翰·宾。军事法庭判罚了海军上将托灵顿子爵约翰·宾。1757年3月14日，海军上将托

德文公爵威廉·卡文迪什

---

① 大革命家族，指发动光荣革命，邀请威廉三世和玛丽一世取代詹姆斯二世任英格兰君主的七大家族。——译者注

坦普尔伯爵理查德·格伦维尔

灵顿子爵约翰·宾被枪毙。大不列颠的公众舆论强烈反对海军上将托灵顿子爵约翰·宾——失去米诺卡岛令大不列颠的公众极其愤慨。关于托灵顿子爵约翰·宾被判处死刑，伏尔泰说过一句名言："在大不列颠王国，为了鼓励其他人，一位海军上将被杀死了。"1756年，甚至在1757年的大部分时间里，大不列颠王国前景黯淡。威廉·爱德华·哈特波尔·莱基先生写道："没有什么比大不列颠的状况更可悲了，1756年和1757年是大不列颠王国历史上最耻辱的时期之一。"

虽然事态危急，但乔治二世仍然不喜欢现任内阁，并且决意摆脱内阁。他对查塔姆伯爵威廉·皮特和坦普尔伯爵理查德·格伦维尔十分反感。坎伯兰公爵威廉王子支持乔治二世，拒绝在查塔姆伯爵威廉·皮特执政时期指挥汉诺威军队。1757年4月，乔治二世突然解除查塔姆伯爵威廉·皮特的职务，并且发现自己成了当时最受欢迎的人。显然，乔治二世很享受国家对他的信任，"有几个星期，天上下起了黄金雨"。一连十一个星期，大不列颠王国没有内阁。德文公爵威廉·卡文迪什坐镇财政部，温奇尔西伯爵丹尼尔·芬奇坐镇海军部，霍尔德内斯伯爵罗伯特·达西任国务大臣，政府职责就由这几人分担。乔治二世千方百计想要建立一个没有查塔姆伯爵威廉·皮特和纽卡斯尔公爵托马斯·佩勒姆-霍利斯的政府。最后，他意识到自己不可能达成这一愿望。1757年6月29日，著名的纽卡斯尔与皮特内阁成立。纽卡斯尔公爵托马斯·佩勒姆-霍

霍尔德内斯伯爵罗伯特·达西

卡姆登伯爵查尔斯·普拉特

利斯担任首相一职，并且手握任免权。查塔姆伯爵威廉·皮特任国务大臣，负责指挥战争。霍兰勋爵亨利·福克斯成为军队主计长，借机大发横财。亨利·比尔森-莱格任财政大臣，乔治·安森男爵任海军大臣，坦普尔伯爵理查德·格伦维尔任掌玺大臣，卡姆登伯爵查尔斯·普拉特任司法大臣，霍尔德内斯伯爵罗伯特·达西与查塔姆伯爵威廉·皮特共同担任国务大臣。纽卡斯尔-皮特联合内阁维持了三年。在纽卡斯尔-皮特联合内阁执政后期，大不列颠王国已经成为海上霸主，并且在印度和北美占据主导地位。

在当时局势下，大不列颠王国政府需要投入极大的精力和坚定的决心，因为米诺卡岛沦陷了，大不列颠王国在印度和北美的地位也不稳。

在组阁前几个月，查塔姆伯爵威廉·皮特对大不列颠王国的局势持悲观态度，甚至提出有条件地将直布罗陀还给西班牙王国。显然，这是考虑到大不列颠王国在旧世界和新世界的战事中都几乎毫无希望获胜。实际上，他的悲观不无根据。1756年，腓特烈大帝的军队成功入侵萨克森。1757年5月6日，在布拉格战役中，腓特烈大帝的军队击败了奥地利公国。但1757年6月18日，在科林战役中，腓特烈大帝的军队被奥地利公国军队击败。1757年8月30日，在东普鲁士，他的军队又被俄罗斯军队打败。1757年7月26日，在哈斯滕贝克战役中，战败的坎伯兰公爵威廉王子

哈斯滕贝克战役

路易-约瑟夫·德·蒙特卡姆

被迫放弃汉诺威。1757年9月10日，坎伯兰公爵威廉王子签署了屈辱的《克洛斯特采文协定》，盟军撤出汉诺威。1756年，在北美，法兰西将领路易-约瑟夫·德·蒙特卡姆在奥斯威戈取得了胜利。1757年8月，威廉·亨利堡被法军占领。

　　然而，查塔姆伯爵威廉·皮特很快从悲观中振作起来，他的勇气和决心激起了全大不列颠的斗志，他的努力很快获得回报，世界各地也传来胜利的消息。查塔姆伯爵威廉·皮特召回坎伯兰公爵威廉王子，废除

奥斯威辛战役

法兰西军中的印第安人在奥斯威戈杀戮被俘的英格兰人

《克洛斯特采文协定》。此外汉诺威军队的军饷费由大不列颠王国政府支付。1757年11月9日，查塔姆伯爵威廉·皮特任命精明强干的不伦瑞克公爵查理·威廉·斐迪南为总司令。1757年11月5日，腓特烈大帝打败了法兰西王国、奥地利公国及神圣罗马帝国的军队，在罗斯巴赫战役中获胜。1757年12月5日，在勒本战役中，腓特烈大帝打败了奥地利军队。1758年4月，查塔姆伯爵威廉·皮特与普鲁士王国签订了《同盟条约》。根据这项条约，大不列颠王国政府每年给予腓特烈大帝一笔补贴。另外，这项条约还规定双方必须在一致同意的前提下与别国议和。

不伦瑞克公爵查理·威廉·斐迪南

1757年6月，罗伯特·克莱夫率军在普拉西岛取得胜利，这标志着大不列颠属印度帝国正式建立。大不列颠王国军队在海陆战场所向披靡。1758年3月月底，汉诺威脱离了法兰西王国的控制。1758年6月，不伦瑞克公爵查理·威廉·斐迪南在克雷菲尔德打败法军，将法兰西势力从汉诺威和莱茵河岸各省赶了出去。接下来，大不列颠王国又派遣八千名士兵前往增援获胜的不伦瑞克公爵查理·威廉·斐迪南率领的军队。1757年8月25日，在惨烈的宗多夫战役中，腓特烈大帝率军打败了俄罗斯军队。但1757年10月14日，在霍克奇克，他又被奥地利军队击败。有一段时间，腓特烈大帝的地位岌岌可危。在这场与奥地利公国和俄罗斯帝国的长期斗争中，如果没有人不列颠王国的支持，我们很难想象腓特烈大帝能坚持下去。1758年，大不列颠王国向几内亚海岸派遣了远征队，占领了法属殖民地塞内加尔和戈雷。此外，大不列颠军队向法兰西海岸发动了两次进攻，一次进攻圣马洛，另一次进攻瑟堡。在第二次进攻中，大不列颠王国军队成功摧毁了瑟堡的航运和码头，取得了局部胜利。然而，每次登陆法兰西都使大不列颠王国军队损失惨重。在北美，大不列颠王国也获得了胜利。但在印度，拉利伯爵托马斯·阿蒂尔率领法军攻陷了本地治里以南十二英里的圣大卫堡。1758年12月12日，拉利伯爵托马斯·阿蒂尔围攻马德拉斯。

对大不列颠王国来说，1759年是伟大的胜利之年和名副其实的奇迹之年。在印度，在斯特林格·劳伦斯少将的保卫下，拉利伯爵托马斯·阿蒂尔放弃了对马德拉斯的围攻。大不列颠王国军队也占领了吉斯德纳河河口的默苏利珀坦姆。1759年5月1日，在西印度群岛，大不列颠王国军队占领了瓜德罗普。1759年7月，大不列颠王国军队炮轰哈弗尔。然而，1759年给大不列颠带来的最大消息是阻止塞萨尔·加布里埃尔·德·舒瓦瑟尔[①]入

_____

① 塞萨尔·加布里埃尔·德·舒瓦瑟尔（César Gabriel de Choiseul，1712—1785），法兰西外交官和政治家，时任法兰西首席国务大臣。——译者注

克雷菲尔德战役

宗多夫战役

侵大不列颠和爱尔兰的计划。在许多方面，该计划与1805年拿破仑·波拿巴入侵英国的计划相似。塞萨尔·加布里埃尔·德·舒瓦瑟尔准备将土伦、敦刻尔克和布雷斯特的舰队联合起来，用平底船运送军队入侵大不列颠。1759年8月18日，爱德华·博斯科恩在葡萄牙拉古什海岸击败了让-弗朗索瓦·德·拉·克吕-萨布朗指挥的土伦舰队。1759年11月20日，爱德华·霍克男爵在基伯龙湾击败了休伯特·德·布里耶纳指挥的布雷斯特舰队。1760年2月，弗朗索瓦·蒂罗率领敦刻尔克舰队被迫在

爱德华·博斯科恩

爱尔兰北部投降。这些胜利巩固了大不列颠王国在海上和商业方面的霸权，法兰西王国政府再也无法向加拿大提供任何援助。此时，法兰西王国只剩英勇的路易-约瑟夫·德·蒙特卡姆在加拿大与大不列颠王国军队做无谓斗争。

在许多方面，1760年和1759年同样重要。1760年1月22日，艾尔·库特在文迪瓦什击败法军，取得决定性的胜利。一年后，即1761年1月，在巴尼帕德，阿富汗军队推翻了马赫拉塔联盟的统治。此时，大不列颠王国和法兰西王国在印度的长期竞争已见分晓，大不列颠王国获胜。在这场争斗中，大不列颠人民表现出极强的适应性。他们通过训练印度兵的制度，赢得了印度争夺战。1761年1月，法属印度的首府本地治里向艾尔·库特投降，法兰西王国在印度建立法兰西帝国的希望就此破灭。1760年9月8日，蒙特利尔的法军投降，大不列颠王国获得了加拿大。

1759年8月1日，在明登战役中，不伦瑞克公爵查理·威廉·斐迪南率领的普鲁士军队大败布罗伊公爵维克托·弗朗索瓦和路易·乔治·埃拉斯姆·德·孔塔德率领的法军。跟1815年的滑铁卢战役一样，法兰西骑兵无法击溃由大不列颠步兵和汉诺威步兵组成的精锐部队。但由于萨克维尔子爵乔治·杰曼指挥下的右翼大不列颠骑兵拒绝冲锋，法军免遭被歼灭的命运。与此同时，腓特烈大帝在德意志难以站稳脚跟。1759年8月13日，在库纳尔多夫战役中，他败给了俄罗斯帝国和奥地利公国的联军。如果俄罗斯军队和奥地利军队继续追击，那么普鲁士王国几乎难逃覆灭的命运。幸运的是，沙皇伊丽莎白生命垂危，俄罗斯将军得知她的继承人彼得三世是腓特烈大帝的狂热崇拜者，便认为进攻柏林不是明智之举。然而，1759年年底，腓特烈大帝的处境极其危险。1759年8月，西班牙王子查理登上西班牙王位，成为查理三世。于是，西班牙王国有可能向法兰西王国提供援助。与此同时，奥地利将军利奥波德·约瑟夫·冯·道恩过于谨慎。有一段时间，奥地利军队和俄罗斯帝国军队一

明瑟战役

库纳尔多夫战役

样按兵不动，腓特烈大帝就这样得救了。不伦瑞克公爵查理·威廉·费迪南率军在瓦尔堡又赢得一场胜利。1760年8月，腓特烈大帝在列格尼茨打败了奥地利军队。1760年11月，他在托尔高再次击败奥地利军队。1760年10月25日，乔治二世驾崩，他的孙子乔治三世即位。

1760年9月9日，乔治二世驾崩前一个多月，蒙特利尔的守军有条件投降，大不列颠王国军队占领了加拿大。在北美，1748年的《艾克斯拉沙佩勒和约》被证明只是大不列颠王国和法兰西王国的停战协议，敌对行动无疑始于1754年5月。当时，乔治·华盛顿在俄亥俄山谷袭击法军。

1755年1月，由于大不列颠殖民者和法兰西殖民者持续不断的斗争，大不列颠政府向弗吉尼亚派遣了军队。1755年5月，法兰西政府也派出一支三千人的军队，同时任命沃德勒伊侯爵皮埃尔·德·里戈为法属加

列格尼茨战役

理查德·豪

拿大总督。1755年6月，理查德·豪在新斯科舍附近俘获两艘法兰西船
"阿尔西德"号和"里斯"号，大不列颠王国和法兰西王国的战争不
可避免。但此时，法兰西王国和大不列颠王国名义上仍处于和平状态。
1755年6月，大不列颠正规军和殖民地的联合军队从弗吉尼亚向迪凯纳
堡进发，乔治·华盛顿也在其中。爱德华·布雷多克将军是大不列颠王
国驻北美军队的总司令，亲自指挥了这次行动。他虽然对边远地区的战
况一无所知，但始终表现出极大的勇气。1755年7月8日，他的军队遭到
法兰西的印第安盟军的伏击，他自己也受了致命伤。另外，八十九名军
官中有六十三名被打死或者被打伤，一千三百名将士中只有五百名左右

威廉·约翰逊

将士没有受伤。这场巨大的灾难持续影响了两年，印第安军队不断入侵弗吉尼亚、马里兰和宾夕法尼亚殖民地。殖民者威廉·约翰逊领导了对王冠角的远征，并且在威廉亨利堡附近的战役中击败了法军。但从总体上说，大不列颠王国组织攻打尼亚加拉堡和王冠角的远征失败了。在这种情况下，法兰西王国与大不列颠王国要维持表面上的和平是不可能的了。1756年5月19日，法兰西王国政府正式向大不列颠王国政府宣战。

法兰西方面，沃德勒伊侯爵皮埃尔·德·里戈任法属加拿大总督，路易-约瑟夫·德·蒙特卡姆负责军事指挥。大不列颠王国方面，马萨诸塞总督威廉·雪利是位平民。爱德华·布雷多克死后，威廉·雪利担任大不列颠王国驻北美军队总司令。1756年，阿盖尔公爵阿奇伯尔德·坎贝尔继任总司令，拉尔夫·阿伯克龙比将军和丹尼尔·韦布上校也在军中。战争刚开始，大不列颠王国军队就遭受重创。安大略湖边的奥斯威戈堡是一个重要的贸易站，也是法属加拿大通往奥尔巴尼的西线要塞，而奥尔巴尼是大不列颠军队在北美对抗法属加拿大的基地。大不列颠在奥斯威戈堡的驻军规模很小，1756年8月，路易-约瑟夫·德·蒙特卡姆率军从安大略湖对岸的弗兰特纳克堡发动进攻，奥斯威戈堡的大不列颠守军被迫投降。路易-约瑟夫·德·蒙特卡姆率军立即摧毁了奥斯威戈堡，以防止其成为敌军进攻尼亚加拉堡的基地。大不列颠王国军队的名声严重受损，安大略湖

拉尔夫·阿伯克龙比

完全归法兰西王国所有。法兰西王国如果没有卷入德意志战争，就能进一步巩固其在加拿大的政权，而这场斗争的结局可能会大不相同。

　　然而，在波旁王朝的统治下，法属加拿大没有勤劳的胡格诺派教徒。加拿大人没有耕种土地的意向，更喜欢打猎及与印第安人做生意，他们的玉米供应主要依靠法兰西。大不列颠王国一旦建立海上霸权，法兰西王国就很难向加拿大供应玉米。另外，由于法属加拿大官员的腐败，玉米被高价出售。然而，在路易-约瑟夫·德·蒙特卡姆的领导下，法属加拿大士兵表现出令人钦佩的勇气。1756年到1760年，他们与大不列颠王国军队进行英勇斗争，尽管最终失败了。

　　1757年，查塔姆伯爵威廉·皮特成为纽卡斯尔公爵托马斯·佩勒姆-霍利斯内阁的主要成员。在阿盖尔公爵阿奇伯尔德·坎贝尔的建议下，内阁立即决定进攻路易斯堡，接着进攻魁北克。但在这个计划实施前，由于阿盖尔公爵阿奇伯尔德·坎贝尔无能，大不列颠王国军队在纽约失去了防御能力，路易-约瑟夫·德·蒙特卡姆得以攻占乔治湖南端的威廉亨利堡。1758年，阿盖尔公爵阿奇伯尔德·坎贝尔被召回。

　　1757年年末到1758年年初，大不列颠王国在北美的运势达到最低点。1758年年初，杰弗里·阿默斯特男爵被任命为大不列颠驻北美军队的司令，詹姆斯·沃尔夫在他手下服役。詹姆斯·沃尔夫是爱尔兰后裔，曾参加过代廷根战役、福尔柯克战役、卡洛登战役和劳菲尔德战役。他对古典文学和数学略知一二，修过军事史。詹姆斯·沃尔夫为人诚实低调。七年战争爆发前，詹姆斯·沃尔夫已经是一名优秀的军官，并且对军事了如指掌。詹姆斯·沃尔夫对这次远征十分狂热，有人向乔治二世进言说詹姆斯·沃尔夫疯了。乔治二世回答说："即使他疯了，我也只希望他能盯紧那几位将军。"

　　除了派能人前往北美，查塔姆伯爵威廉·皮特还采取措施利用大不列颠舰队阻止法兰西王国政府向法属加拿大派遣增援部队。

杰弗里·阿默斯特男爵

　　拉尔夫·阿伯克龙比将军攻打泰孔德罗加，卡洛登的邓肯·福布斯攻打迪凯纳堡，杰弗里·阿默斯特男爵率舰队一起攻打路易斯堡。在奥地利王位继承战争中，路易斯堡曾被大不列颠属北美殖民者占领。但根据《艾克斯拉沙佩勒和约》，大不列颠政府将路易斯堡归还给法兰西王国。路易斯堡地势险要，控制着一个绝佳的海港。杰弗里·阿默斯特男爵的大部分军队是由海军上将爱德华·博斯科恩横渡大西洋运送过来的。1758年6月月初，这些军队抵达路易斯堡。1758年6月27日，法军在路易斯堡港的舰队被摧毁，被迫有条件投降。攻克路易斯堡在大不列颠及其北美殖民地内激起了民众极大的热情，并且成为大不列颠一系列胜利的开端。当然，这要归功于查塔姆伯爵威廉·皮特旺盛的精力和敏锐的洞察力。

不幸的是，1758年7月8日，在试图占领泰孔德罗加时，拉尔夫·阿伯克龙比将军遭遇惨败。连同殖民地民兵在内，拉尔夫·阿伯克龙比将军军队的兵力超过一万五千人，其中包括一个高地兵团，即第四十二团。乔治·豪子爵是名优秀的军人，但在进攻前一天的一场小冲突中阵亡了。缺少了乔治·豪子爵，大不列颠军队的实力立刻大不如前。拉尔夫·阿伯克龙比将军决定开展持续的正面进攻，攻击对方坚固的木质城墙，泰孔德罗加内有三千名法军士兵驻守。如果使用重炮，那么攻城任务很容易实现，但拉尔夫·阿伯克龙比将军没有使用重炮，而是坚持使用刺刀持续攻击。然而，大不列颠军队的英勇毫无效果，法军赢得了胜利。

1758年秋，经拉尔夫·阿伯克龙比将军允许，在其麾下服役的新英格兰人约翰·布拉德斯特里特率领一队人马进攻弗兰特纳克堡。弗兰特纳

约翰·布拉德斯特里特

克堡内守军人数不多，对大不列颠军队的进攻毫无招架之力。约翰·布拉德斯特里特轻而易举地攻下弗兰特纳克堡，并且缴获若干船舶、枪炮和其他物资。法兰西方面宣称，失去弗兰特纳克堡比输掉一场战斗影响更大。弗兰特纳克堡曾是法兰西方面向迪凯纳堡运送物资的主要补给站。约翰·布拉德斯特里特率军取得的胜利加速了迪凯纳堡的陷落。

1758年11月，拉尔夫·阿伯克龙比将军被召回，杰弗里·阿默斯特男爵成为大不列颠驻北美军队的总司令。同月，卡洛登的邓肯·福布斯一路损兵折将，抵达迪凯纳堡，却发现迪凯纳堡已经被法军抛弃。法兰西方面计划用一连串的堡垒将法属加拿大和路易斯安那殖民地。此时，该计划已经遭到破坏，大不列颠王国向西发展变得畅通无阻，法兰西方面与印第安人的联盟也被粉碎。然而，要彻底推翻法兰西王国在加拿大的统治，夺取魁北克就变得十分必要。

1759年年初，带着查塔姆伯爵威廉·皮特的嘱托，詹姆斯·沃尔夫离开大不列颠，前往北美攻打法属加拿大。1759年5月，大不列颠王国军队在哈利法克斯登陆。1759年6月，詹姆斯·沃尔夫率领九千名大不列颠正规军，在海军上将查尔斯·桑德斯所率舰队的护送下抵达圣劳伦斯河。这支舰队以高超的技术沿河而上，一直航行到魁北克。路易-约瑟夫·德·蒙特卡姆率领一支大部分由民兵组成的一万六千名士兵的军队，正等待着大不列颠王国军队的进攻。双方决定在博波尔作战，这是魁北克城以东几英里的一个村庄。詹姆斯·沃尔夫在博波尔郊外的蒙莫朗西和魁北克城正对面的莱维角高地上修建了炮台，这里距离魁北克城只有一千二百码①。一连八个星期，大不列颠王国军队持续炮轰魁北克城。其间，詹姆斯·沃尔夫进攻博波尔的法军阵地失败，使将士们几近绝望。最终，他决定登上魁北克城。1759年9月12日晚，詹姆斯·沃尔夫

---

① 码，英制长度单位，1码等于0.9144米。——译者注

詹姆斯·沃尔夫在亚伯拉罕高地战役中受了致命伤

率领四千三百名士兵登上通往魁北克城的悬崖，来到位于魁北克城和蒙特利尔之间的亚伯拉罕高地，此处贮存了路易-约瑟夫·德·蒙特卡姆军队的粮食补给。1759年9月13日上午，双方展开战斗，大不列颠王国军队人数与法军相当，但大不列颠王国军队取得了决定性的胜利。詹姆斯·沃尔夫和路易-约瑟夫·德·蒙特卡姆都受了致命伤，詹姆斯·沃尔夫的英勇获得了回报。1759年9月18日，魁北克城有条件投降。

1759年7月，法军撤离泰孔德罗加和王冠角。

1760年，法兰西将军弗朗索瓦·加斯顿·德·李维斯试图夺回魁北克。此时，魁北克由埃莱班克勋爵亚历山大·默里的次子詹姆斯·默里率领七千名士兵驻守。1760年4月28日，圣托伊战役打响，大不列颠王国军队被迫撤回魁北克城。然而，1760年5月月初，大不列颠舰船到来，迫使法军撤退。

1760年年底，法军在加拿大经历了最后的灾难。1760年8月，奥斯威戈的杰弗里·阿默斯特男爵、魁北克的詹姆斯·默里和尚普兰湖的威廉·哈维兰在蒙特利尔会师。弗朗索瓦·加斯顿·德·李维斯手下只有两千五百人，而法属加拿大总督沃德勒伊侯爵皮埃尔·德·里戈无法守住蒙特利尔。1760年9月8日，蒙特利尔守军投降。法兰西王国在加拿大的统治结束了，加拿大成为大不列颠的属地。

1757年的普拉西战役结束三年后，法兰西王国失去了印度。法兰西王国政府召回约瑟夫·弗朗索瓦·迪普莱，彻底放弃了他的策略。罗伯特·克莱夫得以在印度扩张大不列颠王国的势力，大不列颠王国也因此取代法兰西王国在印度的位置。然而，普拉西战役后三年里，法军没有放弃，并且试图让印度南部摆脱大不列颠王国的控制。1757年，法兰西的比西-卡斯泰尔诺侯爵夏尔·约瑟夫·帕蒂西耶占领了马德拉斯和加尔各答之间的大部分海岸。1758年年初，拉利伯爵托马斯·阿蒂尔成为本地治里总督。与此同时，1758年4月23日，在达谢伯爵阿内·安托万的率领下，一支法兰西舰队与大不列颠舰队展开了一场势均力敌的战斗。1758年6月2日，位于本地治里以南的大不列颠军队驻地圣大卫堡落入法兰西军队手中。1758年8月，法兰西与大不列颠两军的舰队展开第二次战斗，仍然不分胜负。随后，达谢伯爵阿内·安托万率领舰队前往法兰西岛过冬，尽管此举遭到拉利伯爵托马斯·阿蒂尔的反对。

在达谢伯爵阿内·安托万离开期间，拉利伯爵托马斯·阿蒂尔两次企图占领马德拉斯，但都失败了。1759年9月，达谢伯爵阿内·安托万回到科罗曼德尔海岸，与海军上将乔治·波科克指挥的大不列颠舰队又展开了一场不分胜负的战斗。1759年11月1日，达谢伯爵阿内·安托万回到法兰西岛。随后印度逐渐被大不列颠人征服。1761年1月，本地治里的沦陷标志着法兰西王国在印度的殖民统治覆灭。法兰西王国失去了加拿大和印度，失败的原因很大程度上是其海上力量的枯竭。由于缺乏海上力量，法兰西的商船被捕获，法兰西的商业被摧毁，加拿大和印度也因此易手。

1760年10月25日，乔治二世驾崩，乔治三世即位。虽然此时巴尼帕德还未攻陷，本地治里还在法兰西王国手中，但基本上大不列颠王国在印度已经取得了胜利。

普拉西、巴尼帕德和本地治里在大不列颠王国的印度征服史上具有重要意义[1]。"攻克普拉西使我们成为孟加拉和比哈尔实际上的主人，占领巴尼帕德开辟了征服比哈尔以北的道路，收服本地治里让我们完全统治着从阿拉伯海到孟加拉湾的整片区域。"[2]

1748 年到 1760 年大事年表

1748 年　《艾克斯拉沙佩勒和约》签署

1751 年　日历改革

　　　　　阿科特防卫战

1754 年　亨利·佩勒姆去世

　　　　　召回约瑟夫·弗朗索瓦·迪普莱

1756 年　《威斯敏斯特第二条约》签订

1756 年到 1763 年　七年战争

1757 年　普拉西战役

　　　　　罗斯巴赫战役

---

[1]　在1761年1月6日的巴尼帕德战役中，阿富汗军队赢得了胜利，马赫拉塔就此败落，并且再也没有恢复过来。——原注。

[2]　托罗特：《沃伦·黑斯廷斯传》，第24页。——原注

```
┌─────────────────────────────────────────────────────────────┐
│                                                               │
│   1758 年   攻克路易斯堡                                          │
│             攻克弗兰特纳克堡和迪凯纳堡                              │
│   1759 年   攻克魁北克                                            │
│             明登战役                                              │
│             拉各斯战役和基伯龙湾战役                               │
│   1760 年   文迪瓦什战役                                          │
│             占领蒙特利尔                                          │
│             乔治二世驾崩                                          │
│                                                               │
└─────────────────────────────────────────────────────────────┘
```

大不列颠在印度的大事年表　1744 年到 1761 年

```
┌─────────────────────────────────────────────────────────────┐
│                                                               │
│   1744 年   大不列颠王国和法兰西王国爆发战争                        │
│   1746 年   贝特朗－弗朗索瓦·马埃·德·布尔多奈占领马德拉斯            │
│   1748 年   大不列颠军队围攻本地治里失败                           │
│             《艾克斯拉沙佩勒和约》签署                             │
│   1749 年   斯金格·劳伦斯少将占领德维科塔                          │
│   1751 年   罗伯特·克莱夫防卫阿科特                                │
│   1752 年   巴胡尔战役                                           │
│   1754 年   大不列颠王国和法兰西王国结束敌对状态                     │
│             约瑟夫·弗朗索瓦·迪普莱离开印度                         │
│   1756 年   加尔各答的黑洞                                        │
│   1757 年   大不列颠王国获得普拉西战役的胜利                        │
│   1758 年到 1760 年  拉利伯爵托马斯·阿蒂尔对抗大不列颠失败           │
│                                                               │
└─────────────────────────────────────────────────────────────┘
```

1760 年　文迪瓦什战役

1761 年　艾尔·库特占领本地治里

穆罕默德·沙阿在巴尼帕德战役中摧毁马赫拉塔政权

法兰西王国在印度的殖民势力已经被摧毁，莫卧儿帝国的
国力被严重削弱，"马赫拉塔建立印度帝国的梦想"被
粗暴打断。此后，大不列颠逐渐确立了其在印度的霸主地位

注释和说明

1. 乔治二世时期大不列颠的对外政策

乔治二世统治时期，大不列颠的外交政策举步维艰。在他整个统治
期间内，汉诺威选帝侯国的利益吸引了他的全部注意力。总的来说，他的
外交政策可分为两个阶段，1727年到1740年为第一阶段，1740年到1760年
为第二阶段。然而，纵观他整个统治时期，他的外交政策的总体方向是与
法兰西王国争霸世界，与普鲁士王国结盟，与奥地利公国决裂。

（1）1727年到1740年

此时，罗伯特·沃波尔掌权，疏远奥地利公国、联合法兰西王国是
这一时期大不列颠王国的主要外交政策。

（2）1740年到1760年

1740年到1748年奥地利王位继承战争期间，大不列颠王国主要有
两项对外政策。在殖民地和海上，大不列颠王国与法兰西王国和西班牙
王国爆发战争是不可避免的。然而，大不列颠王国对欧洲大陆的干预标
志着罗伯特·沃波尔反奥地利政策的逆转。此时，大不列颠王国开始执

行格兰维尔伯爵约翰·卡特雷主张的政策。该政策意味着大不列颠王国与奥地利公国结成紧密联盟，暗合了乔治二世的主张。虽然奥地利王位继承战争结束，但大不列颠王国和法兰西王国的斗争悬而未决，而与普鲁士王国建立友好关系符合大不列颠王国的利益。与此同时，有迹象表明大不列颠王国将脱离与奥地利公国的联盟。在七年战争中，查塔姆伯爵威廉·皮特执掌内阁，见证了乔治二世统治时期大不列颠王国对外政策的落空。大不列颠王国和法兰西王国在北美殖民地和印度逐渐展开斗争，乔治二世被迫接受与普鲁士王国的联盟，大不列颠王国和奥地利公国的长久联系就此结束。

虽然乔治一世和乔治二世对腓特烈·威廉一世和腓特烈大帝的猜忌令大不列颠王国与普鲁士王国建立联盟推迟了几年，但在乔治一世和乔治二世统治期间，大不列颠王国和汉诺威选帝侯国的联系并没有为大不列颠王国的利益带来灾难性影响。1740年后几年，与奥地利公国的联盟"主要是由汉诺威选帝侯国的传统和情感支配的。在大不列颠著名的政治家中，与奥地利公国结盟只获得了格兰维尔伯爵约翰·卡特雷的大力支持。他的支持也只是情感使然，而不是出于真正政治家的眼光"。如果乔治二世能遵从自己的意愿，那么1755年，根据与奥地利公国和萨克森选帝侯国的协议，他将用大不列颠王国的资金维持一支军队，保卫汉诺威选帝侯国、萨克森选帝侯国及奥地利公国在德意志境内的领地。事实上，他的"赫伦豪森计划"失败了，而与普鲁士王国结盟在大不列颠更受欢迎。实际上，这一结盟对汉诺威的防御也更有帮助。

2. 乔治一世和乔治二世统治时期的内阁

1714年到1717年　查尔斯·汤森子爵内阁

1717年到1721年　詹姆斯·斯坦霍普伯爵内阁

1721年到1742年　罗伯特·沃波尔内阁

1742年到1743年　威尔明顿伯爵斯潘塞·康普顿内阁

1743年到1754年　亨利·佩勒姆内阁

1754年到1756年　纽卡斯尔公爵托马斯·佩勒姆-霍利斯内阁

1756年到1757年　德文公爵威廉·卡文迪什内阁

1757年到1761年　查塔姆伯爵威廉·皮特与纽卡斯尔公爵托马斯·佩勒姆-霍利斯内阁

3.七年战争的结果

（1）大不列颠王国在印度确立霸权。

（2）大不列颠王国在北美确立霸权，大不列颠属北美殖民地向西扩张。

（3）普鲁士王国占领西里西亚，与奥地利公国势均力敌。

4.英格兰教会

在乔治一世和乔治二世统治时期，英格兰教会遭受重创，其原因如下：第一，国王都是德意志新教教徒，对大不列颠人民的信仰不甚关心；第二，英格兰教会中拒绝效忠者分裂出去，远离当时的政治生活；第三，英格兰教会内部争议不断，其中班戈争议和三位一体争议是最严重的争议。在班戈争议中，班戈主教本杰明·霍德利否认任何教会管理的必要性。在三位一体争议中，有人主张否认耶稣基督的神性，导致英格兰教会内部矛盾越发尖锐。接着，自然神论兴起，这一派别试图摧毁所有对神启示的信仰。这场争论引发了布里斯托尔主教约瑟夫·巴特勒对基督教教义的著名辩护。在《宗教类比：自然与神启，自然的构成与发展》一书中，约瑟夫·巴特勒批评了自然神论者的观点。虽然约瑟夫·巴特勒及另两位杰出的主教乔治·贝克莱和威廉·沃伯顿一直不懈努力，但当时的宗教氛围并不浓厚。公共礼拜被忽略，宗教热情不高，大学不再灌输健全的基督教教义。大不列颠的宗教已经变得"冷漠、自私、没有灵性"。如果没有卫理公会的复兴，那么宗教会在大不列颠继续衰败下去。约翰·卫斯理和乔治·怀特菲尔德的努力为大不列颠宗教史带来巨大变革。"查塔姆伯爵威廉·皮特整个政治生涯十分辉煌。在他主持内阁期间，大不列颠的海军与陆军均取得辉煌胜利，这无疑构成乔治二世统治时期最耀眼的篇章。但与不久前在英格兰开始的宗教革命相比，大不列颠的军事胜利变得黯淡无光，这是约翰·卫斯理和乔治·怀特菲尔德辛勤布道带来的变革。这次宗教革命的一项成果是建立了一支强大而活跃的教派。卫理公会拥有数百万信徒，其影响遍及两个半球。宗教革命对教会精神、大不列颠道德力量的深度和广度，甚至对大不列颠政治史的进程，都产生了持久而深远的影响。"

5. 北美殖民地

七年战争期间，大不列颠王国在北美共有十三块殖民地。首先是由清教徒17世纪建立的位于北部的新英格兰殖民地，包括马萨诸塞、康涅狄格、新罕布什尔和罗得岛。然后是南部的纽约。查理二世统治时期，大不列颠王国从荷兰人手中夺得纽约。接下来是特拉华和新泽西。1664年到1667年，这两块殖民地被大不列颠占领。早在1632年，大不列颠王国就开始在马里兰殖民。1681年，贵格会建立了宾夕法尼亚殖民地。1606年，弗吉尼亚殖民地始建，保留了贵族制的特征，由一个出身于大不列颠贵族家庭的种植园主管理。弗吉尼亚南部是北卡罗来纳殖民地和南卡罗来纳殖民地，始建于1663年。1732年，佐治亚殖民地才从卡罗来纳分离出来，将南卡罗来纳与西班牙殖民地佛罗里达分隔开来。

6. 大不列颠王国和法兰西王国在印度的对抗

1744年，大不列颠王国和法兰西王国的东印度公司开始展开斗争，法兰西王国东印度公司占据上风。其原因如下：一，法兰西王国拥有毛里求斯，掌握了通往印度之路的钥匙；二，法兰西有能干的约瑟夫·弗朗索瓦·迪普莱和贝特朗-弗朗索瓦·马埃·德·布尔多奈效力。然而，约瑟夫·弗朗索瓦·迪普莱不但想在印度南部建立一个法兰西公国，还想将大不列颠势力驱逐出印度，并且在印度建立一个法兰西帝国。但约瑟夫·弗朗索瓦·迪普莱和贝特朗-弗朗索瓦·马埃·德·布尔多奈不和，路易十五政府对约瑟夫·弗朗索瓦·迪普莱的支持不足。最终，法兰西王国没能保住海上霸权，使法兰西王国的对外扩张陷入困境。大不列颠王国的海上优势最终决定了其在印度的统治地位。罗伯特·克莱夫发挥了两项作用，一项是将法军逐出卡纳蒂克，另一项是保护在孟加拉的大不列颠民众免受孟加拉纳瓦布的袭击。法军战败后，大不列颠王国转而从当地统治者手中夺取印度。因此，普拉西战役是"我们印度帝国的开端"。

7. 乔治二世子女的婚姻

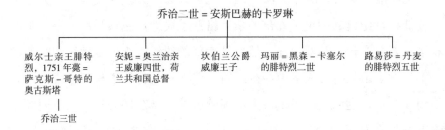

第三部分

乔治三世统治时期

（1760—1820）

同时期各主要国家君主			
法兰西王国	神圣罗马帝国	普鲁士王国	俄罗斯帝国
路易十五 1715—1774	弗朗茨一世 1745—1765	腓特烈大帝 1740—1786	伊丽莎白 1741—1761
路易十六 1774—1792	约瑟夫二世 1765—1790	腓特烈·威廉二世 1786—1797	彼得三世 1762
			叶卡捷琳娜大帝 1762—1796
西班牙王国	葡萄牙王国	瑞典王国	丹麦王国
查理三世 1759—1788	若泽一世 1750—1777	阿道夫·腓特烈 1751—1771	腓特烈五世 1746—1766
查理四世 1788—1808	佩德罗三世和玛丽亚一世 1777—1786	古斯塔夫三世 1771—1792	克里斯蒂安七世 1766—1808
	玛丽亚一世 1786—1799		
撒丁王国	两西西里王国	教皇国	奥斯曼土耳其帝国
查理·伊曼纽尔三世 1730—1773	斐迪南四世 1759—1825	克莱门特十三世 1758—1769	穆斯塔法三世 1757—1774
维克托·阿梅迪奥三世 1773—1796		克莱门特十四世 1769—1774	阿卜杜勒-哈米德一世 1774—1789
		庇护六世 1775—1799	

第 **1** 章

从乔治三世即位到《巴黎和约》签订

（1760—1763）

1760年10月25日，乔治二世即位，并且一直统治到1820年1月29日。乔治三世二十二岁时继承祖父乔治二世的王位，并且受到全大不列颠人民的拥戴。在品位和情感方面，乔治一世和乔治二世更偏向德意志而不是英格兰。然而，从本质上来说，乔治三世是位英格兰人，他身上具有英格兰民族的所有特征。在他漫长的统治时期，他表现出一名普通英格兰人的美德。他顽强奋斗、精明勤奋、勇敢爱国。随着长期统治，乔治三世单纯的性格和善良的本性，对英格兰教会的忠诚及高尚的道德观念，让自己备受臣民爱戴。与普通英格兰人一样，乔治三世往往短视、固执，听不进别人的意见。他虽然本意是好的，也希望自己能做得更好，但视野狭隘，倾向于策划阴谋，这常常使他支持的政策与大不列颠的利益背道而驰。

1751年，乔治三世的父亲威尔士亲王弗雷德里克去世。乔治三世由母亲威尔士王妃萨克森-哥达的奥古斯塔照顾长大。在比特伯爵约翰·斯图尔特的影响下，威尔士王妃萨克森-哥达的奥古斯塔向乔治三世灌输了博灵布罗克子爵亨利·圣约翰的文章《爱国者国王》中的思想。在这篇简短、有趣的文章中，博灵布罗克子爵亨利·圣约翰认为，国王应该自己选择大臣，而不是通过政党治理国家，并且认为国王既有统治权，也有治理权。母亲不允许乔治三世与外人交往，甚至不允许他与同龄的男孩交往。因此，乔治三世没有机会获得政治经验，也没有机会纠正自己狭隘的观点。他即位时正好适合尝试博灵布罗克子爵亨利·圣约翰描述的政治制度。如果实施这种制度，那么大臣们将退而成为国王的代理人。

从1688年起，除了托利党几次短暂执政，大不列颠王国一直由辉格党管理。辉格党支持1688年的《光荣革命解决方案》，引入并支持汉诺威王朝。1760年，辉格党即将领导大不列颠结束一场战争，大不列颠王国将在加拿大和印度称霸。虽然事实证明辉格党人是成功的管理者，但他们的管理不受欢迎。辉格党控制的议会并不代表大不列颠王国。托利党组成了一个庞大的团体，却被排除在政府之外。辉格党内部仅在保住辉格党执政和让国王"统而不治"这两个问题上持一致意见。

然而，由于1756年七年战争的爆发，辉格党内部的分裂停止了。人们意识到，查塔姆伯爵威廉·皮特与纽卡斯尔公爵托马斯·佩勒姆-霍利斯联手是辉格党对外政策成功的必要条件。只有结束战争，乔治三世才有机会实践自己的观点，成为政府实际上的首脑。因此，乔治三世一即位就立刻宣布支持早日实现和平，并且在1760年11月任命比特伯爵约翰·斯图尔特为内阁成员。在罗伯特·沃波尔的领导下，内阁制度得到发展。但在1760年，当时的内阁仍与现在的内阁大不相同。首相没有确定的地位，所有重大问题通常首先由一个小委员会讨论，然后再向内阁汇报[1]。直到1782年美国独立战争结束前，乔治三世的目标是将首相的地位降为一个与团队发言人类似的角色，他自己则掌握首相的实际权力。内阁正逐渐成为一个同质体，只对议会负责，在首相指导下统一行事。乔治三世遏制了这种趋势，用一种仍然为大家接受的理念取而代之。他让每位大臣负责一个独立的部门，并且直接听命于他，不受首相管辖。

---

[1] 威廉·亨特：《1760年到1801年英格兰政治史》，第7页到第10页。——原注

罗金厄姆侯爵查尔斯·沃森·温特沃斯

在很大程度上，这种制度是1770年到1782年在弗雷德里克·诺斯勋爵的内阁时期建立的。当时，乔治三世认为，弗雷德里克·诺斯勋爵是自己理想的首相。弗雷德里克·诺斯勋爵的内阁在北美政策的失败给该制度染上了污点，也使1782年罗金厄姆侯爵查尔斯·沃森·温特沃斯的内阁和1784年小威廉·皮特的内阁为内阁制注入新元素，使内阁获得现在的权力和地位。乔治三世即位时，代表现代内阁特征的团结和同质性远未建立。乔治三世想成功贯彻王室特权，确立个人统治，有赖于任命比特伯爵约翰·斯图尔特为首相及战争结束。

斯塔德霍姆·霍奇森将军率舰队占领贝利勒岛

大不列颠王国在七年战争中不断取得巨大胜利。1761年1月15日，大不列颠军队攻陷本地治里。因此，大不列颠王国确立了在印度的霸主地位。1761年6月7日，斯塔德霍姆·霍奇森将军率舰队占领位于法兰西西海岸的贝利勒岛。在德意志，大不列颠军队同样取得了成功。1761年7月15日，尽管腓特烈大帝与俄罗斯帝国对抗已经十分吃力，但勇敢的格兰比侯爵约翰·曼纳斯效力的不伦瑞克公爵查理·威廉·斐迪南还是在维林豪森打败法军，阻止法军入侵汉诺威。

与此同时，乔治三世与比特伯爵约翰·斯图尔特合作，积极在国内推行自己的政策。乔治三世是个托利党人，对托利党表现出特殊的好感。此时，他开始掌握国王本该拥有的任免权。1715年以来，任免权一直掌握在辉格党历届首相手中，纽卡斯尔公爵托马斯·佩勒姆-霍利斯视任免权为自己的特权。1761年的大选宣告辉格党统治结束，标志着乔治三世取得第一阶段的胜利。1761年3月，国务大臣霍尔德内斯伯爵罗伯特·达西和财政大臣亨利·比尔森-莱格被免职。比特伯爵约翰·斯图尔特接任国务大臣，威廉·巴灵顿子爵接任财政大臣。威廉·巴灵顿子爵原来的国务大臣一职由能干但鲁莽的查尔斯·汤森①接任。亨利·比尔森-莱格在战争期间表现出极其优秀的经济才能，但特立独行，不受乔治三世和比特伯爵约翰·斯图尔特的待见。查塔姆伯爵威廉·皮特对国

威廉·巴灵顿子爵

---

① 查尔斯·汤森（Charles Townsend，1725—1767），第一章中的查尔斯·汤森子爵的孙子。——译者注

务大臣的变动毫不知情，纽卡斯尔公爵托马斯·佩勒姆-霍利斯、德文公爵威廉·卡文迪什和哈德威克伯爵菲利普·约克的阴谋动摇了查塔姆伯爵威廉·皮特的地位。与此同时，由于得到王室的支持，比特伯爵约翰·斯图尔特的权力迅速扩大。1761年9月8日，乔治三世迎娶了梅克伦堡-施特雷利茨的夏洛特公主。由于母亲萨克森-哥达的奥古斯塔和比特伯爵约翰·斯图尔特都不为大不列颠国民喜欢，起初，乔治三世本人并

梅克伦堡－施特雷利茨的夏洛特公主

不受全国人民爱戴。但乔治三世和比特伯爵约翰·斯图尔特已经获得了下议院的支持，并且查塔姆伯爵威廉·皮特在内阁的影响力也已减弱。乔治三世和比特伯爵约翰·斯图尔特准备倡导和执行和平政策，将查塔姆伯爵威廉·皮特赶下台。

1760年9月，西班牙国王查理三世的王后萨克森的玛丽亚·阿马利娅薨逝。西班牙王国的政策越来越倒向法兰西王国，并且与大不列颠王国对立。此外，大不列颠王国的胜利引起了广泛的恐慌。自然而然地，

萨克森的玛丽亚·阿马利娅

查理三世对法兰西的灾难警觉起来，认为自己有必要帮助波旁王朝摆脱困境。1761年年初，法兰西王国和奥地利公国在奥格斯堡的和平会谈破裂，但西班牙特使赫罗尼莫·格里马尔迪公爵和法兰西首席国务大臣塞萨尔·加布里埃尔·德·舒瓦瑟尔结成两国同盟的努力成功了。

1761年8月15日，法兰西王国和西班牙王国秘密签署了一项《家族盟约》，又称《第三次家族盟约》。《第一次家族盟约》和《第二次家族盟约》分别于1733年和1743年签订。当塞萨尔·加布里埃尔·德·舒瓦瑟

赫罗尼莫·格里马尔迪公爵

尔继续与大不列颠王国政府谈判时，西班牙王国政府加快了备战速度。然而，此时，西班牙从南美洲回来的运宝船队还没到达。对此，西班牙王国政府官员焦急万分。与西班牙王国是战是和，大不列颠王国内阁意见不一。在大不列颠，关于《家族盟约》的险恶意图还停留在猜测阶段。乔治三世确信，塞萨尔·加布里埃尔·德·舒瓦瑟尔的谈判是法兰西王国与大不列颠王国议和的前奏。此外，乔治三世和比特伯爵约翰·斯图尔特及其他内阁成员一致认为，法兰西王国将断绝与西班牙王国的联系。

对当时的形势，查塔姆伯爵威廉·皮特持不同意见。其妻弟坦普尔伯爵理查德·格伦维尔也支持他的观点。事实证明，他的意见更准确。查塔姆伯爵威廉·皮特愤然拒绝了西班牙方面提出的调解建议，并且认为塞萨尔·加布里埃尔·德·舒瓦瑟尔只是在争取时间等待西班牙运宝船队到来，以使西班牙方面做好充分的准备。查塔姆伯爵威廉·皮特意识到西班牙王国和法兰西王国缔结《家族盟约》的目的是联合攻打大不列颠王国。因此，他敦促对西班牙王国宣战，并且召回大不列颠王国驻西班牙王国使者，攻击并捕获西班牙运宝船。但他内阁中的辉格党同僚都十分嫉妒他，并且比特伯爵约翰·斯图尔特和乔治三世也不相信此时已经不可能与法兰西王国议和。辉格党同僚、比特伯爵约翰·斯图尔特和乔治三世一致希望查塔姆伯爵威廉·皮特任职到和约缔结前，并且认为缔结和约后，查塔姆伯爵威廉·皮特就没有必要待在内阁里了。1761年10月2日，枢密院开会讨论了查塔姆伯爵威廉·皮特提交给乔治三世的一份备忘录。这份备忘录旨在敦促政府立即宣战。在场的成员中只有查塔姆伯爵威廉·皮特一人赞成向西班牙王国宣战。他宣称，大不列颠王国此时"实际上已经与整个波旁王朝作战"，并且宣称如果他的政策不被采纳，那么他将立即辞职。1761年10月6日，查塔姆伯爵威廉·皮特辞职。日后，大不列颠政府意识到，如果查塔姆伯爵威廉·皮特的建议被采纳，那么《家族盟约》将大大丧失威慑力。1762年1月，大不列颠王国向西班牙王国宣战。1763年前，波旁王朝一直与大不列颠王国斗争，尽管波旁王朝没取得什么成果。

查塔姆伯爵威廉·皮特的辞职标志着乔治三世和比特伯爵约翰·斯图尔特向胜利又接近了一步。才能平庸的埃格雷蒙特伯爵查尔斯·温德姆接替查塔姆伯爵威廉·皮特担任国务大臣。1761年年初进入内阁的乔治·格伦维尔成为下议院领袖。贝德福德公爵约翰·拉塞尔接替坦普尔伯爵理查德·格伦维尔成为掌玺大臣。

埃格雷蒙特伯爵查尔斯·温德姆

　　接下来，乔治三世的任务是让比特伯爵约翰·斯图尔特领导的托利党取代已经分崩离析的辉格党，并且与法兰西王国和西班牙王国缔结和平条约。1762年5月26日，纽卡斯尔公爵托马斯·佩勒姆-霍利斯被迫辞职，著名的纽卡斯尔与皮特的内阁就此结束。此外，纽卡斯尔公爵托马斯·佩勒姆-霍利斯的辞职标志着辉格党自1715年起对政府事务的垄断终结。

　　乔治一世上台以来，辉格党的寡头政府一直掌控着大不列颠王国，建立了一个以腐败为基础的体制。因此，辉格党政府又被称为"关系政府"。不过，辉格党虽然脱离大部分大不列颠国民，却是令人钦佩的管理者。辉格党政府与查塔姆伯爵威廉·皮特结盟，迎来七年战争的胜利。他们为国家贡献了像詹姆斯·斯坦霍普伯爵、罗伯特·沃波尔和亨利·佩勒姆这样的管理者，并且制定了许多有益的措施。但在他们长期执政期间，辉格党内让像查塔姆伯爵威廉·皮特这样的人对辉格党的制度深恶痛绝。此后，查塔姆伯爵威廉·皮特坚决反对辉格党的排他性、党派观念及腐败手段。余生，他主张根除腐败，建立一个国王和国民都支持的强大政府，擢用所有党派的能人，并在首相的领导下统一行事。

1762年5月，比特伯爵约翰·斯图尔特的内阁成立，标志着辉格党政府的倒台。但这并不意味着腐败的终结，也不意味着首相领导下强势政府的开端。恰恰相反，它标志着乔治三世政治理念的胜利，即由国王而非首相指导内阁的政策，并且各部门大臣由国王任命。

从此，乔治三世得到了一个被称为"国王之友"的组织的帮助。"国王之友"的核心由西印度群岛商人和在东方发家致富的"暴发户"组成。许多托利党人加入其中。政府禄虫和年金领取者也极力支持该组织。其"雇佣军"包括"天生的追名逐利者和穷困的冒险家"。他们根据国王的命令投票。有一次，乔治·格伦维尔宣称："他不会听凭一帮家臣的意志行事。他们随时可能听从命令，将弓弦套在他的脖子上。"[1]罗金厄姆侯爵查尔斯·沃森·温特沃斯和弗雷德里克·诺斯勋爵都反感"国王之友"的影响力，"他们像兵团一样协同行动"。

推翻了辉格党的统治，巩固了政权后，比特伯爵约翰·斯图尔特的下一个任务是结束七年战争。1762年1月5日，俄罗斯帝国沙皇伊丽莎白驾崩，继任者彼得三世是腓特烈大帝的崇拜者。自战争爆发以来，普鲁士国王一直面临着被俄罗斯帝国军队征服的危险。此时，被征服的危险已经解除。比特伯爵约翰·斯图尔特认为，每年付给腓特烈大帝的六十七万英镑的补贴应该废除。自查塔姆伯爵威廉·皮特首次批准这项

---

[1]　乔治·奥托·特里维廉：《查尔斯·詹姆斯·福克斯前传》，纽约，哈珀出版社，1881年，第126页。——原注

补贴以来，大不列颠王国就将西班牙王国列为自己的对手。此时，沙皇伊丽莎白已经驾崩，西班牙王国也已加入七年战争，似乎证明比特伯爵约翰·斯图尔特的政策是合理的。但在这个问题上，比特伯爵约翰·斯图尔特与腓特烈大帝发生了争执。互相指责后，腓特烈大帝认为大不列颠王国背信弃义，自己受到了不公正的对待。该印象贯穿了腓特烈大帝此后的外交政策，直到他驾崩。

1762年7月，沙皇彼得三世被废黜，叶卡捷琳娜大帝即位。她虽然不再支持腓特烈大帝，但也没有对他有敌对行动。1762年7月21日，在布克尔斯多夫，腓特烈大帝率军打败奥地利军队；在德意志西部，不伦瑞克公爵查理·威廉·斐迪南和格兰比侯爵约翰·曼纳斯打败法军。

布克尔斯多夫战场上的腓特烈大帝

沙姆堡伯爵兼利珀伯爵威廉

　　与此同时，大不列颠军队在对抗法兰西王国和西班牙王国的战争中取得胜利，从西班牙王国手中夺得马提尼克岛、格林纳达、圣卢西亚和圣文森特。由沙姆堡伯爵兼利珀伯爵威廉①指挥的大不列颠军队成功击退了西班牙军队对葡萄牙的入侵。此时，约翰·伯戈因将军也在沙姆堡伯爵兼利珀伯爵威廉的麾下效力。1762年年初，海军上将乔治·波科克率领一支探险队驶往古巴的哈瓦那。1762年8月1日，哈瓦那被攻陷。1762

———————
① 威廉（William，1724—1777），沙姆堡伯爵兼利珀伯爵，德意志沙姆堡与利珀的统治者，在七年战争中任大不列颠陆军元帅。——译者注

年10月，菲律宾的马尼拉遭到大不列颠军队的袭击。马尼拉居民获准赎回财产，并且由西班牙政府负责支付五十万英镑的赎金，即"马尼拉赎金"。但大不列颠方面从没有收到这笔赎金，这成为大不列颠王国和西班牙王国政府日后争吵不休的根源。除了夺取位于普拉特河的葡萄牙萨缅托省，参战以来，西班牙王国没有取得任何成果。

大不列颠王国引人注目的战果得益于强大的海上力量及其对海洋的控制。事实证明，法兰西王国和西班牙王国的海军完全无法抵御乔治·布里奇斯·罗德尼男爵、海军上将乔治·波科克和塞缪尔·科尼什率领的军队的进攻。这三位大不列颠将军率领各自的军队征服了迎风群岛、哈瓦那和马尼拉。无数敢于冒险的水手四处攻击法兰西和西班牙的战船和商船，让两国疲于应付。大不列颠的海上霸权从没有体现得如此明显，海军的胜利让大不列颠国民希望战争持续下去。

大不列颠国民被来自世界各地的辉煌胜利冲昏了头脑。此时，和平政策遭到摒弃。在起草和约草案时，大不列颠方面体现出一种漫不经心和无知傲慢的态度。但大部分人都认识到终结七年战争的必要性。如同1700年的法兰西王国一样，大不列颠王国成为欧洲人嫉恨和恐惧的对象。塞萨尔·加布里埃尔·德·舒瓦瑟尔的前任枢机主教弗朗索瓦-若阿基姆·德·皮埃尔·德·贝尼斯说："英格兰将成为世界的暴君。"这句话不无道理。贝德福德公爵约翰·拉塞尔宣布，如果大不列颠继续实行侵略政策，那么欧洲所有的海军将联合起来对抗大不列颠。事实上，法兰西王国和西班牙王国对大不列颠王国的仇恨在美国独立战争时就表现得淋漓尽致。在促成美国获胜的同时，法兰西王国和西班牙王国也充分利用机会弥补其在七年战争中遭受的损失。

与此同时，乔治三世和比特伯爵约翰·斯图尔特渴望和平也有其特殊原因。他们认为，两大阵营对峙的结束将终结辉格党的统治，君主政治将战胜寡头政治。

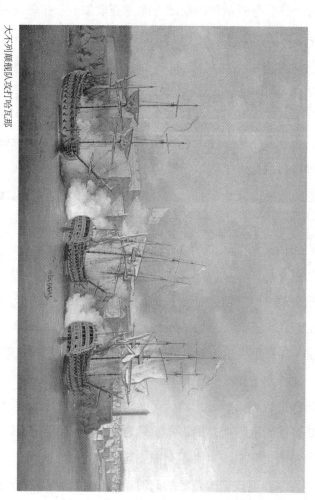

大不列颠舰队攻打哈瓦那

大不列颠军队袭击马尼拉

1762年11月3日，各国签署了《巴黎和约》的初步协议。虽然查塔姆伯爵威廉·皮特谴责条约中的条款及比特伯爵约翰·斯图尔特针对腓特烈大帝的行为，但初步协议在大不列颠议会下议院仍以三百一十九票对六十五票获得通过。议会中绝大多数议员已经被腐败收买，宣布支持比特伯爵约翰·斯图尔特的政策。

为争取议会多数议员的支持，霍兰勋爵亨利·福克斯被授权展开大规模行贿。一张选票的最低价格是两百英镑。同时，辉格党把持的上议院受到乔治三世的攻击。德文公爵威廉·卡文迪什被从枢密院除名。无论是贵族还是平民，只要是辉格党人都被开除公职。

1763年2月10日，《巴黎和约》签署。大不列颠王国将马提尼克岛、瓜达卢佩岛、圣卢西亚岛、玛丽-加朗特岛、贝尔莱斯岛、本地治里和戈雷岛归还给法兰西王国。法兰西王国将圣皮埃尔岛和密克隆岛归还大不列颠，并且授予大不列颠方面在纽芬兰海岸和圣劳伦斯湾的捕鱼权。西班牙王国收回哈瓦那和马尼拉。大不列颠收获巨大。大不列颠从法兰西王国手中获得加拿大、新斯科舍、布雷顿角岛、米诺卡、塞内加尔、多巴哥、格林纳达、格林纳丁斯、圣文森特和多米尼加，并且从西班牙王国手中获得佛罗里达。与此同时，西班牙王国放弃了在纽芬兰的捕鱼权，并且承认大不列颠王国在洪都拉斯湾伐木的权利。西班牙王国获得了法兰西王国的殖民地路易斯安那，以弥补失去佛罗里达造成的损失。法兰西王国从德意志撤退，并且拆毁敦刻尔克的防御工事，撤除在印度的贸易站，以及在圣皮埃尔和密克隆驻防的军队。1763年2月15日，普鲁士王国和奥地利公国在胡贝图斯堡议和，七年战争结束。

尽管《巴黎和约》让大不列颠王国声望大增，但大不列颠王国在《巴黎和约》中的收获仍然没有满足国民的期望。大不列颠国民期待保留菲律宾的马尼拉以及马提尼克岛、瓜达卢佩岛和戈雷岛。此外，他们还希望法兰西王国放弃在纽芬兰的捕鱼权。虽然法兰西王国同意只将

《巴黎和约》签订现场

圣皮埃尔和密克隆岛当作渔港，但法兰西的水手们仍不断侵扰纽芬兰海岸。直到19世纪末，纽芬兰仍然问题不断。归还1749年时归法兰西所有的本地治里和法兰西贸易站也是一个错误。在所有内阁成员中，只有乔治·格伦维尔试图阻止比特伯爵约翰·斯图尔特的愚蠢政策，但比特伯爵约翰·斯图尔特对哈瓦那和马尼拉的巨大价值一无所知。与《乌得勒支和约》一样，《巴黎和约》也是出于某个政党的迫切需要和首相的政治需求匆匆签订的。《巴黎和约》中的一系列条约"无一不低于大不列颠王国的合理预期"。比特伯爵约翰·斯图尔特曾就大不列颠王国是否应该放弃瓜达卢佩岛和加拿大发表论述。由此，我们可见他在处理《巴黎和约》问题时的轻率无知。虽然比特伯爵约翰·斯图尔特对大不列颠王国已经征服领土的价值一无所知，并且急于在初步协议上签字，但大不列颠王国还是将加拿大和西印度群岛的几座岛屿收入囊中，成为印度的霸主。

《巴黎和约》签订后巴黎路易十五广场上盛大的庆祝活动

自1689年起，大不列颠王国一直与法兰西波旁王朝明争暗斗。《巴黎和约》标志着大不列颠王国取得了胜利，战胜了1702年起法兰西王国和西班牙王国波旁家族的联合势力。1702年到1713年的西班牙王位继承战争、1718年到1721年及1727年大不列颠王国与西班牙王国的战争、1741年到1748年的奥地利王位继承战争、1756年到1763年的七年战争都是这场争斗的组成部分。西班牙王国试图重新夺回直布罗陀，禁止大不列颠商人在南美洲开展贸易活动，并且希望联合法兰西王国，削弱大不列颠王国在西印度群岛的势力。法兰西王国希望保住自己在印度的霸主地位，并且在法属加拿大和路易斯安那殖民地之间建一连串堡垒，将大不列颠王国在北美的殖民者困在北美东海岸。

大不列颠王国成功挫败了波旁王朝的计划，建立了稳固的大不列颠帝国。在很大程度上，这一成果要归功于查塔姆伯爵威廉·皮特。休·爱德华·埃杰顿写道："几乎可以肯定的是，如果没有查塔姆伯爵威廉·皮特带来的新精神，至少在当时，在与大不列颠王国争夺北美霸权的斗争中，法兰西王国会取得成功。"[①]就像约翰·卫斯理在宗教问题方面激发了新精神一样，查塔姆伯爵威廉·皮特也向政治生活注入了自己的无私和忠诚。政治腐败极难根除，但查塔姆伯爵威廉·皮特的正直廉洁与霍兰勋爵亨利·福克斯在乔治二世后期及乔治三世早期表现出的寡廉鲜耻形成了鲜明对比。有人说，查塔姆伯爵威廉·皮特"给政治带来了灵感"。毫无疑问，他对议会的影响逐渐提升了议会的格局。他对战争的指挥使议会各党派团结起来，激起了全国人民的热情。他组建了高地步兵团，集结了民兵，迅速壮大大不列颠的陆军和海军。查塔姆伯爵威廉·皮特全力推动战争的决心决定了七年战争的成败。他任命的爱德华·霍克男爵、不伦瑞克公爵查理·威廉·斐迪南、詹姆斯·沃尔

---

① 休·爱德华·埃杰顿：《英国殖民政策简史》，伦敦，梅休因公司，1897年，第165页。——原注

夫、杰弗里·阿默斯特男爵、理查德·豪伯爵和其他人都证明了他对人性的了解。他对腓特烈大帝的支持极具政治远见。他的爱国情怀得到普遍的认可。被封为贵族前，他一直是公众崇拜的对象，正是这种崇拜将他推上了崇高的地位。

查塔姆伯爵威廉·皮特虽然经常行事独断，在军事行动，尤其是海军行动中由于误断犯了一些错误，但充分认识到与法兰西王国在海上争霸的重要性，这体现在大不列颠王国在北美和印度的争霸战中。他意识到，必须同时在殖民地和海上展开争斗。此外，他还认识到让法兰西王国卷入欧洲大陆斗争的重要性，利用欧洲大陆的战争可以分散法兰西王国的兵力，并且将大不列颠王国的资源集中到建立海洋帝国方面。查塔姆伯爵威廉·皮特树立的榜样体现了大不列颠国民最优秀的品质。安妮女王驾崩后，大不列颠人民首次真正振作起来。虽然查塔姆伯爵威廉·皮特下台了，并且比特伯爵约翰·斯图尔特犯下了愚蠢的错误，但七年战争结束时，大不列颠王国还是建立起稳固的帝国，确立了无可置疑的海上霸权。

弗雷德里克·哈里森先生在《查塔姆伯爵威廉·皮特传》中强调：

> 如果腓特烈大帝在七年战争中被击溃，那么中欧就会成为俄罗斯帝国、奥地利公国和法兰西王国的猎物。腓特烈大帝很清楚自己欠查塔姆伯爵威廉·皮特什么。正如普鲁士国王腓特烈大帝写的，查塔姆伯爵威廉·皮特是英格兰最锋利的剑。如果弗朗索瓦·约瑟夫·迪普莱能扩张和巩固他在马德拉斯即将实现的帝国，那么印度的宗主国将是法兰西王国，而不是大不列颠王国。如果路易-约瑟夫·德·蒙特卡姆成功将圣劳伦斯河、五大湖和密西西比河流域控制在法兰西王国手中，那么北美的宗主国将是法兰西王国，而不是大不列颠王国。如果这样，那么今天世界的格局将会多么不同啊！1755年，这三个假

设远非不可能实现。但到1761年，这三个假设完全不可能实现了。[1]

此后多年，查塔姆伯爵威廉·皮特的辞职对大不列颠王国的国内外政策产生了灾难性影响。大不列颠王国永久脱离了与普鲁士王国的联盟，被欧洲各国孤立。在国内，击败辉格党后，乔治三世有望实现自己的目标，建立一套"个人统治体系，所有行政人员都必须通过国王相互联系"。

然而，直到1770年，乔治三世才成为弗雷德里克·诺斯勋爵内阁的首脑。弗雷德里克·诺斯勋爵愿意执行乔治三世的君主政策。1763年到1770年，乔治三世与辉格党的不同派别经历了一系列斗争。

本章大事年表

1760 年　乔治三世即位（10 月 25 日）
　　　　腓特烈大帝赢得托尔高战役胜利（11 月）
　　　　大不列颠王国控制加拿大
1761 年　大不列颠王国独霸印度
　　　　法兰西王国和西班牙王国签订《第三次家族盟约》（8 月）
　　　　查塔姆伯爵威廉·皮特辞职（10 月）

---

[1]　弗雷德里克·哈里森：《十二位英国政治家》中查塔姆伯爵威廉·皮特的章节，伦敦，麦克米伦出版社，1889年，第83页。——原注。

比特伯爵约翰·斯图尔特成为首相

腓特烈大帝陷入绝境

1762 年　大不列颠王国对西班牙王国宣战（1 月）

大不列颠占领马提尼克岛、汉诺威和马尼拉

沙皇伊丽莎白驾崩，彼得三世即位（1 月），腓特烈大帝获救

比特伯爵约翰·斯图尔特停止向腓特烈大帝提供补贴（4 月）

腓特烈大帝和彼得三世议和

彼得三世被废，叶卡捷琳娜大帝即位（7 月）

大不列颠王国签署《巴黎和约》初步协议（11 月）

1763 年　大不列颠王国、法兰西王国和西班牙王国签署《巴黎和约》

普鲁士王国与奥地利公国签署《胡贝图斯堡和约》（2 月 10 日）

第 2 章

乔治三世和辉格党

（1763—1770）

反对《巴黎和约》的议员在议会中落败。消息传来，王太后萨克森-哥达的奥古斯塔大喊："我的儿子终于是英格兰国王了！"乔治三世的胜利取决于几个条件。第一，乔治三世即位后只参与了第一次内阁会议。随后，他没有再出席内阁会议，这等于间接承认了大臣们的独立性。第

萨克森－哥达的奥古斯塔

二，1761年，乔治三世让议会决定世袭国王的收入。作为回报，他获得每年八十万英镑的固定收入。[1]第三，比特伯爵约翰·斯图尔特的政府很快变得不受欢迎。1762年11月25日，在前往议会的路上，比特伯爵约翰·斯图尔特遭到暴徒袭击。人们厌恶比特伯爵约翰·斯图尔特，不仅因为他推翻了查塔姆伯爵威廉·皮特的政府，还因为他是苏格兰人。此时，英格兰人对苏格兰的敌意还没有消除。另外，比特伯爵约翰·斯图尔特还签署了一项不受欢迎的和平协议。大不列颠财政大臣弗朗西斯·达什伍德提议征收苹果酒税，这引发了伦敦人和生产苹果酒的各郡

弗朗西斯·达什伍德

---

① 威廉·亨特：《1760年到1801年英格兰政治史》，第13页。——原注

约翰·威尔克斯

人士广泛的愤慨。暴乱爆发后，查塔姆伯爵威廉·皮特和《北大不列颠人》的编辑约翰·威尔克斯强烈抨击这项税收。虽然这项税成为法律，但1763年4月7日，比特伯爵约翰·斯图尔特和弗朗西斯·达什伍德被迫辞职。显然，比特伯爵约翰·斯图尔特在议会内外不受欢迎，他的留任将使乔治三世不得人心。实际上，比特伯爵约翰·斯图尔特的健康状况也不允许他留任。他将由于签署《巴黎和约》和打破自1715年起一直统治大不列颠王国的辉格党寡头政治而闻名后世。此外，他还为"国王之友"的组织建设奠定了基础。此时，钻营仕途的人知道，政府官员的年金和职位只能靠王室恩惠才能获得。

虽然比特伯爵约翰·斯图尔特已经退休，但在乔治三世的批准下，他将继续指导继任者乔治·格伦维尔的政策，因为他们认为乔治·格伦维尔会言听计从。在新内阁中，乔治·格伦维尔担任财政大臣，并且接替贝德福德公爵约翰·拉塞尔担任枢密院大臣。此外，内阁没有任何重要变动，埃格雷蒙特伯爵查尔斯·温德姆和哈利法克斯伯爵乔治·蒙塔古-邓克仍然担任国务大臣。谢尔本伯爵威廉·佩蒂留任贸易委员会主席。比特伯爵约翰·斯图尔特希望谢尔本伯爵威廉·佩蒂能接替哈利法克斯伯爵乔治·蒙塔古-邓克的职务。但在这一点上，乔治·格伦维尔拒绝让步。亨利·福克斯受封为霍兰勋爵，直到1765年离职，他一直担

哈利法克斯伯爵乔治·蒙塔古－邓克

谢尔本伯爵威廉·佩蒂

任军队主计长一职。1774年，霍兰勋爵亨利·福克斯去世，留下两个儿子。其中一子是查尔斯·詹姆斯·福克斯，在政界声望很高。

皮特和格伦维尔家族

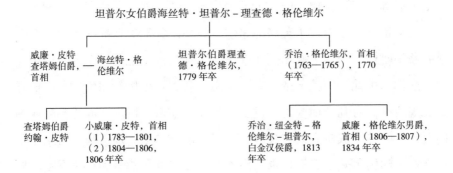

坦普尔女伯爵海丝特·坦普尔–理查德·格伦维尔

威廉·皮特
查塔姆伯爵，
首相

海丝特·格
伦维尔

坦普尔伯爵理查
德·格伦维尔，
1779年卒

乔治·格伦维尔，首相
（1763—1765），1770
年卒

查塔姆伯爵
约翰·皮特

小威廉·皮特，首相
（1）1783—1801，
（2）1804—1806，
1806年卒

乔治·纽金特–格
伦维尔–坦普尔，
白金汉侯爵，1813
年卒

威廉·格伦维尔男爵，
首相（1806—1807），
1834年卒

由比特伯爵约翰·斯图尔特组建、乔治·格伦维尔领导的新内阁执政乏善可陈。乔治·格伦维尔来自一个实干型家族，其家族成员的虚荣心和排他性都很强，这使这个家族毫无魅力。乔治·格伦维尔对议会事务了如指掌，工作勤奋，热心公务。他循规蹈矩，迂腐老套。他的内阁因两件事而闻名，即对约翰·威尔克斯的攻击和通过《印花税法案》。

约翰·威尔克斯是艾尔斯伯里的代表议员，聪明但无所顾忌，放荡不羁。1762年，受坦普尔伯爵理查德·格伦维尔赞助，约翰·威尔克斯创办《北大不列颠人》并担任编辑。他刊文攻击比特伯爵约翰·斯图尔特和政府。1763年4月23日，《北大不列颠人》发行第四十五期，严厉批评了乔治三世对《巴黎和约》的表彰演讲。乔治三世勃然大怒，坚决要求起诉约翰·威尔克斯。于是，哈利法克斯伯爵乔治·蒙塔古-邓克签发空白搜查令，命令逮捕所有涉案人员，即作者、印刷商和出版商。1763年4月30日，根据空白搜查令，共五十人遭到逮捕，包括约翰·威尔克斯，以及相关出版商、印刷商和工人。约翰·威尔克斯被关进伦敦塔，所有报纸都被没收。根据法律规定，逮捕议员的罪名只能是叛国罪、重罪或者破坏和平罪。1763年5月6日，公诉法庭首席法官卡姆登伯爵查尔斯·普拉特在民诉法院释放了约翰·威尔克斯。不久，卡姆登伯爵查尔斯·普拉特宣布空白搜查令及以诽谤罪搜查和带走报纸非法。接下来，约翰·威尔克斯起诉埃格雷蒙特伯爵查尔斯·温德姆、哈利法克斯伯爵乔治·蒙塔古-邓克和副国务大臣伍德。这场诉讼推迟了六年，约翰·威尔克斯从伍德处获得一千英镑的赔偿。另外，其他被逮捕的人也提起诉讼并获得赔偿。约翰·威尔克斯取得巨大胜利，这证明了个人自由主义的合法性。由此，约翰·威尔克斯成为一名大众英雄。在伦敦，人们开始敌视政府，有几个地区甚至发生了骚乱。乔治三世立即着手补救内阁的弱点。约翰·威尔克斯被赶出民兵团，坦普尔伯爵理查德·格伦维尔曾支持过约翰·威尔克斯，也曾因约翰·威尔克斯的事和弟弟乔治·格

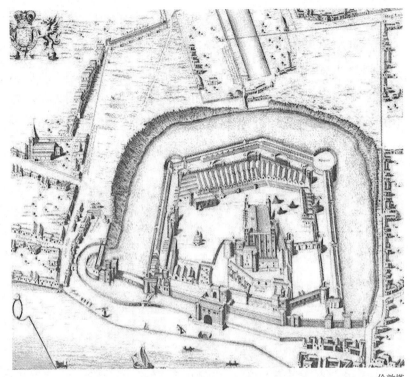

伦敦塔

伦维尔争吵。于是，乔治三世下令革除塔普尔伯爵理查德·格伦维尔在白金汉郡的督察中尉一职①。

　　1763年8月20日，国务大臣埃格雷蒙特伯爵查尔斯·温德姆突然去世，这为乔治三世提供了一个加强现任内阁或者成立新内阁的机会。1763年8月27日，乔治三世与查塔姆伯爵威廉·皮特面谈。查塔姆伯爵威廉·皮特准备成立一个强有力的内阁，以确保大不列颠王国对海洋的控制，并且保护大不列颠的殖民地。然而，查塔姆伯爵威廉·皮特下定决心，他任职的条件是必须吸收"支持革命政府的著名家族的成员，以及

---

① 督察中尉是大不列颠君主在大不列颠各郡的个人代表。历史上，每个督察中尉都负责组织该郡的民兵。——译者注

其他杰出人物，内阁成员的能力和忠诚经得住公众的考验"。这个条件令国王乔治三世和比特伯爵约翰·斯图尔特警觉起来，他们谁都不希望再看到一个辉格党政府。最终，组阁谈判破裂。乔治三世转而吸收贝德福德公爵约翰·拉塞尔及其拥趸加入内阁。因此，内阁力量增强，并且执政到1765年。此时，贝德福德公爵约翰·拉塞尔被认为是政府首脑，担任枢密院大臣。桑威奇伯爵约翰·蒙塔古任北方事务大臣，唐希尔侯

桑威奇伯爵约翰·蒙塔古

爵威尔斯·希尔接替谢尔本伯爵威廉·佩蒂担任贸易委员会主席。谢尔本伯爵威廉·佩蒂和格拉夫顿公爵奥古斯塔斯·菲茨罗伊都依附于查塔姆伯爵威廉·皮特。他们深信，没有查塔姆伯爵威廉·皮特的领导，内阁不会高效运转。贝德福德公爵约翰·拉塞尔和乔治·格伦维尔都对比特伯爵约翰·斯图尔特表现出极大的敌意。比特伯爵约翰·斯图尔特对乔治三世的影响就此结束。

通过吸收贝德福德公爵约翰·拉塞尔的拥趸——有时被称为"布卢姆茨伯里帮派"，乔治·格伦维尔的内阁实力大增。然而，乔治·格伦维尔的内阁仍然不可避免地采取了一个不利于约翰·威尔克斯的措施。约翰·威尔克斯事件的唯一结果是，人们明显看到，下议院议员在很大程度上是由乔治三世和贵族提名产生的，并不能代表整个大不列颠。

1763年11月15日，议会开会，政府在两院攻击约翰·威尔克斯。在上议院，约翰·威尔克斯曾经的知心朋友桑威奇伯爵约翰·蒙塔古和威廉·沃伯顿主教一致攻击一篇戏仿亚历山大·蒲柏《人论》的文章，约翰·威尔克斯是这篇文章公认的作者。上议院贵族认为这种戏仿是对议会特权的挑衅，是一种煽动性的诽谤。在下议院，《北大不列颠人》第四十五期的内容被认为是造谣和煽动性的诽谤，两院一致宣布议会特权不包括煽动性诽谤。与此同时，约翰·威尔克斯在与前任财政部首席秘书塞缪尔·马丁的决斗中受了重伤。一系列事件引发了1763年12月3日——下议院规定的焚烧第四十五期《北大不列颠人》的日子——的民众爆发游行。民众支持约翰·威尔克斯，反对比特伯爵约翰·斯图尔特和王太后萨克森-哥达的奥古斯塔，认为这两人仍然对乔治三世有一定影响力。为避免进一步遭受攻击，约翰·威尔克斯前往巴黎。1764年1月19日，由于不能或者不愿出席下议院的发言资格审查[①]，约翰·威尔克斯被

① 发言资格审查，在大多数普通法辖区，发言资格审查是一种法律术语，即个人在代表自己或者他人在法庭辩论前必须经过发言资格审查。——译者注

唐希尔侯爵威尔斯·希尔

格拉夫顿公爵奥古斯塔斯·菲茨罗伊

亚历山大·蒲柏

塞缪尔·马丁

逐出下议院。在国王法庭，约翰·威尔克斯由于重印和出版《北大不列颠人》第四十五期被进一步定罪，尽管他本人不在场。

乔治·格伦维尔的内阁虽然表面上获得胜利，但相关程序做得极其不明智，使议会和人民产生冲突。辉格党人亨利·西摩·康韦以大胆鲁莽著称，托利党人艾萨克·巴雷上校的脸上还挂着一颗法兰西子弹。在关于约翰·威尔克斯事件的辩论中，他们都站在了政府的对立面。于

亨利·西摩·康韦

艾萨克·巴雷

是，乔治三世剥夺了他们的指挥权。因此，乔治三世与乔治·格伦维尔一同侵犯了议员言论自由的特权。但当时，议会完全受王室和大贵族的影响，即使有人注意到议会通过的决议，也没人对乔治三世的行为提出抗议。

政府和人民发生冲突后，乔治·格伦维尔接着将大不列颠王国及其北美殖民地推向战争的边缘。这些殖民地共十三块，占据一大片毗邻大西洋的区域。该区域北部是新英格兰地区，包括新罕布什尔、马萨诸塞、康涅狄格和罗得岛。这四块殖民地的人民生活富裕，并且受过良好教育，擅长辩论，热爱民主。中部是纽约、新泽西、宾夕法尼亚和特拉华，当地的殖民者更关心赚钱而不是政治。南部包括马里兰、弗吉尼亚、南卡罗来纳、北卡罗来纳和佐治亚，当时存在奴隶制，富裕和贫穷并存。这些殖民地在政府形式、宗教信仰、政治体制和产业倾向方面各

帕特里克·亨利

不相同。加尔文主义影响着北部殖民者，但在弗吉尼亚及其他南部的殖民地，英格兰教会蓬勃发展，并且仍然保留贵族和骑士传统。然而，在弗吉尼亚殖民地，仍有一部分人有着不同的特质，即以帕特里克·亨利[1]为代表的"不求上进的冒险家特质"。

　　虽然政府普遍认为殖民地的存在只是为了促进宗主国的利益，并且采用了旨在保护垄断与殖民地贸易的"商业理论"，但大不列颠王国的殖民政策即使不算宽大，也算十分温和。诚然，根据《航海法》[2]，以及

---

[1]　帕特里克·亨利（Patrick Henry，1736—1799），美国律师、种植园主和演说家。他在1775年签署的《第二次弗吉尼亚公约》上发表著名的宣言："不自由，毋宁死！"他是美国独立后弗吉尼亚州首任州长。——译者注
[2]　即奥利弗·克伦威尔主要针对荷兰通过的法案。——原注

17世纪和18世纪通过的其他法案，如《列举法》和关于制造业的法律，殖民地贸易受到许多限制。其中最重要的烟草出口禁令和1733年颁布的《糖蜜法案》对从其他国家种植园进口糖、朗姆酒和糖蜜征收关税。但新英格兰或者北部殖民地与法属西印度群岛的贸易繁荣，并且交易额巨大，新英格兰的殖民者从西印度群岛进口糖蜜，然后做成朗姆酒。因此，《糖蜜法案》的实施将为新英格兰殖民者带来灾难性影响，但《糖蜜法案》并没有真正执行。实际上，海关官员纵容走私，贸易照常进行，烟草可以自由出口，蜜糖也可以自由进口[1]。乔治三世即位前，上述情况很好地说明了大不列颠及其殖民地的商业关系。虽然"政府并不以殖民地的福祉为主要目标"，但政府的立法并没有对殖民地造成伤害，任何严厉的法规都可通过走私逃避。在《学生版美国史》一书中，钱宁教授写道："很难说这种制度对殖民者不利。"[2]换句话说，大不列颠的政策不但没有给殖民地造成经济损害，反而对殖民地有益。总体来说，殖民地可以从英格兰获得欧洲商品。[3]没有证据显示商业限制让大不列颠属北美殖民地为了自身利益寻求机会摆脱大不列颠的统治。"可以说，绝大多数支持商业利益的人和大不列颠属北美殖民地的资本家都反对与大不列颠开战。"[4]大不列颠政府为控制贸易的立法并没有引起任何严重的恶意批评或者敌对行动。

此外，在乔治一世和乔治二世统治时期，一些知名作家认为，大不列颠对殖民地工商业施加限制造成的困难"足以引起摩擦和不满"，

---

[1] 威廉·詹姆斯·阿什利：《历史与经济调查》，伦敦，朗文·格林出版社，1900年，第330页到第331页。——原注

[2] 威廉·詹姆斯·阿什利：《历史与经济调查》，伦敦，朗文·格林出版社，1900年，第335页。——原注

[3] 威廉·詹姆斯·阿什利：《历史与经济调查》，伦敦，朗文·格林出版社，1900年，第311页到第338页。——原注

[4] 威廉·詹姆斯·阿什利：《历史与经济调查》，伦敦，朗文·格林出版社，1900年，第334页。——原注

"这些商业限制会产生一种压迫感和逃避的习惯"[①]。无论如何，乔治三世即位前，马萨诸塞殖民地和弗吉尼亚殖民地已经提出自主征税的主张，并且有迹象表明，征税问题会导致北美殖民地和宗主国大不列颠王国的冲突。

汉诺威王朝统治初期，大不列颠王国的商业立法旨在保持殖民地居民对宗主国的忠诚。加上军事和政治方面的原因，大不列颠属北美殖民地的居民并没有表现出任何强烈的不满。然而，七年战争标志着大不列颠王国及其北美殖民地关系史的一个新纪元。七年战争表明北美殖民地联合的必要性。虽然在1754年，本杰明·富兰克林曾在奥尔巴尼尝试建

本杰明·富兰克林

---

① 《剑桥近代史》第七卷《美国卷》，第66页。——原注

立联邦，但各殖民地不但拒绝建立联邦，而且在大不列颠军队与法军和印第安人的军队作战时，许多殖民地并没有给予充分的援助。然而，新英格兰殖民者积极参与了相关军事行动，乔治·华盛顿在这些军事行动中表现突出。虽然联邦没有建立起来，但在七年战争期间，大不列颠属北美殖民地已经凝聚在一起。随着征服加拿大和1763年印第安酋长庞蒂亚克战败，十三块北美殖民地不再面临法兰西势力和印第安人的威胁，殖民地居民开始意识到扩大独立的可能性。

对大不列颠王国政府来说，七年战争造成了巨大的损失，许多人因此丧生。此外，虽然发动七年战争是为了获得殖民利益，但"新英格兰

印第安酋长庞蒂亚克

和纽约的船主继续与法兰西王国在西印度定居点开展贸易，并且为法兰西王国和西班牙王国提供海军物资，如木材、桅杆、焦油等"[①]，他们用这些物资换取蔗糖、糖蜜和朗姆酒。这种卖国的欺骗手段延长了战争时间，使法兰西王国和西班牙王国能装备自己的巡洋舰和私掠船，从而损害了大不列颠的商业利益。虽然征服加拿大和获取佛罗里达让大不列颠殖民者免除所有来自法兰西王国和西班牙王国的直接威胁，但这绝不意味着法兰西王国不会随时伺机夺回丧失的殖民地。另外，印第安人的武装仍然对边远定居点构成严重威胁。如果不是大不列颠军队，以庞蒂亚克为首的印第安部落联盟就会攻陷宾夕法尼亚、弗吉尼亚和马里兰。由于北美殖民地逃避《贸易法案》，再加上其防御力量不足，乔治·格伦维尔认为，大不列颠王国政府应该制定政策遏制走私，执行《贸易法案》，并且向北美殖民地征税以支付大不列颠军队在北美的开支。北美殖民地应该向保卫自己的军队支付相关费用，这似乎再合理不过了。

在决定采取这项政策时，乔治·格伦维尔忽略了一个事实，即征服加拿大可能会打破北美殖民地与大不列颠王国之间的僵局。他没有意识到许多容易引起反感的事实。1761年，查特姆伯爵威廉·皮特提出"协助令"，要求税务官员检查马萨诸塞殖民地居民的走私活动。对此，殖民地律师小詹姆斯·奥蒂斯[②]表示抗议，但抗议没有成功。对于大不列颠王国政府打算在新英格兰殖民地建立英格兰国教会的谣言，乔治·格伦维尔没有意识到反对的力量有多大。北美殖民地虽然普遍没有分离的愿望，但与宗主国保持联系的意愿也不强烈。如塞缪尔·亚当斯及其亲

---

① 詹姆斯·诺克斯·劳顿：《国家评论》，1904年3月，第67页。——原注
② 小詹姆斯·奥蒂斯（James Otis Jr, 1725—1783），波士顿的一名律师、政治活动家和作家。他是马萨诸塞州议会议员，积极倡导北美殖民地反对大不列颠王国的政策。他的名言"无代表征税就是暴政"，成为北美殖民地革命者的基本立场。——译者注

小詹姆斯·奥蒂斯

塞缪尔·亚当斯

戚约翰·亚当斯，以及波士顿的一些人，即使不打算支持革命，也至少准备表明殖民地自治的决心。北美殖民地的地理位置及其与大不列颠王国的距离，注定会导致彼此分离。这一趋势因乔治·格伦维尔的政策加剧。乔治·格伦维尔的政策还产生了一个效果，即将因性格、行为习惯、宗教和利益的不同而相互离心的殖民地人民凝聚在一起。有人说，"北美殖民地之间比水火更不相容"。然而，乔治·格伦维尔、查尔斯·汤森和弗雷德里克·诺斯勋爵采取的措施使大不列颠王国的十三块

约翰·亚当斯

韦尔热纳伯爵夏尔·格拉维耶

北美殖民地联合起来反对大不列颠王国。这还证实了1763年法兰西首席大臣韦尔热纳伯爵夏尔·格拉维耶的著名预言，即"英格兰很快会后悔征服了加拿大，其北美殖民地将不再需要它的保护。大不列颠王国政府呼吁其北美殖民地帮助自己分担殖民地带来的负担，但殖民地将通过摆脱对宗主国的一切依赖回应大不列颠王国政府的要求"。

　　向殖民地征税的想法并不新鲜。据说，罗伯特·沃波尔拒绝过一项针对殖民地的税收计划。直到1764年，乔治·格伦维尔已经采取积极行动禁止北美殖民地的走私行为。他宣布，为维持一支常备军以保护北美殖民地免受外国及印第安对手的伤害，他计划从1765年开始向北美殖民地征收印花税。1765年3月22日，著名的《印花税法案》要求所有文件必须加盖印花才具有法律效力。1765年2月，《印花税法案》在大不列颠议会两院通过，并且得到乔治三世的批准。1765年11月1日，《印花税法案》生效。《印花税法案》的通过立即在大不列颠属北美殖民地引发骚乱。在议员帕特里克·亨利的鼓动下，弗吉尼亚殖民地议会否认宗主国对其殖民地有征税的权利。1765年11月，在马萨诸塞殖民地的鼓动下，九个殖民地派代表到纽约的议会抗议《印花税法案》。殖民地人民普遍拒绝使用带有印花的文件。征收印花税的"本意是合理的，实施的措施是公平的，并且本身是可接受的"，但导致《印花税法案》出台的政策与大不列颠的政治战略不符。在推行该政策时，乔治·格伦维尔没有考虑北美殖民地方面的意见，也没有考虑当时的实际情况。

乔治·格伦维尔缺乏政治远见，坚持法律权利，这为大不列颠王国带来灾难性后果。他无法辨别北美殖民地走私和大不列颠王国走私的区别，他的镇压措施严重打击了北美殖民地的贸易。此外，他没有意识到北美殖民地内部反对征税的势力。于是，《印花税法案》引发了纷争，最终导致美国独立战争的爆发。

虽然乔治·格伦维尔的政策是短视的，但当时许多人主张对北美殖民地征税。威廉·爱德华·哈特波尔·莱基写道："不要忘记，征收的印花税都是明文规定要用于北美殖民地的防御。乔治·格伦维尔希望的是，北美殖民地应该负担一部分自己的防御费用，就像我们的殖民地现在做的一样。他之所以诉诸印花税，是因为他已经没有任何别的办法筹集这笔费用。"

然而，《印花税法案》生效前，乔治·格伦维尔的内阁已经倒台。乔治三世受够了乔治·格伦维尔，因为乔治·格伦维尔不但表现出独断行事的意图，还利用一切机会没完没了地劝诫他。然而，乔治·格伦维尔内阁倒台的直接原因是对1765年《摄政法案》的处理。乔治三世即位

波士顿人阅读《印花税法案》

时，与已故第二代里士满公爵查尔斯·伦诺克斯①的女儿萨拉·伦诺克斯情投意合。然而，王太后萨克森-哥达的奥古斯塔和比特伯爵约翰·斯图尔特撮合了乔治三世和梅克伦堡-施特雷利茨的夏洛特公主的婚事。

萨拉·伦诺克斯

----

① 查尔斯·伦诺克斯（Charles Lennox，1701—1750），第二代里士满公爵，后文提到的里士满公爵查尔斯·伦诺克斯（1735—1806）是他的儿子第三代里士满公爵。——译者注

1761年9月8日，两人举行婚礼。1765年年初，乔治三世身患重病，有精神错乱的迹象。康复后，乔治三世希望《摄政法案》能够通过，以便赋予他提名摄政者的权力。然而，大臣们说服他将摄政者选择的范围仅限于王后梅克伦堡-施特雷利茨的夏洛特和居住在英格兰的其他王室成员。由于担心摄政权落入王太后萨克森-哥达的奥古斯塔手中，从而导致另一个比特伯爵约翰·斯图尔特内阁的出现，哈利法克斯伯爵乔治·蒙塔古-邓克和桑威奇伯爵约翰·蒙塔古说服乔治三世批准在提交给上议院的提案中特别剔除王太后萨克森-哥达的奥古斯塔的名字。毫无疑问，贝德福德公爵约翰·拉塞尔对此知情。因此，上议院接受除去王太后萨克森-哥达的奥古斯塔名字的提案。但乔治三世发现，在下议院对这件事的看法上，哈利法克斯伯爵乔治·蒙塔古-邓克和桑威奇伯爵约翰·蒙塔古欺骗了他。此外，乔治·格伦维尔也拒绝在提案上加上王太后萨克森-哥达的奥古斯塔的名字。不过，下议院以一百六十七票比三十七票要求加上王太后萨克森-哥达的奥古斯塔的名字。于是，上议院接受了修正案，《摄政法案》生效。大臣们的行为令乔治三世十分愤怒，他要求叔叔坎伯兰公爵威廉王子帮助他组建一个新内阁。坎伯兰公爵威廉王子是辉格党人，十分崇拜查塔姆伯爵威廉·皮特。此时，查塔姆伯爵威廉·皮特正在海斯过退休生活。1765年，威廉·平森将自己在萨默塞特郡的伯顿平森价值三千英镑的地产赠给查塔姆伯爵威廉·皮特。1765年5月和1765年6月，查塔姆伯爵威廉·皮特收到两份组阁邀请。然而，除非坦普尔伯爵理查德·格伦维尔加入内阁，否则查塔姆伯爵威廉·皮特拒绝入阁任职。但坦普尔伯爵理查德·格伦维尔"展望前景，觉得格伦维尔家族应主导内阁"[1]，便拒绝加入内阁。查塔姆伯爵威廉·皮特想组建一个强大的内阁，撤销乔治·格伦维尔内阁的违宪措施，废除苹果酒税，采取不

---

① 威廉·雷内尔·安森：《第三代格拉夫顿公爵奥古斯塔斯·菲茨罗伊的自传与政治书信集》，伦敦，约翰·默里出版社，1898年，第22页。——原注。

同的针对北美殖民地的税收政策，并且结成一个对抗波旁王朝的联盟，但此时，他不得不放弃所有的希望。

在绝望中，坎伯兰公爵威廉王子和乔治三世不得不求助于罗金厄姆侯爵查尔斯·沃森·温特沃斯领导的辉格党。1765年7月10日，罗金厄姆侯爵查尔斯·沃森·温特沃斯组阁。

乔治·格伦维尔的内阁几乎毫无建树。1765年乔治三世购买阿索尔家族在曼岛的所有权①，乔治·格伦维尔政府虽然声称执行节约政策，但没有采取任何明智措施。此外，乔治·格兰维尔政府完全忽视海军建设。与此同时，法兰西首席国务大臣塞萨尔·加布里埃尔·德·舒瓦瑟尔正全力以赴组建法兰西海军，以期挽回在七年战争中遭受的损失。西班牙王国也与法兰西王国组建紧密联盟，随时准备与大不列颠王国重新开战。乔治·格伦维尔的内阁对约翰·威尔克斯的攻击是非法的，也很不明智。因此，这届内阁失去民心是理所当然的。虽然《印花税法案》的责任应由议会和各党派的政治家分担，但乔治·格伦维尔狭隘的法律思想和政治短视使大不列颠王国最终丧失了在北美的十三块殖民地。

罗金厄姆侯爵查尔斯·沃森·温特沃斯开始领导内阁。他接替纽卡斯尔公爵托马斯·佩勒姆-霍尔斯成为老辉格党领袖，并且主张下议院拥有最高权力。罗金厄姆侯爵查尔斯·沃森·温特沃斯领导的辉格党品行廉洁。在乔治三世统治初期，他们抵挡住了霍兰勋爵亨利·福克斯的腐败。罗金厄姆侯爵查尔斯·沃森·温特沃斯并非政治家，但为人诚实，责任心强。先前乔治三世为对抗辉格党采取征兵政策时，罗金厄姆侯爵查尔斯·沃森·温特沃斯和纽卡斯尔公爵托马斯·佩勒姆-霍利斯及

① 曼岛是大不列颠和爱尔兰之间的自治岛屿。1765年前，曼岛归阿索尔家族所有。1765年，阿索尔女公爵夏洛特·默里以七万英镑的价格和每年两千英镑的年金，分别相当于现在的五十二万三千五百英镑和十五万英镑，将曼岛的宗主权卖给大不列颠王国政府。1828年，阿索尔公爵约翰·默里将岛上的所有剩余产业和权利以四十一万七千一百四十四英镑的价格，相当于2018年的三千五百零九万三千三百一十九英镑，出售给英国政府。——译者注

德文公爵威廉·卡文迪什一起，失去了督察中尉一职。罗金厄姆侯爵查尔斯·沃森·温特沃斯的两名国务大臣是领导下议院的亨利·西摩·康韦和格拉夫顿公爵奥古斯塔斯·菲茨罗伊。威廉·多德斯韦尔任财政大臣，诺辛顿伯爵罗伯特·亨利任大法官，纽卡斯尔公爵托马斯·佩勒姆-霍利斯任掌玺大臣，威廉·巴灵顿子爵任陆军大臣，埃格雷蒙特伯爵查尔斯·温德姆任海军大臣，查尔斯·汤森接替臭名昭著的霍兰勋爵亨利·福克斯成为军队主计长。

诺辛顿伯爵罗伯特·亨利

罗金厄姆侯爵查尔斯·沃森·温特沃斯的内阁并不强大，但因埃德蒙·伯克留名。1765年，埃德蒙·伯克获得罗金厄姆侯爵查尔斯·沃森·温特沃斯的支持，首次进入议会。他的雄辩为一个主要由平庸之辈组成的内阁增色不少。在议会中，埃德蒙·伯克推崇老辉格党，质疑查塔姆伯爵威廉·皮特的大众倾向，不希望改革议会。埃德蒙·伯克对党派政治有着坚定的信仰，反对和畏惧一切革命运动。他是辉格党的宗旨最杰出的倡导者，对罗金厄姆侯爵查尔斯·沃森·温特沃斯影响很深。1782年，罗金厄姆侯爵查尔斯·沃森·温特沃斯去世后，查尔斯·詹姆斯·福克斯继续领导辉格党，但埃德蒙·伯克仍然持续影响辉格党。埃德蒙·伯克在关键时刻的建议对辉格党起了多大作用仍然存在争议。1766年的《宣告法案》进一步让查塔姆伯爵威廉·皮特远离辉格党。1783年，查尔斯·詹姆斯·福克斯和弗雷德里克·诺斯勋爵的政治联盟是一个巨大的错误。1794年，辉格党分裂，大多数主要成员加入了托利党，并且使辉格党在1832年的《改革提案》通过前一直处于反对党的边缘位置。这些重大决定都得到埃德蒙·伯克的认可。1765年，他第一次开始在下议院施展雄辩才能。很快，他获得伴随一生的巨大声誉和影响力。

此时的政府远远说不上团结、强大。罗金厄姆侯爵查尔斯·沃森·温特沃斯和亨利·西摩·康韦都不是优秀的领导人，并不受乔治三世的信任。格拉夫顿公爵奥古斯塔斯·菲茨罗伊更关心猎狐而不是政治，并且深信没有查塔姆伯爵威廉·皮特的内阁不会长久。诺辛顿伯爵罗伯特·亨利和威廉·巴灵顿子爵都是乔治三世的忠实追随者。查尔斯·汤森认为罗金厄姆侯爵查尔斯·沃森·温特沃斯的内阁是"只适合夏天穿的羽纱"。在一年的时间里，罗金厄姆侯爵查尔斯·沃森·温特沃斯的内阁在扭转乔治·格伦维尔政府设立的不良法案方面表现极佳。苹果酒税被废除了，空白搜查令被宣布为非法。此时，首席大法官查尔斯·普拉特受封为卡姆登伯爵。此外，罗金厄姆侯爵查尔斯·沃森·温特沃斯政府与俄罗斯帝国签订了一项商业条约。在乔治·格伦维尔领导内阁期间，禁止外国制造的丝绸进入大不列颠的法案被废除。此时，该法案重新恢复，斯皮塔菲尔德的织工们停止了抱怨。政府实施的治疗性措施完全符合查塔姆伯爵威廉·皮特的观点。查塔姆伯爵威廉·皮特还大力支持废除《印花税法案》，虽然废除该法案困难重重，并且乔治·格兰维尔表示强烈反对。

1766年1月14日，议会开幕。辩论结束后，内阁废除了《印花税法案》，通过了《宣告法案》，确认议会对北美征税的权利。由于殖民地人民的反抗，格伦维尔家族和贝德福德公爵约翰·拉塞尔在议会的势力，以及乔治二世的暧昧态度，内阁别无选择，只能通过《宣告法案》。如果没有《宣告法案》挽回议会的尊严，那么大臣们不可能废除《印花税法案》。《印花税法案》是一个错误，罗金厄姆侯爵查尔斯·沃森·温特沃斯的内阁将这项法案废除值得全国人民感激。《宣告法案》遭到查塔姆伯爵威廉·皮特、谢尔本伯爵威廉·佩蒂和卡姆登伯爵查尔斯·普拉特的反对。但毫无疑问，《宣告法案》为未来向北美殖民者征税打开了大门。然而，此时此刻，北美殖民地被罗金厄姆侯爵查尔斯·沃森·温特沃斯内阁的自由政策安抚下来了。

虽然政府采取了一系列明智措施，但其软弱程度有增无减。没有查塔姆伯爵威廉·皮特的支持，这届政府执政时间不会长久，这是一开始就能预见的。1765年10月31日，支持罗金厄姆侯爵查尔斯·沃森·温特沃斯内阁的坎伯兰公爵威廉王子去世，查塔姆伯爵威廉·皮特也一直拒绝加入内阁。

查塔姆伯爵威廉·皮特和纽卡斯尔公爵托马斯·佩勒姆-霍利斯的关系决裂了。查塔姆伯爵威廉·皮特坚信纽卡斯尔公爵托马斯·佩勒姆-霍利斯在内阁中仍然有重大影响力。实际上，查塔姆伯爵威廉·皮特不喜欢辉格党人之间的"关系"，他更希望建立一个包含所有能人的内阁，无论这些能人来自哪个政党，代表何方的政治关系。此外，他还受到坦普尔伯爵理查德·格伦维尔的不良影响。为阻止一个强大到足以抵消乔治三世及"国王之友"影响的内阁形成，坦普尔伯爵理查德·格伦维尔做了很多工作。虽然罗金厄姆侯爵查尔斯·沃森·温特沃斯希望查塔姆伯爵威廉·皮特加入自己的内阁，但查塔姆伯爵威廉·皮特想当领袖，并且备受格拉夫顿公爵奥古斯塔斯·菲茨罗伊的支持。因此，虽然查塔姆伯爵威廉·皮特和罗金厄姆侯爵查尔斯·沃森·温特沃斯在公共政策方面意见一致，但不幸的是，他们未能达成协议。最终，这导致查塔姆伯爵威廉·皮特努力建立的大不列颠帝国局部解体。1766年2月，查塔姆伯爵威廉·皮特最后一次拒绝加入内阁。罗金厄姆侯爵查尔斯·沃森·温特沃斯认为，即使没有查塔姆伯爵威廉·皮特，内阁的实力也足够强大。于是，他决定不再向查塔姆伯爵威廉·皮特求助。

1766年4月，确定罗金厄姆侯爵查尔斯·沃森·温特沃斯决心不再邀请查塔姆伯爵威廉·皮特加入内阁后，格拉夫顿公爵奥古斯塔斯·菲茨罗伊辞去国务大臣一职。该职务由第三代里士满公爵查尔斯·伦诺克斯接任。1766年7月，大法官、"国王之友"之一的诺辛顿伯爵罗伯特·亨利与同僚发生争执。他对乔治三世说，内阁太过疲弱，治理不了国家，并且坚决要求辞职。1766年7月9日，乔治三世通知罗金厄姆侯爵查尔斯·沃森·温特沃斯，表示自己不再需要罗金厄姆侯爵查尔斯·沃森·温特沃斯效力，老辉格党政府就此解体。

乔治三世立即召集查塔姆伯爵威廉·皮特组阁，成立一个由查塔姆伯爵威廉·皮特和罗金厄姆侯爵查尔斯·沃森·温特沃斯的追随者及"国王之友"组成的内阁。由于一直支持《印花税法案》，坦普尔伯爵理查德·格伦维尔拒绝加入内阁。罗金厄姆侯爵查尔斯·沃森·温特沃斯也拒绝见查塔姆伯爵威廉·皮特。在新一届内阁中，谢尔本伯爵威廉·佩蒂和亨利·西摩·康韦担任国务大臣，卡姆登伯爵查尔斯·普拉

第三代里士满公爵查尔斯·伦诺克斯

特任大法官，格拉夫顿公爵奥古斯塔斯·菲茨罗伊担任第一财政大臣，诺辛顿伯爵罗伯特·亨利任枢密院大臣，查尔斯·汤森任财政大臣。威廉·皮特决定以查塔姆伯爵的身份退到上议院，亨利·西摩·康韦和查尔斯·汤森的猜忌让这一届内阁从一开始就变得软弱无力。接受了贵族头衔后，查塔姆伯爵威廉·皮特在下议院失去了号召力[1]。由于内阁在下议院没有能干的领导人，形势对内阁非常不利，罗金厄姆侯爵查尔斯·沃森·温特沃斯派的主要成员也不看好这届内阁。

---

[1]　根据英国议会的规定，下议院议员一旦接受贵族身份，必须退出下议院。因此，他们就失去了在下议院的号召力。于是，很多英国平民首相都是在任期结束后才接受贵族授封。由于一直拒绝接受贵族称号，查塔姆伯爵威廉·皮特被称为"伟大的平民"，并且具有极大的号召力。——译者注

查塔姆伯爵威廉·皮特虽然只在1766年8月到1767年12月担任首相，但早在1767年3月就因病不能处理公务。然而，他充分认识到有三个重要问题需要立即处理。这三个问题分别是外交事务、印度问题和爱尔兰问题。《巴黎和约》使大不列颠王国被欧洲各国孤立，《家族盟约》让法兰西王国和西班牙王国成为亲密盟友。法兰西首席国务大臣塞萨尔·加布里埃尔·德·舒瓦瑟尔正为新的战争做准备。腓特烈大帝仍然被孤立，奥地利公国与法兰西王国结盟。诚然，大不列颠王国与俄罗斯帝国保持友好关系，但当时，叶卡捷琳娜大帝正忙于确立俄罗斯帝国在波兰和瑞典的霸权，以及向君士坦丁堡方向推进俄罗斯帝国边境。1764年，俄罗斯帝国和普鲁士王国结盟，这对波兰和瑞典都没有什么好处。查塔姆伯爵威廉·皮特认为波旁联盟对大不列颠王国的利益造成极大威胁，因此，他一上任就主张大不列颠王国、俄罗斯帝国和普鲁士王国结成三国同盟，然后再吸引丹麦王国和瑞典王国、荷兰共和国，以及更小规模的德意志邦国加入同盟。这样就会形成一个"北方系统"，从而制衡波旁联盟。这个规划很有政治远见。波旁王朝的威胁是真实存在的，任何稍微了解国外事务的人都不能忽视大不列颠王国所处的危险境地。由于卷入与北美殖民者的争端，又暴露在波旁王朝的敌意之下，大不列颠王国需要查塔姆伯爵威廉·皮特主张的同盟。查塔姆伯爵威廉·皮特再次就任首相引起塞萨尔·加布里埃尔·德·舒瓦瑟尔的警觉，尽管他完全意识到查塔姆伯爵威廉·皮特接受伯爵身份是一个严重的错误。塞萨尔·加布里埃尔·德·舒瓦瑟尔确实担心，查塔姆伯爵威廉·皮特离开下议院后，可能会试图通过广泛的征服计划挽回失去的声望。

与叶卡捷琳娜大帝结盟的条件是大不列颠王国必须帮助她对抗奥斯曼土耳其帝国，但腓特烈大帝断然拒绝了查塔姆伯爵威廉·皮特结盟的提议。腓特烈大帝从未原谅大不列颠王国在1762年的背义之举，并且认为大不列颠王国内阁的频繁变动使大不列颠的外交政策"缺乏延续性和确定性"。另外，他也无意卷入大不列颠王国与西欧及南欧大国的争端。或许腓特烈大帝已经在为瓜分波兰制订计划，他知道大不列颠王国政府不会赞成瓜分波兰的计划。查塔姆伯爵威廉·皮特的计划没有得到认可，最终宣告失败。

1767年3月，查塔姆伯爵威廉·皮特患病，被迫退出政坛长达两年。此前，他曾考虑过改善大不列颠王国与印度和爱尔兰政府关系的计划。

罗伯特·克莱夫率军在印度战胜了法军。大不列颠东印度公司已经成为一个强大的区域势力。1760年，罗伯特·克莱夫回到大不列颠，亨利·范西塔特留任孟加拉总督。亨利·范西塔特心地善良，性格随和，

亨利·范西塔特

托马斯·巴宾顿·麦考利

但他的软弱无能很快使东印度公司陷入困境。托马斯·巴宾顿·麦考利①宣称，在罗伯特·克莱夫从1760年离职到1765年重返印度期间，"多年公正人性的管理都不能完全抹去东印度公司声誉被染上的污点"。亨利·范西塔特和管理委员会成员沃伦·黑斯廷斯被其他追求自身利益的成员投了反对票，被排除在管理委员会之外。巴特那贸易站的负责人埃利斯引发了战争。1761年，管理委员会罢免了孟加拉邦纳瓦布米尔·贾

① 托马斯·巴宾顿·麦考利（Thomas Babington Macaulay，1800—1859），英国历史学家和辉格党政治家，他的《自詹姆斯二世即位以来的英国史》，简称《英国史》，记录了从1685年到1702年的英国历史。——译者注

尔法，支持他的女婿米尔·卡西姆继承孟加拉邦那瓦布。以埃利斯为代表的东印度公司军官的行为十分可耻。米尔·卡西姆"眼睁睁地看着他的人民挨饿，他的军官受虐待，他的仓库被抢"。1763年6月，战争爆发。1763年10月5日，米尔·卡西姆在巴特那屠杀欧洲人。1763年11月，托马斯·亚当斯少校率领一支小规模军队袭击巴特那，征服了孟加拉邦。米尔·卡西姆虽然与奥德邦纳瓦布结成同盟，但无法夺回原先的头衔。东印度公司重新任命米尔·贾尔法为孟加拉邦纳瓦布。

米尔·卡西姆

1764年10月23日，赫克托·芒罗少校率领东印度公司的军队，在伯格萨尔战役中击败了奥德邦纳瓦布率领的五万名士兵。这场胜利"摧毁了印度北部唯一的独立力量"，是"对普拉西战役胜利的重要补充"。因此，东印度公司控制了恒河流域。1765年，米尔·贾尔法去世，管理委员会任命他的儿子纳杰姆丁·阿里汗为继承人。

持续不断的战争和革命，以及大不列颠官员的贪婪，使全面改革势在必行。1765年，罗伯特·克莱夫回到印度，着手重组殖民政府，减少殖民政府债务，稳定印度的局面。他与莫卧儿帝国皇帝及奥德邦纳瓦布和孟

赫克托·芒罗少校

加拉邦纳瓦布达成各方满意的协议，将孟加拉邦、比哈尔邦和奥德邦的税收归入东印度公司，并且镇压了欧洲军官的叛变。1767年，一次严重的疾病发作后，罗伯特·克莱夫回到大不列颠。他离开后，孟加拉邦和马德拉斯连续五年处于无政府状态。东印度公司员工的贪婪没有得到遏制，东印度公司比以往任何时候都更深地陷入债务危机。查塔姆伯爵威廉·皮特一上台就决心调查东印度公司的事务，希望能将东印度公司的一部分收入用于国家支出。1767年6月，议会讨论了这个问题，通过了一项提案：东印度公司"为换取进行区域税收的授权，应为前两年的税收支付政府四十万英镑"。[①]事实证明，这个安排只是暂时的。1767年8月9日，东印度公司卷入了与迈索尔苏丹海德尔·阿里的战争，耗资巨大。1766年，马德拉

迈索尔苏丹海德尔·阿里

---

① 威廉·亨特：《1760年到1801年英格兰政治史》，第80页。——原注

斯殖民政府愚蠢地帮助将首府设在海得拉巴的德干①王公尼扎姆·阿里汗·阿萨夫·贾赫二世对抗其所有对手。德干王公和海德尔·阿里开战了，虽然他很快求和，但海德尔·阿里与大不列颠方面继续作战。在这场战争中，理查德·史密斯上校以其能力和勇气脱颖而出。1769年4月，海德尔·阿里迫使马德拉斯殖民政府签署了一项耻辱性条约。

尼扎姆·阿里汗·阿萨夫·贾赫二世

---

① 德干，莫卧儿王朝下的一个诸侯国。——译者注

乔治·汤森侯爵

在收入下降、债务增加的同时，东印度公司还采取鲁莽轻率的外交政策，降低了大不列颠王国在印度的声望。大不列颠王国要维持对印度的控制，政府必须插手干预。

在查塔姆伯爵威廉·皮特领导内阁期间，大不列颠王国开始着手改革爱尔兰政府。1767年，乔治·汤森侯爵被派往都柏林担任爱尔兰总督。爱尔兰的情况不容乐观。爱尔兰议会下议院由新教教徒组成。自亨利七世通过《波伊宁斯法》[①]以来，爱尔兰议会下议院完全由大不列颠枢

---

① 《波伊宁斯法》是爱尔兰议会1494年颁布的一项法案。《波伊宁斯法》规定，爱尔兰议会的提案必须提交爱尔兰总督和枢密院及英格兰君主和枢密院批准后，爱尔兰议会才能开会讨论，这是造成18世纪爱尔兰民众不满的根源之一。1782年，《波伊宁斯法》被修订。1800年，《联邦法案》对此提出异议。1878年，《法规法修订法案》宣布废除《波伊宁斯法》。——译者注

密院管辖。爱尔兰政府由几位被称为"承办人"的当地显要管理。总的来说，"承办人"治理得还算不错。由于爱尔兰总督长期缺勤，承办人就像乔治一世和乔治二世统治时期的辉格党政府一样手握重权。乔治三世即位后，希望消除"承办人"的影响，但这需要爱尔兰总督长期居住在爱尔兰。1767年，乔治·汤森侯爵被明确禁止在任期内离开爱尔兰。像英格兰的辉格党政府一样，"承办人"联合抵制乔治三世的计划。但由于乔治·汤森侯爵广施贿赂，爱尔兰议会下议院屈服了，"承办人"的权力被推翻。然而，由于缺乏成功统治者的优良品质，乔治·汤森侯爵的胜利非常短暂。1772年，乔治·汤森侯爵被召回。美国独立战争期间，爱尔兰其实已经独立于大不列颠王国之外。

1767年3月，查塔姆伯爵威廉·皮特由于患病，实际上已经退出政界。因此，这完全改变了内阁的性质和政策。内阁原本倾向于实施强有力的对外政策，并且有效改变印度和爱尔兰政府。此时，内阁转变成一个反动政府，并且脱离了国内舆论。在一定程度上，内阁采取的措施造成了美国独立战争，使大不列颠王国丧失了十三块北美殖民地。1767年7月，乔治三世发现查塔姆伯爵威廉·皮特不能再胜任首相一职，便争取机会让罗金厄姆侯爵查尔斯·沃森·温特沃斯成为一个无党派内阁的首脑。然而，辉格党贵族拒绝接受该组阁建议，迫使乔治三世任命格拉夫顿公爵奥古斯塔斯·菲茨罗伊为查塔姆伯爵威廉·皮特的内阁首脑。乔治三世发现，如果处理得当，格拉夫顿公爵奥古斯塔斯·菲茨罗伊愿意按自己的意愿行事。1767年9月，查尔斯·汤森去世后，颇得民心的弗雷德里克·诺斯勋爵成为大不列颠财政大臣，他的政治观点得到乔治三世的认可。1767年年底，反动的"贝德福德公爵约翰·拉塞尔派"加入内阁，其主要成员斯塔福德侯爵格兰维尔·莱韦森-高尔接替诺辛顿伯爵罗伯特·亨利任枢密院大臣，巴斯侯爵托马斯·锡恩成为北方事务大臣，唐希尔侯爵威尔斯·希尔成为新设立的第三国务大臣，负责处理殖民地

斯塔福德侯爵格兰维尔·莱韦森－高尔

巴斯侯爵托马斯·锡恩

事务。由于"贝德福德公爵约翰·拉塞尔派",即所谓的"布卢姆斯伯里帮"加入内阁,内阁立即变得反动起来。在处理米德尔塞克斯选举和北美殖民地事务时,内阁体现出了这种反动属性。

在1768年的大选中,约翰·威尔克斯回到米德尔塞克斯,并且引发了骚乱。在名义上,约翰·威尔克斯还是罪犯。此时,内阁非但没有赦免他,反倒让巴斯侯爵托马斯·锡恩遵照乔治三世的意愿,继续指控约翰·威尔克斯。于是,暴乱发生了。军队向暴徒开枪,打死五人,打伤若干人。1768年6月,约翰·威尔克斯被判处监禁二十二个月,罚款一千英镑。1768年2月,约翰·威尔克斯发表并评论了巴斯侯爵托马斯·锡恩的信。在信中,巴斯侯爵托马斯·锡恩命令当地法官,如果有必要,可以动用军队镇压叛乱。因此,约翰·威尔克斯被逐出下议院。这种对选举人权利的攻击是一个巨大的错误。1768年2月10日、1768年3月16日和1768年4月13日,约翰·威尔克斯多次当选议员,但每次当选都被下议院宣布无效。1768年4月15日,下议院一错再错,宣布卡尔汉普顿伯爵亨利·勒特雷尔上校当选米德尔塞克斯的代表议员。实际上,卡尔汉普顿伯爵亨利·勒特雷尔上校只获得了二百九十六张选票,约翰·威尔克斯却获得了一千一百四十三张选票。乔治三世虽然胜利了,但他的行为违反了宪法,导致自己失去了民心,并且极大地推动了激进主义思想的发展。因此,格拉夫顿公爵奥古斯塔斯·菲茨罗伊的内阁变得很不得人心。

米德尔塞克斯的选举引起全大不列颠人民对议会非代表性的注意,公众舆论被鼓动起来。1769年,《朱尼厄斯信函》首次受到重视,表达了约翰·威尔克斯的诉讼引起的不满。1769年1月,一个笔名叫朱尼厄斯的人,据猜测是菲利普·弗朗西斯,猛烈抨击大不列颠的政治状况。直到1772年1月21日,他继续发表与公共事务有关的信函。他的观点既无价值,也不深刻,但他通过优美的文笔反映出社会的普遍不满。这些信的出现标志着新闻史上一个重要的时期。1769年,《晨间记事》创刊。

菲利普·弗朗西斯

1772年，《晨间邮报》创刊。1780年，《晨间先驱报》创刊。这些报纸的出现说明新闻界的势力在不断壮大。人们认为，1770年格拉夫顿公爵奥古斯塔斯·菲茨罗伊辞职的部分原因是朱尼厄斯对他的猛烈抨击。

内阁大臣对北美殖民地的政策进一步说明了内阁政策的反动本质。在患病前，查塔姆伯爵威廉·皮特曾希望通过从东印度公司获得资金，转移人们对向北美殖民地征税的注意力。在这一点上，他表现出了先见之明。早在1767年1月，查尔斯·汤森就宣布，可以从北美殖民者处获得资金支付大不列颠驻北美军队的费用。

1767年3月，查塔姆伯爵威廉·皮特病倒了。1767年6月，查尔斯·汤森通过一项法案，对从北美进口的玻璃、纸张、油漆和茶叶征收关税，以增加税收。此外，纽约议会的立法权被废除。虽然征收的金额很小，但每个殖民地都有自己的议会，并且反对由一个外部机构征税。对北美殖民地来说，大不列颠议会就是一个外部机构。马萨诸塞殖民地带头反对新的税收政策，塞缪尔·亚当斯不遗余力地激起殖民地人民对宗主国的敌意。1768年2月11日，在他的鼓动下，马萨诸塞议会发表了一封通函，敦促其他殖民地联合起来反对大不列颠王国。贝德福德公爵约翰·拉塞尔在格拉夫顿公爵奥古斯塔斯·菲茨罗伊内阁中的主导地位立刻显现出来。第三国务大臣唐希尔侯爵威尔斯·希尔发现马萨诸塞议会不愿撤回这封通函，便下令解散马萨诸塞议会。骚乱接踵而至，大不列颠王国与北美殖民地的贸易遭受重创。

大不列颠内阁继续执行刺激北美殖民地民意的政策正好迎合了塞缪尔·亚当斯这种鼓动者的心意。1768年10月，查塔姆伯爵威廉·皮特辞去掌玺大臣一职。同月，主张对北美殖民地实行和解政策的谢尔本伯爵威廉·佩蒂退出内阁。巴斯侯爵托马斯·锡恩改任南方事务大臣，罗奇福德伯爵威廉·纳索·德·祖莱斯特因任北方事务大臣。

1769年，内阁由格拉夫顿公爵奥古斯塔斯·菲茨罗伊执掌，但仍受"贝德福德公爵约翰·拉塞尔派"影响。最终，内阁在殖民地实施了一项不彻底的温和政策。1769年5月，内阁废除了所有引发众怒的关税，只保留了茶叶税。保留茶叶税主要是受到乔治三世的影响。茶叶税本身并不是一件大事，但给了塞缪尔·亚当斯及其支持者一个质疑大不列颠议会是否向北美殖民地征税的机会。托马斯·哈钦森取代了不受欢迎的弗朗西斯·伯纳德，担任马萨诸塞殖民地总督。此外，大不列颠王国政府还撤走其驻北美殖民地的一部分军队。如果大不列颠王国政府能在1769年取消茶叶税，并且承认威胁和让步交替的政策是一个错误，那么其在北美殖民地的处境不会如此狼狈。

查塔姆伯爵威廉·皮特患病及辞职带来的影响是显而易见的。格拉夫顿公爵奥古斯塔斯·菲茨罗伊在自传中写道：

罗奇福德伯爵威廉·纳索·德·祖莱斯特因

弗朗西斯·伯纳德

我一直将查塔姆伯爵威廉·皮特长期的病痛及辞职看作我国政治中最不幸的事件……我必须承认北美殖民地脱离大不列颠王国是可以避免的，因为第二年春，查塔姆伯爵威廉·皮特完全康复后，将全力支持卡姆登与格兰比内阁。我和亨利·西摩·康韦将军尽力推行的茶叶税和其他关税注定将被废除。①

　　查塔姆伯爵威廉·皮特患病和内阁重组对大不列颠的对外政策和声誉造成灾难性的影响。1767年年初，查塔姆伯爵威廉·皮特患病，内阁频繁变更，内阁大臣疲于应付印度和爱尔兰事务、北美殖民地税收问题和米德尔塞克斯选举。与此同时，波旁王朝抓住机会采取一系列扩张政策。南方事务大臣谢尔本伯爵威廉·佩蒂意识到法兰西和西班牙政治家对大不列颠的敌对情绪，全力遏制波旁王朝的扩张计划。1766年12月，议会就禁止谷物进口的命令展开激烈辩论，但最终"优秀的伯爵获胜②"。虽然西班牙方面还没有支付马尼拉赎金，并且继续声称对福克兰群岛③拥有主权，但谢尔本伯爵威廉·佩蒂希望以和解的方式解决这些问题。

　　然而，"大不列颠王国内阁在印度和北美殖民地事务上的内部分歧及北方联盟计划的失败，导致内阁不可能采取有力的行动"。法兰西首席国务大臣塞萨尔·加布里埃尔·德·舒瓦瑟尔和西班牙大臣赫罗尼莫·格里马尔迪公爵都迫切希望大不列颠内阁疲弱。1767年年初，查塔姆伯爵威廉·皮特患病促使他们在马尼拉赎金和福克兰群岛问题上采取拖延政策。

　　塞萨尔·加布里埃尔·德·舒瓦瑟尔公开表示，他希望在计划准备

---

①　威廉·雷内尔·安森：《第三代格拉夫顿公爵奥古斯塔斯·菲茨罗伊的自传与政治书信集》，伦敦，约翰·默里出版社，1898年，第225页。——原注
②　即谢尔本伯爵威廉·佩蒂获胜。——原注
③　又称"马尔维纳斯群岛"。——译者注

周全之前，法兰西王国能阻止事态发展到紧要关头。他写道："到1770年，我们一定会有一支出色的陆军、一支强大的海军和充盈的国库。"

查塔姆伯爵威廉·皮特患病给大不列颠王国内阁带来的灾难性后果立即显现出来。大不列颠王国内阁的分歧加剧，查尔斯·汤森的致命影响扩大，其影响体现在政府政策的软弱上。当时，格拉夫顿公爵奥古斯塔斯·菲茨罗伊是内阁真正的首脑。但事实证明，残酷的命运已经刮起一场旋风，但他完全无力在这场旋风中引领大不列颠王国政府。当法兰西王国吞并科西嘉岛时，大不列颠王国外交部正深陷国内困局。1764年，科西嘉当地居民与岛上的热那亚统治者发生纷争。科西嘉岛著名的领袖帕斯夸莱·保利曾向路易｜五寻求庇护。法兰西王国政府急于恢复自己的威望，便立即派军前往科西嘉岛。1768年，在指

帕斯夸莱·保利

挥官夏尔·路易·德·马尔博夫的率领下，法军袭击了帕斯夸莱·保利和科西嘉当地居民。短暂的斗争后，帕斯夸莱·保利及同胞抵抗不住装备精良的法军，科西嘉岛被并入法兰西王国。帕斯夸莱·保利及部分追随者逃到大不列颠。1769年，在阿雅克肖，拿破仑·波拿巴出生，成为法兰西臣民。法兰西王国在地中海的势力得到加强，塞萨尔·加布里埃尔·德·舒瓦瑟尔对大不列颠王国对外政策趋向软弱的判断得到证实。

在"科西嘉岛事件"中，格拉夫顿公爵奥古斯塔斯·菲茨罗伊表现出明显的力不从心，无法应对困难重重的局面。他做事拖沓，缺乏决断力，其对外政策也模糊不清。他既没有果断宣布反对法兰西王国吞并科西嘉岛，也没有坚持中立政策，而是像詹姆斯一世一样，不肯正视事实，拒绝采取坚定立场。最终，他明白了科西嘉人的爱国之心有多深厚。于是，他授权秘密向科西嘉运送军队，但为时已晚，这种偷偷摸摸的援助毫无用处。法兰西王国大获全胜，弥补了在加拿大遭受的损失。毫无疑问，帕斯夸莱·保利在1764年向路易十五请求援助可以成为格拉夫顿公爵奥古斯塔斯·菲茨罗伊行动迟缓的一个借口。但实际上，他完全没有意识到科西嘉岛斗争的严重性及其真正意义。谢尔本伯爵威廉·佩蒂曾主张抵抗法兰西王国的侵略。如果谢尔本伯爵威廉·佩蒂的建议被采纳，那么科西嘉岛也许不会落入法兰西王国手中。事实上，塞萨尔·加布里埃尔·德·舒瓦瑟尔一接到谢尔本伯爵威廉·佩蒂反对吞并科西嘉岛的抗议，就立即发表了和解的言论。1768年6月，关于法兰西王国政府的态度，北方事务大臣罗奇福德伯爵威廉·纳索·德·祖莱斯特因认为，谢尔本伯爵威廉·佩蒂表现出的积极态度会产生效果。1768年7月，法兰西方面普遍认为，大不列颠王国如果派出舰队，就会阻碍法兰西王国派增援部队进入科西嘉岛。但大不列颠王国的党派分歧证明，塞萨尔·加布里埃尔·德·舒瓦瑟尔的大胆决定是正确的。"贝德福德公爵约翰·拉塞尔派"的巴斯侯爵托马斯·锡恩一直向各大国大使们保证，大不列颠王国永远不会为科西嘉岛而战。听到这些保证和其他类似声明后，塞萨尔·加布里埃尔·德·舒瓦瑟尔便放心行动了。1768年7月25日，塞萨尔·加布里埃尔·德·舒瓦瑟尔任命弗朗索瓦·克劳德·肖夫兰为总司令，率领一批部队前往科西嘉岛。大不列颠王国内阁如果能提前采取强有力的措施，或许就能阻止法兰西王国派军前往科西嘉岛。最终，格拉夫顿公爵奥古斯塔斯·菲茨罗伊只能为他"对科西嘉人性格的无知"懊悔万分，因为他如果了解科西嘉人的性格，就会采取更果断的措施。因此，谢尔本伯爵威廉·佩蒂无法制止波旁王朝的侵略政策，科西嘉岛最终被法兰西王国占领，西班牙王国仍然拒绝支付马尼拉赎金。有人说，格拉夫顿公爵奥古斯塔斯·菲茨罗伊没能将法兰西势力从科西嘉岛驱逐出去。此时，他却执行了一项更容易的任务，即将谢尔本伯爵威廉·佩蒂从内阁驱逐。1768年10月19日，谢尔本伯爵威廉·佩蒂辞职，其直接结果是灾难性的。"贝德福德公爵约翰·拉塞尔派"完全掌控了局势，开始在北美殖民地执行镇压政策，并且决定将约翰·威尔克斯逐出下议院。

因此，在国内、殖民地和国外事务上，格拉夫顿公爵奥古斯塔斯·菲茨罗伊的内阁都犯下了重大错误。内阁对约翰·威尔克斯的做法引起了大不列颠民众的公愤。大不列颠王国出现旨在改革议会的政治团体。内阁的殖民政策在北美殖民地不得民心，并且为美国独立战争的爆发埋下了种子，为大不列颠王国丧失北美殖民地埋下隐患。内阁的对外政策体现出无知、软弱和优柔寡断。在"科西嘉岛事件"上，"大不列颠王国的政策成为笑柄"。

我们不能忘记，格拉夫顿公爵奥古斯塔斯·菲茨罗伊从来没有心甘情愿地接受过首相一职，他上任只是为了迎合乔治三世。1770年1月28日，格拉夫顿公爵奥古斯塔斯·菲茨罗伊辞职。乔治三世随后任命自己提名的弗雷德里克·诺斯勋爵为政府首脑。

本章大事年表

1763 年　比特伯爵约翰·斯图尔特的内阁倒台，乔治·格伦维尔的内阁成立
　　　　　《北大不列颠人》第四十五期出版

1764 年　约翰·威尔克斯被逐出下议院（1 月 19 日）
　　　　　《印花税法案》通过（3 月 22 日）

1765 年　《摄政法案》通过
　　　　　罗金厄姆侯爵查尔斯·沃森·温特沃斯的内阁成立（7 月 10 日）
　　　　　宣布空白搜查令非法

1765 年到 1767 年　罗伯特·克莱夫重回印度

1766　　撤销《印花税法案》（1 月 14 日）
　　　　　《宣告法案》通过
　　　　　查塔姆伯爵威廉·皮特与格拉夫顿公爵、奥古斯塔斯·菲茨
　　　　　罗伊的内阁成立（8 月）

1767 年　查塔姆伯爵威廉·皮特患病（3 月）
　　　　　乔治·汤森伯爵成为爱尔兰总督
　　　　　查尔斯·汤森去世（9 月）
　　　　　格拉夫顿公爵奥古斯塔斯·菲茨罗伊成为内阁首脑（10 月）

1768 年　米德尔塞克斯选举
　　　　　法兰西王国占领科西嘉岛
　　　　　谢尔本伯爵威廉·佩蒂退出内阁（10 月）

1769 年　对北美殖民地和解政策：废除茶叶税以外的所有关税

1769 年到 1772 年　《朱尼厄斯信函》

1770 年　格拉夫顿公爵奥古斯塔斯·菲茨罗伊辞职（1 月 28 日）

第 3 章

弗雷德里克·诺斯勋爵的内阁和美国独立战争

（1770—1782）

1770年1月28日，格拉夫顿公爵奥古斯塔斯·菲茨罗伊辞职。乔治三世发现弗雷德里克·诺斯勋爵正是自己心中理想的首相，于是，他任命弗雷德里克·诺斯勋爵为财政大臣。弗雷德里克·诺斯勋爵曾就读于牛津大学三一学院，受过良好的教育，长于辩论，学识远高于乔治三世，但生性疏懒，脾气随和，很容易让乔治三世影响自己的判断。1770年到1782年，主政内阁期间，弗雷德里克·诺斯勋爵对乔治三世不断干预政治没有表示反对。

其间，内阁发展受阻。"国王既统又治"的"部门制"获得短暂的胜利。根据"部门制"，首相松散地领导内阁成员，内阁成员经常直接与国王接触。弗雷德里克·诺斯勋爵脾气随和，不介意自己只是一个团队的发言人。他与乔治三世关系良好，使乔治三世得以自封为实际意义上的首相。直到1782年，乔治三世通过弗雷德里克·诺斯勋爵治理着大不列颠王国。

许多新人加入了内阁。爱德华·瑟洛男爵成为副检察长，爱德华·霍克男爵接替埃格雷蒙特伯爵查尔斯·温德姆任海军大臣，斯塔福德侯爵格兰维尔·莱韦森-高尔被任命为枢密院大臣，年轻的查尔斯·詹姆斯·福克斯初崭露头角，任副海军大臣。

查尔斯·詹姆斯·福克斯1749年出生，1806年去世，是霍兰勋爵亨利·福克斯的次子。亨利·福克斯的贪婪和腐败在乔治三世统治初期表现得淋漓尽致。查尔斯·詹姆斯·福克斯从小是一位放荡的赌徒，很早就进入上流社会。但他热爱文学，一生都在阅读古希腊、古罗马和英格兰的诗歌，尤其喜欢荷马、欧里庇得斯和维吉尔。他不喜欢数学，拒绝阅读亚当·斯密的《国富论》。查尔斯·詹姆斯·福克斯在伊顿公学和牛津大学接受教育，大半生都在议会度过。他的观点与罗金厄姆侯

亚当·斯密

爵查尔斯·沃森·温特沃斯领导的老辉格党人一致，并且直到法国大革命爆发，他一直与埃德蒙·伯克合作。查尔斯·詹姆斯·福克斯虽然"极具魅力，……可以成为最好的朋友"，但既没有高尚的品德，又不具备政治远见。他想出人头地，却因自身辉格党人的做派引起了乔治三世的敌意。

新内阁上任时，大不列颠王国正处在危急时刻。大不列颠王国与北美殖民地的矛盾越来越深，与西班牙王国和法兰西王国的战争一触即发。米德尔塞克斯选举显现国民的普遍不满，并且促使激进派的崛起。埃德蒙·伯克在1770年出版的《关于当前不满原因的思考》证明，即使是不希望修改宪法的辉格党，当时也急于削弱乔治三世在议会中的影响力。埃德蒙·伯克认为，政府应当削减清闲职位和年金领取者的人数，公布议会议事录，仔细审查选举的合法性。他反对查塔姆伯爵威廉·皮特开展彻底改革的意愿，认为现存的宪法运作十分顺利。此外，他一直反对议员应该代表其所在选区的原则。

1770年，三件大事相继发生。第一件事是，在乔治·格伦维尔的提议下，议会通过决议，规定选举请愿书应由一个十五人组成的委员会裁定，而不是整个下议院裁定。对此，弗雷德里克·诺斯勋爵表示反对。

与此同时，在北美殖民地，第二件大事发生，进一步激发了马萨诸塞及其他殖民地的反大不列颠情绪，这也是塞缪尔·亚当斯竭尽所能想激起的情绪。1770年4月，除了茶叶税，内阁已经撤销了所有关税。然而，1770年3月5日，废除法令通过前，波士顿民众与大不列颠军队的摩擦日益加剧，触发了"波士顿屠杀"，虽然这个叫法并不恰当。一名大不列颠哨兵被一群暴民袭击，其他士兵赶来救援。虽然指挥官托马斯·普雷斯顿上尉试图制止，但士兵们还是开枪自卫了。于是，五六个平民被杀或者受伤，托马斯·普雷斯顿上尉及两名士兵被控谋杀。托马斯·普雷斯顿上尉被判无罪，两名士兵被判过失杀人。"这次暴乱没有

波士顿屠杀

政治意义，也不是北美殖民地居民的权利受到侵犯引起的。"①为安抚民众的愤怒情绪，大不列颠王国驻军撤到一个岛屿港口。"波士顿屠杀"发生后，在一段时间内，北美殖民地的反大不列颠情绪高涨。

第三件大事是西班牙王国占领了福克兰群岛。1765年以来，福克兰群岛一直被大不列颠王国占领。但西班牙政府依靠1761年与法兰西政府签订的《第三次家族盟约》，期望得到法兰西首席国务大臣塞萨尔·加布里埃尔·德·舒瓦瑟尔的帮助。然而，路易十五决定不卷入战争。

---

① 阿伯特·布什内尔·哈特：《合众国的形成》，1897年，第66页。——原注

1770年年底，塞萨尔·加布里埃尔·德·舒瓦瑟尔遭解职。1771年1月，西班牙王国向大不列颠王国屈服，归还了福克兰群岛。在这次危机中，弗雷德里克·诺斯勋爵表现出的决心令人钦佩。他让舰队做好出海准备，并且增加水手的数量。

　　1770年到1771年冬，由于死亡或退休等原因，内阁发生人事变动。1770年12月，由于乔治·格伦维尔已经于1770年10月去世，萨福克伯爵亨利·霍华德被封为掌玺大臣。1771年6月，哈利法克斯伯爵乔治·蒙塔古-邓克去世后，罗奇福德伯爵威廉·纳索·德·祖莱斯特因成为南方事务大臣。桑威奇伯爵约翰·蒙塔古接替爱德华·霍克男爵任海军大臣一

萨福克伯爵亨利·霍华德

职。爱德华·瑟洛男爵成为总检察长。迄今为止一直主张民众利益的罗斯林伯爵亚历山大·韦德伯恩出任副检察长。亨利·巴瑟斯特伯爵任大法官。接下来，萨福克伯爵亨利·霍华德就任国务大臣，格拉夫顿公爵奥古斯塔斯·菲茨罗伊接任掌玺大臣。

1771年，下议院试图阻止公开发表议会辩论记录，但没有成功。1770年，曼斯菲尔德伯爵威廉·默里裁定，在诽谤案件中，陪审团的责任不是决定出版物是否有诽谤言论，而只是决定诽谤言论是否已经发布。对此，当时社会地位迅速攀升的新闻界十分愤慨。此前，《晨间记

罗斯林伯爵亚历山大·韦德伯恩

曼斯菲尔德伯爵威廉·默里

事》和《公众广告》^①就已经开始报道议会中的重要演讲。1771年3月，乔治·翁斯洛上校在下议院控诉自己的演讲被歪曲了——他自己被戏称为"小斗鸡乔治"^②。下议院立即下令逮捕两家报纸的印刷商约翰·惠布尔和汤普森，却发现他们已经躲了起来。几家报纸继续发布议会的演讲记录，乔治·翁斯洛上校再次试图阻止报道议会辩论。1771年3月13日，下议院决定对六家印刷商发起诉讼。其中，亨利·桑普森·伍德福尔已经被上议院下令拘留，其余四人被下议院传唤和训斥，第六位印刷

---

① 《公众广告》是18世纪伦敦的一家报纸，最初被称为《伦敦每日邮报》，刊登内容主要以广告为主。——译者注

② 这是因为他喜欢斗鸡而给他起的一个外号。——译者注

商约翰·米勒效仿约翰·惠布尔和汤普森,拒绝前往下议院。下议院将约翰·惠布尔和汤普森一起逮捕,带到两名伦敦市议员面前,但伦敦市议员将他们释放了。下议院派人逮捕约翰·米勒,将他带到伦敦市市长官邸。和两名伦敦市选区议员约翰·威尔克斯和理查德·奥利弗一起审议后,伦敦市市长布拉斯·克罗斯比释放了约翰·米勒,却将下议院派来的人关进了监狱。不过,此人可以保释。随后,下议院和三位地方法官展开斗争,布拉斯·克罗斯比和约翰·米勒被关进伦敦塔,直到议会休会。约翰·威尔克斯嘲笑下议院的权威,伦敦则陷入骚乱。最终,印刷商获得自由,"有关下议院议事程序的报道也得到默许"[1],结果是,"媒体在政治重要性上又跨进了一大步"[2]。

印刷商的斗争及议会辩论胜利的报道,让查塔姆伯爵威廉·皮特认为有必要改革议会。1771年5月,他敦促解散现有议会,并且采取一系列改革措施。1770年,他曾抨击议会日益增长的腐败现象,这在很大程度上是因为当时英格兰到处充斥着在印度发了横财的人。在上议院的一次演讲中,他宣称:"他们没有个人联系,对土地没有任何天然的兴趣。通过行贿,在国外获取大量黄金的人,即在印度发财的富豪一阵风似的大量挤入议会,而仅靠私人世袭财富根本无法抵制这种腐败。面对这种恶行,我们必须采取直接的补救办法。"他认为,增加郡议员,即每郡增加一名议员,将使议会更廉洁。1771年印刷商胜利后,查塔姆伯爵威廉·皮特大胆提出,三年一届的议会是遏制王室势力扩张的唯一途径。他宣称:"王室势力已经变得如此强大。为捍卫宪法的尊严,更坚固的堡垒急需筑起。"

1772年,《王室婚姻法案》通过,王权获胜。《王室婚姻法案》的目的是防止王室成员未经在位君主的同意而结婚。霍兰勋爵亨利·福

---

① 威廉·爱德华·哈特波尔·莱基:《18世纪英国史》,第3卷,第262页。——原注
② 威廉·爱德华·哈特波尔·莱基:《18世纪英国史》,第3卷,第262页。——原注

1760 年到 1801 年大不列颠王室的盾徽

克斯之子查尔斯·詹姆斯·福克斯已经是公认的卓越辩手，他强烈反对《王室婚姻法案》，并且辞去副海军大臣一职。不久，他再次进入政府，但1774年被再次解职。之后，他加入罗金厄姆侯爵查尔斯·沃森·温特沃斯领导的辉格党，并且在美国独立战争期间强烈抨击弗雷德里克·诺斯勋爵。

　　关于印度事务，弗雷德里克·诺斯勋爵政府做出了重要决定。1767年，为一个伟大的殖民帝国奠定基础后，罗伯特·克莱夫最后一次离开印度。他离开后，由于官员们的贪婪，东印度公司的财务状况变得十分糟糕，马德拉斯殖民政府与迈索尔苏丹海德尔·阿里开战。要遏制大不列颠印度殖民政府的腐败和渎职行为，保证大不列颠王国在印度的统治地位，就必须进行大刀阔斧的改革。议会决定改革大不列颠印度殖民政府。1773年，《管理法案》通过，这是大不列颠王国议会第一次真正尝试建立殖民政府，并且将其用于管理一个强大的王国。孟加拉总督升为大总督，并且成立一个由四名成员组成的委员会。孟买和马德拉斯的殖民政府受大总督管辖。另外，加尔各答还设立了一座最高法院。1772年4月，已经被任命为孟加拉总督的沃伦·黑斯廷斯出任大总督一职。四名委员会成员是菲利普·弗朗西斯、约翰·克拉弗林将军、乔治·蒙森上校和理查德·巴韦尔。当时，议会控制了东印度公司的政治管理权和

理查德·巴韦尔

人事任免权。但1773年前，印度殖民政府尚不能顺利运转，沃伦·黑斯廷斯和委员会的关系十分紧张。直到1776年乔治·蒙森上校去世前，沃伦·黑斯廷斯一直不断地与委员会展开长期斗争，并且只有理查德·巴韦尔支持沃伦·黑斯廷斯。幸运的是，1778年，大不列颠王国与法兰西王国爆发战争时，沃伦·黑斯廷斯还是孟加拉大总督。1778年到1784年，沃伦·黑斯廷斯一直与马赫拉塔人及迈索尔苏丹海德尔·阿里斗争。直到1783年前，他还在与法兰西王国作战。由于他的智慧和威望，即使在马赫拉塔人和迈索尔苏丹海德尔·阿里的严重威胁下，大不列颠王国在印度的统治也仍然得以维护，甚至加强。

弗雷德里克·诺斯勋爵上任后，发现北美殖民地的事务需要谨慎处理，便决心采取和解和妥协的政策。不幸的是，这项政策失败了。1776年，美国独立战争爆发。在描述大不列颠与北美殖民地的战争前，我们必须强调以下事实：

1. 由于北美殖民地普遍存在的新情况和自《巴黎和约》签署后出现的新局势，《印花税法案》虽然急功近利、极不明智，但不是非法的、不公正的或专制的。

2. 走私既非法又危险。七年战争期间，法兰西王国和西班牙王国得到新英格兰船主的帮助。乔治·格伦维尔完全有理由打击走私。

3. 美国独立战争爆发前许多年，北美殖民地存在一个"广泛的、半组织化的强大政党，虽然只是少数党，但试图分裂"[1]。1775年，约翰·亚当斯写道，1763年到1775年，在过去十二年里，他一直坚信北美殖民地与大不列颠王国的争议永远不会得到解决。

4. 到目前为止，只有法兰西势力在加拿大的存在和西班牙势力在佛罗里达的存在，才阻止了新英格兰殖民地自治的躁动。

---

① 《评论季刊》，第379号，第227页。——原注

5. 直到1764年，北美殖民地才第一次开始反对大不列颠王国任何形式的税收。

6. 即使在七年战争期间，北美殖民地也没有完全忠于大不列颠王国的忠诚。

7. 在许多方面，北美殖民地的社会状况与大不列颠王国的社会状况相似。虽然北美殖民地下层人士在许多方面都十分凄惨，但其上层人士和中产阶级沉迷于日常享乐，如决斗、赌博、赛马等。

8. 叛乱殖民地前两届议会的状况不比大不列颠议会好多少。殖民地议会同样腐败盛行，政治阴谋司空见惯。战前，北美殖民地地方议会篡夺了总督的大部分权力，地方议会的议事程序通常以自私、贪婪和狭隘为特征。

9. 总的来说，殖民地总督都是品行高尚者，并且在1765年前，一直受殖民者的拥护。

1766年到1776年，北美独立战争爆发前十年间，北美殖民地的领导者是本杰明·富兰克林、约翰·亚当斯和塞缪尔·亚当斯。直到1774年，本杰明·富兰克林还是大不列颠王国与北美殖民地联盟的支持者。"本杰明·富兰克林出生在新英格兰，是一名睿智的政治家，精明、务实，有公德心和创造力。"[①]1764年，作为宾夕法尼亚殖民地的代理人，本杰明·富兰克林曾试图劝阻乔治·格伦维尔在北美殖民地强行实施《印花税法案》。因此，约翰·亚当斯对本杰明·富兰克林多有猜忌。

约翰·亚当斯具有政治家的素质，并且在1796年当选为美国总统。他脾气暴戾，天性虚荣善妒。他积极参加了反对大不列颠王国的斗争，是1775年成立的战争委员会中极其积极的成员。

与约翰·亚当斯的性格完全不同，塞缪尔·亚当斯强烈反对大不列

---

① 威廉·亨特：《1760年到1801年英格兰政治史》，第59页。——原注

颠王国统治北美殖民地，可以说是革命的发起人。起初，他就开始拥护北美殖民地独立。为使北美殖民地与大不列颠王国分裂，他不惜一切手段。萨缪尔·亚当斯看问题偏执，做事不择手段，天生就是一位煽动者和阴谋家。他的传记作者说："有时候，他像狐狸一样精明。为实现目标，他运用自己的精明时并不谨慎。"[1]另一位美国作家说，萨缪尔·亚当斯的号召力在于"他的气势和专注，以及他对波士顿会议、委员会和私人秘密会议微妙的影响"。[2]

1772年、1773年及1774年，塞缪尔·亚当斯密谋加紧推翻大不列颠王国在北美殖民地的统治。通信委员会成立。马萨诸塞殖民地和其他殖民地建立了密切联系。"通信委员会使革命成为可能"，并且为1775

漫画：通信委员会

---

① 詹姆斯·肯德尔·霍斯默：《塞缪尔·亚当斯传》，波士顿，豪敦米芬公司，1885年，第121页。——原注

② 阿伯特·布什内尔·哈特：《合众国的形成》，第57页。——原注

年的战争做了必要的准备。从"波士顿屠杀"到敌对行动爆发三件事表明北美殖民地的敌对情绪愈演愈烈。1772年6月9日，在追捕一艘走私船时，大不列颠军舰"加斯皮"号在罗得岛搁浅了。1772年6月10日晚，殖民地武装人员烧毁了"加斯皮"号，并且打伤船长，将船长和船员丢到岸上。殖民当局没有采取任何措施调查此次暴行的肇事者，任由肇事者逍遥法外。

1767年，马萨诸塞总督托马斯·哈钦森及其妹夫马萨诸塞首席大法官安德鲁·奥利弗给一位在大不列颠的朋友，即乔治·格伦维尔的私人秘书托马斯·惠特利写了几封信。随后，这些信在北美殖民地发表，引起了极大的轰动。这些信是本杰明·富兰克林在大不列颠做马萨诸塞殖民地代理人时偷来的。偷到信后，本杰明·富兰克林将信寄到波士顿，塞缪尔·亚当斯在波士顿会议上宣读了这些信。这些信不过是一位维护

"加斯皮"号被烧毁

议会至高无上的大不列颠王国代表的信——托马斯·哈钦森赞成继续保持宗主国与殖民地的联系。然而，塞缪尔·亚当斯坚持认为这些信是托马斯·哈钦森对殖民地不忠的证据。他利用这些信，煽动马萨诸塞居民反对殖民政府。与此同时，波士顿会议起草了一份请愿书，要求罢免托马斯·哈钦森。1774年1月，请愿书被递交到大不列颠王国枢密院。议会中的反对党成员阿什伯顿男爵约翰·邓宁支持请愿者，副检察长罗斯林伯爵亚历山大·韦德伯恩支持托马斯·哈钦森。当时，本杰明·富兰克林也在场，被罗斯林伯爵亚历山大·韦德伯恩严厉谴责为小偷。这份请

阿什伯顿男爵约翰·邓宁

愿书被宣布为无理取闹，本杰明·富兰克林被罢免北美殖民地邮政局副局长一职。此后，他对大不列颠王国一直怀恨在心。

对大不列颠王国政府的敌意尚未解除，"波士顿倾茶事件"发生了。为使东印度公司摆脱财政困难，大不列颠王国议会授权东印度公司向北美出口一定数量的茶叶。载有茶叶的船中，有三艘抵达波士顿港。1773年12月16日，一些当地居民伪装成印第安人登上这三艘船，将价值一万八千英镑的茶叶倒入大海。

在查尔斯顿，茶叶虽然被从船上卸下，但仍然被锁在海关的地下室内。这个方法在波士顿没有被采纳，可能是因为塞缪尔·亚当斯和一些极端人士希望与大不列颠王国公开决裂，认为倾倒茶叶是最可靠的争取独立的方法。此外，波士顿与圣尤斯特歇斯岛有茶叶走私贸易，东印度公司的茶叶可能会比走私的茶叶更便宜。因此，阻止茶叶入境显然符合波士顿许多走私商的利益。1773年12月17日清晨，"几名马萨诸塞知名人士的家人发现家主的鞋子里莫名其妙地装满了茶叶"。①

波士顿港运茶船的出现给了塞缪尔·亚当斯及想把局势推到极端的人一个机会，他们充分利用了这个机会。在大不列颠王国，波士顿民众对政府权威的公然蔑视，以及对私有财产无法无天的侵犯，引起了大不列颠人极大的愤怒。整个大不列颠王国都对北美殖民地的敌对情绪一无所知，两地之间的距离使双方的误解无法避免，肆无忌惮的煽动者精心策划的计划使一切和解政策成为泡影。

1773年，"波士顿倾茶事件"发生后，大不列颠舆论表示反对所有进一步的让步。"北美殖民地煽动者的主张和言论令大不列颠王国政府非常愤怒，每一封从北美殖民地寄来的邮件都说，新英格兰至少处于实际的叛乱状态，议会的法案遭到蔑视和违反。大不列颠王国政府的代表

---

① 阿伯特·布什内尔·哈特：《合众国的形成》，第58页。——原注

波士顿倾茶事件

们遭到极大的侮辱，最终沦落到无能为力的可耻境地。"①可能是受舆论的影响，大不列颠王国政府的大臣们决定迫使马萨诸塞殖民地屈服。此时，妥协的时机已经过去，"北美殖民地一再采取暴力行动，使自身陷入不利境地。"②1774年3月，大不列颠王国政府对叛乱的殖民地采取一系列严厉措施。波士顿港被关闭，相关贸易转移到塞勒姆。大不列颠王国议会通过了《马萨诸塞政府法案》，废除了《马萨诸塞宪章》。马萨诸塞成为大不列颠王国的直属殖民地，即来自大不列颠的政府官员和法官取代了马萨诸塞代表大会。此外，大不列颠王国在马萨诸塞设立陪审团，限制地方审判权，并且未经总督批准的公开集会都被定为非法活动，重大政治罪行的审判权移交给大不列颠王国。最后的强制性法规规定，大不列颠王国将在波士顿居民区驻扎士兵。埃德蒙·伯克和查塔姆伯爵威廉·皮特都反对这些措施，但他们的观点无足轻重。托马斯·盖奇取代托马斯·哈钦森成为马萨诸塞总督和军队总司令。

上述措施将北美殖民地与波士顿及马萨诸塞团结在一起，共同反对大不列颠王国。1774年9月，除了佐治亚，所有殖民地的代表都参加了费城的第一届大陆会议。

大陆会议不仅要求大不列颠王国政府撤销针对马萨诸塞的多项刑法，还要求撤销大不列颠王国议会1774年3月通过的《魁北克法案》。《魁北克法案》旨在界定加拿大边界和安抚法裔加拿大人。法裔加拿大人占魁北克居民的绝大多数。加拿大总督多切斯特男爵盖伊·卡尔顿将军是一位能干的大臣，在主张大不列颠政府采取这项措施时表示出极大的智慧。虽然埃德蒙·伯克、艾萨克·巴雷上校、查塔姆伯爵威廉·皮特和整个伦敦城都表示反对，但《魁北克法案》给予了加拿大天主教教徒信仰自由及许多特权。1774年6月，《魁北克法案》成为法律。大陆会

---

① 威廉·爱德华·哈特波尔·莱基：《18世纪英国史》，第11章。——原注
② 阿伯特·布什内尔·哈特：《合众国的形成》，第59页。——原注

托马斯·盖奇

多切斯特男爵盖伊·卡尔顿

议有充分的理由感到不满，因为《魁北克法案》是乔治三世统治时期最具政治远见的一项措施。这项法案满足了法裔加拿大人的需求。在美国独立战争期间，《魁北克法案》将天主教教士争取到大不列颠王国政府一边，并且为大不列颠王国保住了加拿大。如果法裔加拿大人站在北美殖民地一边，那么他们的宗教就不会受到宽容对待。对法裔加拿大人来说，保留宗教信仰至关重要。在整个美国独立战争期间，加拿大人一直帮助大不列颠王国对抗北美殖民地。

在塞缪尔·亚当斯的影响下，第一届大陆会议发表了《权利宣言》，决定中止与大不列颠王国的所有贸易，并且表示，如果他们的不满情绪没有化解，那么1775年5月将召开第二届大陆会议，届时将邀请加拿大参加。

大不列颠王国与北美殖民地的关系已经成为死结，除非大不列颠王国议会在所有问题上屈服，否则战争不可避免。在敌对行动真正开始前，查塔姆伯爵威廉·皮特进行了调解。1775年2月，他提出一项给予殖民地自治的提案。1775年3月25日，埃德蒙·伯克发表了著名的《与美洲和解》演讲。在主张议会至高无上的同时，弗雷德里克·诺斯勋爵也提出给予北美殖民地自主征税的权利。他提议，"任何为共同防御和民事政府做出贡献的殖民地，只要能满足议会的要求，都可免税。"[1]由于辉格党的反对和托利党心不在焉的支持，他的建议极难实现。另外，调解的尝试来得太迟。与此同时，托马斯·盖奇正忙于在波士顿站稳脚跟。1775年4月19日，他派一支军队前往康科德并摧毁当地军营。然而，在莱克星顿的一次小冲突中，这支军队遭遇袭击，损失惨重。

北美革命爆发，美国独立战争正式开始。起初，就是否断绝与大不列颠王国的联系，北美殖民地并没有达成一致意见，每块殖民地都有

---

[1]　《剑桥现代史》第7卷《美国革命》，第162页。——原注

许多赞成不抵抗的少数派。效忠大不列颠王国的人虽然不少，但没有组织，无法抵抗殖民地精力充沛的政治家领导下的有组织的爱国者团体。一直以来，这些政治家都在为这场斗争做准备。通过利用北美殖民地民众对大不列颠征税计划的普遍反感，他们发现，"无代表不交税①"的呼声在反大不列颠运动中十分有用。实际上，大不列颠王国政府派遣驻军是一个错误，这让大不列颠王国政府进一步在北美殖民地失去民心，大不列颠的商业制度在北美殖民地也没有支持者。大不列颠王国政府历届内阁都误解了北美殖民地的民心，并且对塞缪尔·亚当斯和帕特里克·亨利等人不间断的阴谋诡计一无所知。1774年，大不列颠王国内阁误以为北美殖民者不愿打仗，因而通过了一系列胁迫性法案。

桑威奇伯爵约翰·蒙塔古认为，北美殖民地居民无组织无纪律，无法抵抗正规军。虽然托马斯·盖奇宣称征服新英格兰需要两万人的军队，但大臣们普遍确信北美殖民地居民不会顽强抵抗。大不列颠王国的海军力量被削弱，陆军没有得到加强。在大不列颠，人们普遍没有认识到，日益扩大和繁荣的殖民地的决心十分坚定，决意要保障贸易自由，抵制乔治三世和议会行使专权。

在大不列颠，人们普遍相信托马斯·盖奇有能力镇压叛乱，但埃德蒙·伯克和第三代里士满公爵查尔斯·伦诺克斯等许多辉格党人担心，即使大不列颠王国不会失去殖民地，战争也会旷日持久。

莱克星顿惨败的消息震惊了大不列颠，海军上将理查德·豪伯爵的弟弟威廉·豪子爵接替托马斯·盖奇的职位，并且率领援军立即出动前往北美殖民地。登陆时，威廉·豪子爵发现北美殖民地有一万大军。莱

---

① "无代表不交税"是美国革命的主要口号之一。简言之，北美殖民地中许多人认为，根据1689年的《权利法案》，由于北美殖民地在遥远的大不列颠王国议会中没有直接代表，议会通过的任何针对殖民地居民的法律都是非法的，这否定了殖民者作为大不列颠人民应有的权利。——译者注

莱克星顿战役

英军从康科德撤退

克星顿获胜的消息将北美殖民地的人们团结起来，并且激励他们收获胜果。1775年5月10日，伊桑·艾伦和本尼迪克特·阿诺德率领一支军队占领了泰孔德罗加和王冠角。不久，本尼迪克特·阿诺德率军占领圣约翰，但只占领了一小段时间。1775年5月5日，第二届大陆会议召开。这次会议持续到1781年5月1日。弗雷德里克·诺斯勋爵的让步遭到拒绝，弗吉尼亚人托马斯·杰斐逊拥有极深的人权理念，给出了一个毫不妥协、充满挑衅的答复。起初，大陆会议纯粹起咨询作用，但马萨诸塞的形势让大陆会议开始采取行动。1775年5月25日，大不列颠援军在波士顿登陆。此时，波士顿已经被北美殖民地的武装包围。

本尼迪克特·阿诺德

1775年6月17日，大不列颠王国军队发动了一次突击。著名的邦克山战役爆发。邦克山位于波士顿西北方向上的查尔斯顿半岛。查尔斯河将查尔斯顿半岛与波士顿隔开。对大不列颠王国军队的突击，北美殖民地武装部队已有准备。他们占领了比邦克山较低的布里德山，击退了大不列颠王国军队的两次正面进攻。亨利·克林顿将军随后增援，北美殖民地武装部队井然有序地撤退，威廉·豪子爵决定不再追击。大不列颠王国军队虽获胜，但有二百二十六名将士战死，另有八百二十八名将士受伤。大不列颠王国军队在波士顿的状况没有得到丝毫改善。

与此同时，大陆会议已经将北美殖民地改名为联合殖民地。1775年6月15日，大陆会议任命乔治·华盛顿为总司令。这个任命再明智不过了。在七年战争中，乔治·华盛顿曾为大不列颠王国对抗法兰西王国而参加过布洛克远征。其间，他表现出极大的智慧、勇气和高超的军事技巧。在1775年开始的战争中，他没有辜负北美殖民地军队寄予的厚望，展现出甚至连最了解他的人也感到吃惊的品质。乔治·华盛顿精力充沛，有耐心，无私，他将不守纪律的暴民改造成经验丰富的士兵，并且以自身的无私奉献精神激励手下。1775年，大陆会议选择弗吉尼亚人乔治·华盛顿，在很大程度上将南部各殖民地团结在新英格兰殖民地的斗争事业中，从而将所有北美殖民地联合起来抵抗大不列颠王国。

邦克山战役非但没有遏制北美殖民地武装部队的行动，反倒激发他们尝试新的军事行动。1775年9月，理查德·蒙哥马利和本尼迪克特·阿诺德领导的两支军队进攻加拿大，并且包围了魁北克。1776年6月，一支大不列颠舰队驶向圣劳伦斯河，逼退了北美殖民地武装部队。

然而，威廉·豪子爵在波士顿没有这么顺利。邦克山战役后，大不列颠王国军队留在波士顿。在波士顿，将士们的生活用品极度匮乏。1776年3月，乔治·华盛顿占领波士顿的制高点后，威廉·豪子爵被迫让士兵们登船，向哈利法克斯转移。1776年，北卡罗来纳的效忠派和南卡罗来纳

邦克山战役

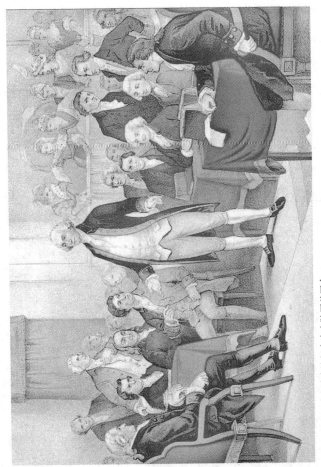

乔治·华盛顿被大陆会议任命为大陆军总司令

的亨利·克林顿将军试图将南北卡罗来纳置于大不列颠王国的控制之下，但没有成功。1776年7月4日，大陆会议在费城发表《独立宣言》。

在决定独立时，托马斯·潘恩的《常识》的影响不容忽视。在《常识》中，托马斯·潘恩抨击了大不列颠王国的宪法和政府，以及国王的统治和世袭制，将乔治三世描述成一位暴君，将大不列颠王国政府描绘成一个独裁政府。1776年1月，《常识》出版时，北美殖民地居民对大不列颠王国政府企图胁迫马萨诸塞殖民地带来的刺痛记忆犹新。托马斯·潘恩雄辩有力地表达了一种此前尚未明确的模糊愿望，即摆脱大不列颠王国的控制，获得彻底的自由。

随着美利坚合众国宣布独立，美国独立战争进入了新阶段。1776年8月，威廉·豪子爵占领了纽约对面的长岛，并且集结了包括一些黑森雇佣军在内的四万人。后来，他赢得布鲁克林战役的胜利，占领了纽约。然而，威廉·豪子爵能力不足，行动缓慢，没有及时扩大战果，也没有

布鲁克林战役

从这次胜利中取得重要战果。根据作战计划，威廉·豪子爵率军攻打费城，亨利·克林顿将军与沿着哈德孙河前来的多切斯特男爵盖伊·卡尔顿将军分别率军在纽约会合，夺取王冠角和泰孔德罗加，从北方进入纽约州。威廉·豪子爵完成了局部战役计划。1776年9月11日，他率军在布兰迪万战役中获胜，智取乔治·华盛顿的军队，但遭受了一些损失。1776年9月27日，查尔斯·康华里侯爵率军占领费城时，威廉·豪子爵率军在费城以北五英里的日耳曼敦击败了乔治·华盛顿的军队。随后，乔治·华盛顿率军撤退到距费城大约二十五英里的福吉谷。但由于对大不列颠王国政府未能派兵增援十分不满，威廉·豪子爵非但没有乘胜追击，反倒辞去指挥官 职。乔治·华盛顿的军队处境不妙。此时，单纯靠乔治·华盛顿的影响就阻止了"一场大规模的叛乱和溃散"[1]。

1777年6月，多切斯特男爵盖伊·卡尔顿将军离开了加拿大，其职位由约翰·伯戈因将军接任。1777年7月6日，约翰·伯戈因将军占领了泰孔德罗加。从这时起，他面临的困难与日俱增：他的印第安盟友抛弃了他，北美殖民地武装部队的力量迅速壮大，大不列颠王国军队的补给几乎耗尽。亨利·克林顿将军未能与约翰·伯戈因将军会合。约翰·伯戈因将军不得不回到萨拉托加。此时，他手中只有不到五千名士兵。霍雷肖·盖茨率领着从当地民兵中征集的一万五千人将他团团围住。1777年10月17日，约翰·伯戈因将军被迫投降。根据协约，大不列颠王国军队被允许返回大不列颠，条件是不能再参与战争。然而，大陆会议撕毁了协约。威廉·豪子爵应该为这次惨败负责，因为他没有意识到约翰·伯戈因将军可能会遇到多少对手。亨利·克林顿将军和约翰·伯戈因将军的军队联合占领费城是这场战役的主要目标，但威廉·豪子爵作为总司令犯了一系列致命失误。大不列颠王国军队面临局面的严重性立即显露出来。

---

[1] 威廉·亨特：《1760年到1801年英格兰政治史》，第175页。——原注

日耳曼教战役

乔治·华盛顿与大陆军将士在福吉谷

萨拉托加的投降使韦尔热纳伯爵夏尔·格拉维耶和其他法兰西大臣相信，大不列颠的繁荣已经结束。因此，法兰西王国政府决定倒向北美殖民地一方。1775年到1777年，查塔姆伯爵威廉·皮特已经远离政坛。1776年7月，他极具政治远见地宣布，法兰西王国的政策很可能是首先间接教唆北美殖民地，然后向大不列颠王国宣战。1778年12月6日，美国在巴黎签署了几项条约。其中，美国同意，除非大不列颠王国承认美国独立，否则不会与大不列颠王国议和。1763年签订《巴黎和约》以来，法兰西的大臣们就时刻等待机会，为其在七年战争中遭受的损失报仇雪恨。萨拉托加惨败激起了法兰西王国极大的热情。韦尔热纳伯爵夏尔·格拉维耶决心让北美殖民地欠法兰西王国一份人情，同时报复大不列颠王国"自18世纪以来对邻国和竞争对手带来的罪恶"。1778年3月，大不列颠王国和法兰西王国进入战争状态。

　　1778年7月27日，在距阿申特岛不远的地方，海军上将奥古斯都·凯佩尔子爵率军与一支法兰西舰队交战。在这场战争的第一次海战中，双

阿申特岛战役

方打成平手。这表明，通过塞萨尔·加布里埃尔·德·舒瓦瑟尔的海军改革，当下的法兰西海军与其在七年战争中的状况已经大不相同。

　　1770年，在福克兰群岛问题上，法兰西王国未能与西班牙王国联合对付大不列颠王国。因此，两个波旁王朝统治的国家关系有些疏远。尽管韦尔热纳伯爵夏尔·格拉维耶要求西班牙王国参战，但西班牙国王查理三世还是犹豫了一年。由于西班牙属北美殖民者对其宗主国不满，所以在北美建立共和国可能会进一步加剧西班牙与其属北美殖民地的紧张关系。然而，西班牙王国的伟大目标是收复直布罗陀和米诺卡岛。1779年4月，虽然西班牙首席大臣佛罗里达布兰卡伯爵何塞·莫尼诺倾向和

佛罗里达布兰卡伯爵何塞·莫尼诺

平，查理三世也不希望北美殖民地成立共和国，但西班牙王国还是与法兰西王国签订了条约。1779年6月，西班牙王国向大不列颠王国宣战。不久，法兰西王国和西班牙王国的联合舰队驶入英吉利海峡，但两国海军将领发生分歧，并未采取任何有效的行动。

1780年，乔治·布里奇斯·罗德尼男爵和乔治·达比数次解救了被西班牙军队围困的直布罗陀。随后，法兰西和西班牙联军在米诺卡登陆，并且包围了菲利普堡。1782年，菲利普堡沦陷。

乔治·布里奇斯·罗德尼男爵

夏尔·亨利·赫克托·戴斯坦

　　1780年，北欧国家宣布武装中立，以抗议大不列颠王国军队要求在中立国船只上搜查战争违禁品。同年，荷兰共和国也向大不列颠王国宣战。法兰西王国援助美国的重要性再怎么强调也不为过：武器、金钱、士兵和军官被派往美国，夏尔·亨利·赫克托·戴斯坦领导下的法兰西舰队对大不列颠王国在西印度群岛的殖民地造成威胁，并且阻碍大不列颠舰队往返美国。拉法耶特侯爵吉尔伯特·德·莫蒂厄及其他军官帮助训练美国军队。这为乔治·华盛顿提供了有力帮助，使其从中学到许多军事经验。

在大不列颠，约翰·伯戈因将军率军投降，增强了反对党的力量。收到萨拉托加战败的消息后，第三代里士满公爵查尔斯·伦诺克斯主张承认美国独立，弗雷德里克·诺斯勋爵催促乔治三世任命查塔姆伯爵威廉·皮特为内阁首脑。乔治三世无疑意识到，如果查塔姆伯爵威廉·皮特成为首相，那么"部门制"将就此终结。因此，他拒绝了弗雷德里克·诺斯勋爵的建议。威廉·爱德华·哈特波尔·莱基认为，乔治三世犯下了重大错误，因为乔治三世拒绝让查塔姆伯爵威廉·皮特担任首相，使大不列颠王国在美国独立战争中完全没有机会获胜。1778年4月7日，查塔姆伯爵威廉·皮特主张，除了承认美国独立，还要批准殖民地人民的所有要求。查塔姆伯爵威廉·皮特的政策是集中一切力量打败法兰西王国，并且通过明智的和解政策保留北美殖民地。他在议会发表演说，反对肢解"这个古老而高贵的王国政权"[1]。1778年5月11日，查塔姆伯爵威廉·皮特病倒了，不久后去世。查塔姆伯爵威廉·皮特虽然有缺点，偶尔缺乏判断力，虚荣心强，目空一切，生活奢靡，却是个了不起的天才，拥有无与伦比的口才，其廉洁举世公认。有人说，查塔姆伯爵威廉·皮特将大不列颠的荣耀提升到前所未有的高度，这个说法再恰当不过了。

萨拉托加战败还产生了一个结果，那就是弗雷德里克·诺斯勋爵萌生辞职念头。1775年，内阁做出一些改变。格拉夫顿公爵奥古斯塔斯·菲茨罗伊辞去掌玺大臣一职，并且加入反对党。达特茅斯伯爵威廉·莱格接替他出任掌玺大臣一职。达特茅斯伯爵威廉·莱格原先的殖民地事务大臣一职由萨克维尔子爵乔治·杰曼接任。巴斯侯爵托马斯·锡恩接替罗奇福德伯爵威廉·纳索·德·祖莱斯特因担任外交大臣。1778年6月，爱德华·瑟洛男爵成为大法官，罗斯林伯爵亚历山

---

[1] 王国政权指大不列颠王国，查塔姆伯爵威廉·皮特反对北美殖民地脱离大不列颠王国的控制，并且宣布独立。——译者注

萨克维尔子爵乔治·杰曼

大·韦德伯恩出任检察长。弗雷德里克·诺斯勋爵被迫继续留任，在伦敦继续坐镇指挥战争。大不列颠王国和法兰西王国交战后，大不列颠王国几乎没有获胜的机会。法兰西王国拥有优秀的海军，法兰西和西班牙联合舰队在许多方面都优于大不列颠海军。当时，大不列颠海军正处在桑威奇伯爵约翰·蒙塔古的管理之下。对大不列颠海军来说，确保对海洋的控制比以往任何时候都更重要。此时，大不列颠海军应该集中力量击败法兰西和西班牙联合舰队。显然，控制海洋是掌控局势的关键，但当时的形势对大不列颠海军不利，使大不列颠海军无法取得任何决定性胜利。与此同时，大不列颠王国政府冒着重重困难继续推进陆战，但看不到胜利的希望。此时，大不列颠政府改变政策：放弃孤立北美北部的殖民地的计划，转而收复北美南部的殖民地。威廉·豪子爵要求回到大不列颠，亨利·克林顿将军被任命为总司令。1778年剩下的时间里，亨利·克林顿将军集中精力攻打纽约，理查德·豪伯爵辞去了舰队司令一职。1779年，北美南部殖民地的斗争开始了。1779年年初，一支大不列颠军队占领了佐治亚，并且开始征服南卡罗来纳。新英格兰海岸由乔治·科利尔率领的一支海军舰队守卫。这支舰队很大程度上破坏了美国的航运。在西印度群岛的法兰西舰队司令夏尔·亨利·埃克托尔·戴斯坦企图将大不列颠军队逐出佐治亚，但最终宣告失败。查尔斯·康华里

乔治·科利尔

侯爵率军占领了南卡罗来纳。然而，要在南部各殖民地取得永久性胜利，大不列颠海军必须绝对控制海洋。由于大不列颠海军效率低下，以及1779年4月西班牙王国参战，一段时间内，大不列颠海军失去制海权。因此，大不列颠王国在西印度群岛的许多属地，如圣卢西亚、圣文森特、格林纳达，都被法兰西王国占领了。更危险的是，1779年8月，法兰西和西班牙联合舰队在英吉利海峡出现。正如前面所说，这个严重局面是桑威奇伯爵约翰·蒙塔古和大不列颠王国政府造成的，他们没有意识到保持海军效率的重要性。1779年4月12日，西班牙王国宣战后，大不列颠军队立即封锁了直布罗陀。占领直布罗陀是西班牙王国政府的主要目标。此时，直布罗陀由希思菲尔德男爵乔治·奥古斯塔斯·埃利奥特将

希思菲尔德男爵乔治·奥古斯塔斯·埃利奥特

军保卫。西班牙舰队曾持续围困直布罗陀约三年时间。与此同时，迈索尔苏丹海德尔·阿里在印度与大不列颠王国开战。1782年，皮埃尔·安德烈·德·叙弗朗麾下的一支法兰西舰队严重干扰了大不列颠王国在印度的霸权。为美国和法兰西王国效力的著名私掠船主保罗·琼斯横行于爱尔兰和苏格兰海岸，随时攻击大不列颠的船舶。

　　威廉·爱德华·哈特波尔·莱基写道："1780年年末的状况，足以吓坏任何一位大不列颠政治家。大不列颠王国完全被世界孤立，面临着法兰西王国、西班牙王国、荷兰共和国和美国联军的攻击。北方联盟也虎视眈眈，即使不再发动一场战争，至少也要摧毁大不列颠最强大的防御体系。与此同时，在印度，海德尔·阿里正在摧毁卡纳蒂克，威胁马德拉斯。在爱尔兰，紧张局势已经达到极限。"[1]尽管总司令查尔斯·康

西班牙舰队围困直布罗陀

---

① 威廉·爱德华·哈特波尔·莱基：《18世纪英国史》，第4卷，第163页。——原注

华里侯爵取得了一些胜利，但1780年还是以大不列颠的一场灾难结束。此时，大不列颠王国已经被完全孤立。1780年12月20日，大不列颠王国与荷兰共和国交战。虽然直布罗陀保住了，沃伦·黑斯廷斯在印度勉强维持着大不列颠王国的殖民地，但大不列颠王国似乎不太可能坚持太久。

1781年，大不列颠王国开局顺利，但以惨败告终。1781年2月，乔治·布里奇斯·罗德尼男爵占领了荷属圣尤斯塔歇斯岛，并且掠夺了许多财物。然而，弗朗索瓦·约瑟夫·保罗·德·格拉塞指挥下的一支法兰西舰队占领了多巴哥。直到1782年4月圣特战役爆发，这支舰队一直称霸西印度群岛。在一切取决于海权的关键时刻，乔治·布里奇斯·罗德尼男爵犯了一个严重错误。接到乔治·华盛顿请求协助攻打纽约的消息后，弗朗索瓦·约瑟夫·保罗·德·格拉塞率领整支舰队出发了。乔治·布里奇斯·罗德尼男爵以为弗朗索瓦·约瑟夫·保罗·德·格拉塞只带了一部分舰队，就派副手塞缪尔·胡德子爵率领十四艘军舰跟在后面。由于身体不好，乔治·布里奇斯·罗德尼男爵回到大不列颠。弗朗索瓦·约瑟夫·保罗·德·格拉塞带着二十八艘军舰抵达切萨皮克湾，并且在约克敦发现查尔斯·康华里侯爵的军队。于是，弗朗索瓦·约瑟夫·保罗·德·格拉塞决定留下，将查尔斯·康华里侯爵的军队封锁在切萨皮克湾。然而，率领舰队来到纽约后，塞缪尔·胡德没有发现弗朗索瓦·约瑟夫·保罗·德·格拉塞的舰队。随后，塞缪尔·胡德带领托马斯·格雷夫斯及另外四艘军舰驶往切萨皮克湾。最终，十八艘大不列颠军舰不敌弗朗索瓦·约瑟夫·保罗·德·格拉塞的二十四艘军舰。经过五天断断续续的战斗，托马斯·格雷夫斯和塞缪尔·胡德回到纽约，留下查尔斯·康华里侯爵的军队听天由命。由于丧失海上优势，查尔斯·康华里侯爵率领的大不列颠军队伤亡惨重。1780年，查尔斯·康华里侯爵制订了一个宏大的"从南到北征服"的计划。1780年8月10日，他战胜霍雷肖·盖茨的军队，大不列颠军队重燃获胜的希望。然而，各种

圣特战役中大不列颠海军突破法军防线

圣特战役后被俘获的法军军舰

各样的状况阻碍了他的大计。在一份声明中，亨利·克林顿将军拒绝接受南部殖民地的中立态度，使许多南部效忠派加入北部殖民地的行列。1780年10月7日，在国王山的一场战役中，帕特里克·弗格森少校阵亡，这对查尔斯·康华里侯爵是一个沉重的打击。1781年年初，查尔斯·康华里侯爵试图穿过北卡罗来纳，但在1781年1月17日国王山附近的考彭斯战役中，他的部下巴纳斯特·塔尔顿战败，查尔斯·康华里侯爵的计划受挫。1781年3月15日，在吉尔福德法院①，与纳撒尼尔·格林的一场战斗中，查尔斯·康华里侯爵取得了辉煌的胜利，但大不列颠军队伤亡惨重。因此，查尔斯·康华里侯爵决定加入亨利·克林顿派往弗吉尼亚的一支军队，这支军队现出本尼迪克特·阿诺德领导。查尔斯·康华里侯

帕特里克·弗格森少校阵亡

---

① 吉尔福德法院，1808年之前北卡罗来纳州吉尔福德县的县城，现在吉尔福德县的县城是格林斯伯勒。——译者注

纳撒尼尔·格林

爵计划征服弗吉尼亚后，继续征服北卡罗来纳。然而，虽然两军顺利会师，但大不列颠军队的兵力不足以保住北卡罗来纳。显然，在南部殖民地，查尔斯·康华里侯爵能否成功完全取决于亨利·克林顿是否能派出增援部队，以及大不列颠舰队是否有能力阻止法兰西舰队登陆援助美国。

"在关键时刻，英格兰失去了海上优势。"[1]法兰西舰队在弗朗索瓦·约瑟夫·保罗·德·格拉塞的率领下与乔治·华盛顿的军队会合了。亨利·克林顿预计自己的军队将在纽约与敌军交战。1781年8月，他

[1] 威廉·亨特：《1760年到1801年英格兰政治史》，第223页。——原注

命令查尔斯·康华里侯爵率军采取守势。在约克敦半岛，拉法耶特侯爵吉尔伯特·德·莫蒂厄率领一支一万人的军队监视着查尔斯·康华里侯爵的军队，一支法兰西舰队负责阻截查尔斯·康华里侯爵率部从海上逃跑。但实际上，在1781年9月5日到1781年9月10日的切萨皮克海战后，查尔斯·康华里侯爵的军队即使失去从海上逃跑的机会，也可以袭击拉法耶特侯爵吉尔伯特·德·莫蒂厄，前往卡罗来纳。乔治·华盛顿表面做出要率部攻打纽约的架势，骗过了亨利·克林顿将军。实际上，乔治·华盛顿却率领大部分军队南下。1781年9月下旬，乔治·华盛顿出现在约克敦。此时，查尔斯·康华里侯爵的军队败局已定。1781年10月19日，查尔斯·康华里侯爵率部投降。

美国与法兰西王国的联盟被证明具有很高价值。亨利·克林顿发现自己的军队在纽约受到法兰西舰队的威胁。当试图向查尔斯·康华里侯爵的军队运送补给并打算帮忙撤出军队时，大不列颠舰队在切萨皮克湾河口被法兰西舰队击败。因此，法兰西舰队控制住了切萨皮克湾，切断了大不列颠军队之间的联系。在这种情况下，查尔斯·康华里侯爵的军队站不稳脚跟，只能投降。在很大程度上，约克敦的失败促成了战争的结束。大不列颠军队不但在人员和物资方面遭受严重损失，而且在道德方面受到巨大影响。约克敦的失利最终表明，镇压美国人的抵抗毫无希望。如果美国没有承诺在其盟友准备达成协议前继续作战，那么和平可能早就实现了。

总结美国获胜的原因并不困难。美国获胜的部分原因是海事方面的，部分原因是军事方面的，还有部分原因是政治方面的。

毫无疑问，大不列颠王国丧失了对海洋的控制权，加速了战争的结束。一段时间内，法兰西和西班牙联合舰队控制着英吉利海峡。约克敦的失败是因为大不列颠舰队无法与查尔斯·康华里侯爵率领的陆军合作，并且法兰西在西印度群岛的舰队也分散了大不列颠舰队的注意力。

查尔斯·康华里侯爵率部投降

美国获胜，政治方面的原因也很重要。西班牙王国与法兰西王国的联盟促使西班牙王国与大不列颠王国交战。西班牙军队攻击直布罗陀吸引了大不列颠海军多年的注意力。1780年，荷兰共和国加入反大不列颠王国的同盟。因此，由于一方面要应付欧洲大部分地区积极的敌对行动，另一方面要镇压美国的抵抗，大不列颠王国显得力不从心。随着战争的推进，大不列颠国民虽然愿意对抗法兰西王国和西班牙王国，但越来越厌恶与美国保持敌对状态。我们不能忘记，大不列颠王国在北美的十三块殖民地如果没有来自加拿大的法兰西势力的威胁，那么其独立的时机早已成熟。另外，现实空间的距离使大不列颠王国很难管理其在北美的殖民地，尤其是北美殖民地的居民形成与宗主国完全不同的政治理念后。从纯粹的军事角度来看，大不列颠军队失败的原因也不容忽视。其中，最主要的原因是缺乏更多的军队，从伦敦远距离指挥北美殖民地的军事行动被美国民兵组织阻断。此外，大不列颠军队缺乏一流的将军，许多大不列颠将军的无能显而易见。在大不列颠军队中，没有哪位将军的能力能比肩罗伯特·克莱夫，甚至他们的能力都比不上詹姆斯·沃尔夫。我们还应该注意，大不列颠军队在战争开始时的战术，虽然可能适用于欧洲战争，但完全不适合与美国作战。在美国，几乎人人都是枪手。美国的民兵组织也不像大不列颠军队那样，穿着考究的制服，拿着不顺手的武器，虽然随着战争的进行，大不列颠军队的"战术"有所改进。然而，只有少数几个军官意识到需要调整战术适应美国的特殊环境。帕特里克·弗格森是有这种意识的军官，但在国王山战役中阵亡。毫无疑问，他在1780年10月7日阵亡是导致查尔斯·康华里侯爵战败的主要原因之一。

在分析美国获胜的原因时，我们还必须考虑到乔治·华盛顿的影响。虽然他不是一位卓越的将军，但他的道德影响力非常大。在1777年年末到1778年年初的关键时刻，正是他的道德影响力令福吉谷的军队团结一心。

约克敦战败对大不列颠王国内阁的稳定产生了直接影响。在弗雷德里克·诺斯勋爵任职后期，大不列颠民众的反抗精神得到了发扬，改革议会和经济政策的呼声越来越大。1778年，在谢尔本伯爵威廉·佩蒂的领导下，查塔姆伯爵威廉·皮特派辉格党人主张废除腐败选区的代表权，并且建议增加人口稠密城镇的代表权。在埃德蒙·伯克的建议下，罗金厄姆侯爵查尔斯·沃森·温特沃斯领导的老辉格党希望通过减少国王任免的闲职遏制国王的影响。1780年，两个改革派都获得支持。威斯敏斯特请愿要求改革议会，约克郡自由民请愿要求废除闲职。因此，1780年，改革经济和议会的提案出台。对此，埃德蒙·伯克提出两项措施，一项措施是经济改革，另一项措施是禁止政府将合同授了议员，但这两项措施都未获通过。于是，阿什伯顿男爵约翰·邓宁提出了著名的动议，即"削弱正在增长的王室权力"。埃德蒙·伯克虽然主张通过经济改革制衡国王的权力，但从未意识到下议院同样需要改革。很难说大不列颠王国对王室独裁的恐惧是否大于对议会独裁的恐惧。阿什伯顿男爵约翰·邓宁的动议以二百三十三票对二百一十五票获得通过，但下议院多数议员并不真正希望改革，只是通过一些一般性决议了事。

1780年6月，罗金厄姆侯爵查尔斯·沃森·温特沃斯派辉格党成员第三代里士满公爵查尔斯·伦诺克斯提出了一项全面的议会改革措施，其主要内容涉及年度选举、男子选举权和平等选区等方面。这项措施由于是在戈登暴动爆发当晚提出的，所以没有机会获得通过。暴动发生的部分原因是《萨维尔法案》。1778年，乔治·萨维尔提出一项法案，"让那些放弃临时管辖权的天主教教徒能购买和继承土地，并且免除对天主教教士的监禁"。这项法案相当于废除1700年通过的一项法案——没收信奉天主教的地主的土地。由于苏格兰新教教徒爆发剧烈骚动，大不列颠王国政府意识到乔治·萨维尔的措施不可能在苏格兰实施。1780年6月2日，以议员乔治·戈登勋爵为首的大不列颠新教狂热分子向大不列颠王国议会提交了一份请愿书。结果，在接下来的一个星期内，伦敦各地爆发骚乱，并且造成巨大损失。伦敦面临被纵火的危险，于是，乔治三世以个人身份介入，军方才奉命采取行动，镇压了骚乱。乔治三世的坚定和勇气使辉格党一时失信于世，巩固了政府的权威。

1780年9月1日，乔治三世解散了1774年选举产生的议会。在新议会中，乔治三世拥有巨大的影响力。埃德蒙·伯克改革王室年俸的提案被否决。直到1781年10月，查尔斯·康华里侯爵投降前，这届政府的地位一直很稳固。1781年11月25日，战败的消息传到伦敦。此后，内阁渐渐失势。弗雷德里克·诺斯勋爵急于承认美国独立，并且派特使前往巴黎与本杰明·富兰克林磋商相关事宜，却遭到萨克维尔子爵乔治·杰曼的反对。1782年年初，萨克维尔子爵乔治·杰曼接替门迪普男爵威尔伯·埃利斯出任国务大臣。1782年3月20日，弗雷德里克·诺斯勋爵辞职。

本章大事年表

1770 年到 1771 年　福克兰群岛争端

1771 年　允许报道议会辩论

1772 年　《王室婚姻法案》

　　　　　瓜分波兰

1773 年　波士顿倾茶事件

　　　　　《管理法案》通过

1774 年　查尔斯·詹姆斯·福克斯被解职

　　　　　《马萨诸塞法案》通过

1775 年　与北美殖民地开战

　　　　　邦克山战役

1776 年　美国宣布独立（7 月 4 日）

　　　　　威廉·豪子爵赢得布鲁克林战役（8 月）

1777 年　萨拉托加投降（10 月）

1778 年　法兰西王国与美国联盟

　　　　　查塔姆伯爵威廉·皮特去世（5 月）

　　　　　乔治·萨维尔提出安抚罗马天主教教徒的措施

1779 年　西班牙王国与大不列颠王国交战

1780 年　荷兰共和国与大不列颠王国交战

　　　　　埃德蒙·伯克的经济改革措施没有通过

　　　　　戈登暴动

1781 年　查尔斯·康华里侯爵在约克敦投降

1782 年　米诺卡岛陷落（3 月）

　　　　　弗雷德里克·诺斯勋爵的内阁倒台（3 月）

　　　　　乔治·布里奇斯·罗德尼男爵获胜（4 月）

注释和说明

关于大不列颠王国失去北美殖民地的预言

法兰西人在加拿大的存在是大不列颠北美十三块殖民地继续依附大不列颠王国的主要原因。自1730年起，有远见的观察家预言，一旦"外部危险降低"，大不列颠王国在北美殖民地的统治就会结束。

法兰西王国失去魁北克后不久，路易-约瑟夫·德·蒙特卡姆就写道："我安慰自己，总有一天，在加拿大的失败将比胜利带给祖国的好处更多，征服者在夸耀胜利时会发现那是一座坟墓。"①。

1730年和1750年，法兰西作家孟德斯鸠和法兰西政治家安·罗伯特·雅克·杜尔戈分别预言大不列颠王国将失去北美殖民地。安·罗伯特·雅克·杜尔戈宣称："殖民地就像果实一样，依附在树上直至成熟……北美殖民地只要能自立，就会效仿迦太基②。"③

① 休·爱德华·埃杰顿在其《殖民政策简史》第177页到178页中引用，本书作者摘自达特茅斯通讯社，历史委员会原稿。——原注

② 迦太基是古代迦太基文明的首都，位于突尼斯湖东边，现在是突尼斯的一个省。公元前1000年，迦太基从腓尼基殖民地发展成为统治地中海的迦太基帝国。——译者注

③ 乔治·皮尔：《英格兰之友》，伦敦，1905年，第106页到第109页。——原注

第 **4** 章

查尔斯·沃森·温特沃斯的第二届内阁及威廉·佩蒂的内阁和联合内阁

（1782—1783）

从1782年3月弗雷德里克·诺斯勋爵的内阁垮台到1783年12月联合内阁被推翻，其间充满了意外。弗雷德里克·诺斯勋爵的辞职意味着部门制和人治的终结，标志着宪政的胜利和内阁获得至高无上的权力。弗雷德里克·诺斯勋爵的辞职也将使乔治三世无限期地掌握在辉格党手中，乔治三世将不得不放弃自己最珍视的希望和信念，退居一旁，任由可恶的辉格党寡头再次掌权。此时，大不列颠王国与殖民地战争的失败使乔治三世不得人心。大不列颠王国已经濒临覆灭的边缘。欧洲各国普遍憎恨和蔑视大不列颠王国，并且使之孤立无援。爱尔兰即将获得独立。

1782年3月20日，弗雷德里克·诺斯勋爵辞职。1782年3月24日，罗金厄姆侯爵查尔斯·沃森·温特沃斯组阁，其内阁部分成员来自老辉格党。老辉格党的领导人曾是罗伯特·沃波尔、亨利·佩勒姆和纽卡斯尔公爵托马斯·佩勒姆-霍利斯。还有一部分内阁成员来自查塔姆伯爵威廉·皮特一派。此前，该派系从罗金厄姆侯爵查尔斯·沃森·温特沃斯一派分离出来。查塔姆伯爵威廉·皮特去世后，该派系由谢尔本伯爵威廉·佩蒂领导。在罗金厄姆侯爵查尔斯·沃森·温特沃斯的第二届内阁中，查尔斯·詹姆斯·福克斯是负责国外事务的国务大臣，谢尔本伯爵威廉·佩蒂是负责国内事务、爱尔兰事务和殖民地事务的国务大臣，

理查德·布林斯利·谢里丹

其他职位被辉格党两派成员瓜分。埃德蒙·伯克被任命为军队主计长，理查德·布林斯利·谢里丹任副外交大臣。在乔治三世的建议下，爱德华·瑟洛男爵继续担任大法官。埃德蒙·伯克和理查德·布林斯利·谢里丹是查尔斯·詹姆斯·福克斯最出名的追随者。

　　自1765年以来，埃德蒙·伯克一直是议会议员。他是在爱尔兰出生的新教教徒，在英格兰定居，隶属于辉格党的罗金厄姆侯爵查尔斯·沃森·温特沃斯一派，赞成《宣告法案》。1770年，他发表的《关于当前不满原因的思考》抨击了政府。美国独立战争期间，他发表了关于美国税收及与美国和解的演讲，不断批评弗雷德里克·诺斯勋爵的政策。在倡导与殖民地议和的同时，他要求推行国内经济改革。1780年，他提出了著名的改革王室年俸的决议。在罗金厄姆侯爵查尔斯·沃森·温特沃斯的第二届内阁中，他担任军队主计长一职。他始终忠于罗金厄姆侯爵查尔斯·沃森·温特沃斯派的辉格党。罗金厄姆侯爵查尔斯·沃森·温特沃斯死后，查尔斯·詹姆斯·福克斯领导辉格党，埃德蒙·伯克一如既往地追随该党。1782年7月，埃德蒙·伯克追随查尔斯·詹姆斯·福克斯和理查德·布林斯利·谢里丹一起隐退，但在查尔斯·詹姆斯·福克斯和弗雷德里克·诺斯勋爵的联合内阁中，他再次出任军队主计长。

理查德·布林斯利·谢里丹因创作1775年发表的《对手》、1777年发表的《丑闻学校》和1779年发表的《批评家》而成名。1780年，他当选为斯塔福德选区的议员，进入议会。他加入查尔斯·詹姆斯·福克斯领导的辉格党，支持查尔斯·詹姆斯·福克斯反对与美国和欧洲大陆的战争。在罗金厄姆侯爵查尔斯·沃森·温特沃斯的内阁中，理查德·布林斯利·谢里丹成为副外交大臣，但只在1782年5月到1782年7月任职。1783年4月，他成为联合内阁的财政大臣，直到1783年12月联合内阁倒台。

理查德·布林斯利·谢里丹是一位精明的政治家，能准确判断公众舆论。他反对查尔斯·詹姆斯·福克斯和弗雷德里克·诺斯联合内阁之前的政策，也反对查尔斯·詹姆斯·福克斯的印度提案。几年后，他反对查尔斯·詹姆斯·福克斯支持法国大革命时使用过激语言。1787年2月7日，他在下议院发表了奥德贵妇演说[①]，受到小威廉·皮特和查尔斯·詹姆斯·福克斯的高度赞扬，奠定了他演说家的声誉。直到1806年，理查德·布林斯利·谢里丹一直站在反对派立场。其间，他作为演说家声名大噪。

---

① 在弹劾印度总督沃伦·黑斯廷斯时，理查德·布林斯利·谢里丹在威斯敏斯特大厅发表的演说。在演说中，他总结了指控沃伦·黑斯廷斯迫害奥德贵妇的证据。——译者注

罗金厄姆侯爵查尔斯·沃森·温特沃斯领导的辉格党内阁标志着"部门制政府"的结束，开启了内阁历史的新纪元。虽然乔治三世解散联合政府的行为违反了宪法，但他再也不能实施违宪的政府制度了。即使在小威廉·皮特领导内阁期间，他也不得不遵守宪法。1782年7月，罗金厄姆侯爵查尔斯·沃森·温特沃斯去世。在他的短暂任期内，他的内阁因金融和政治改革、对爱尔兰的政策、对外政策及大不列颠在印度的胜利而闻名。

显然，当前的首要问题是净化议会，减小王室的任免权和弱化王室的影响力。内阁立即着手开展有益的改革工作。政府承包商被排除在议会外，所有税务官被禁止在选举中投票。根据这些措施，约有五万名官员被剥夺了选举权。实际上，他们一般都将票投给王室一派，这是向选举自由迈出的重要一步。埃德蒙·伯克提出的经济改革提案曾在1781年遭到否决，但此时获得通过。内阁还实施了许多紧缩措施，撤销了许多清闲的岗位，取消了灰色收入，减少了领取养老金的人数。因此，政府每年节省了七万两千英镑的开支。虽然小威廉·皮特提出的议会改革动议以一百四十一票对一百六十一票遭到否决，但下议院从记录上删除了约翰·威尔克斯参与米德尔塞克斯选举的决议，这又向选举自由的方向迈进了一步。通过这些措施，王室的腐败影响得到遏制，并且为大不列颠经济从美国独立战争后的疲软中复苏铺平了道路。

大不列颠王国政府采取的爱尔兰政策也值得铭记。多年来，爱尔兰的不满情绪愈演愈烈。只代表新教教徒的爱尔兰议会渴望独立，使亨利·格拉顿认识到有必要安抚罗马天主教教徒。1778年，在他的领导下，爱尔兰议会废除了最严厉的刑法①。为取悦英格兰制造商，大不列

---

① 这些刑法将天主教教徒排除在爱尔兰议会外，强制信仰天主教的土地所有人将土地分配给名下的所有儿子，并且迫使天主教神职人员和非教职人员生活在水深火热中。此时，天主教教徒占爱尔兰人口的四分之三。——原注。

亨利·格拉顿

颠王国对爱尔兰的商业施加了诸多限制，这也是爱尔兰民情激愤的一个原因。爱尔兰新教教徒要求在英格兰和爱尔兰之间施行自由贸易。大不列颠王国与十三块北美殖民地爆发了战争，而北美殖民地得到法兰西王国和西班牙王国的援助。此时，爱尔兰人看到了机会。爱尔兰没有大不列颠军队驻扎，于是，爱尔兰新教教徒召集了大约八万名志愿兵。1781年，志愿兵准备保护爱尔兰免受法兰西和西班牙联合舰队攻击带来的威胁，这为希望确保爱尔兰立法独立的人士采取行动做好了铺垫。

亨利·格拉顿已经从弗雷德里克·诺斯勋爵的内阁获得了一些让步。1779年12月，在后来的爱尔兰总督白金汉侯爵乔治·纽金特-坦普尔-格伦维尔①的建议下，大不列颠王国议会通过了三项提案。"第一项是承认爱尔兰有出口羊毛和羊毛制品的自由，第二项是爱尔兰有出口玻璃制品的自由，第三项是爱尔兰可与大不列颠殖民地开展自由贸易。"这些商业限制的取消为爱尔兰带来了巨大好处，并且鼓励亨利·格拉顿坚持他生命中的其他四大目标，即立法独立、改革议会、减免什一税和解放天主教教徒。在四大目标中，他只成功实现了第一个。他的成功要归功于爱尔兰的志愿兵、大不列颠王国与北美殖民地战争的失败和罗金厄姆侯爵查尔斯·沃森·温特沃斯第二届内阁的解散。对此，罗金厄姆侯爵查尔斯·沃森·温特沃斯的内阁想考虑一段时间，但亨利·格拉顿宣布，在爱尔兰目前所处的情况下，任何拖延都是危险的。爱尔兰的事态的确发展迅速。1782年2月15日，邓甘嫩举行了一次著名的志愿兵会议，会上要求爱尔兰立法独立，这意味着废除乔治一世的《第六号宣告法案》。《第六号宣告法案》曾确立了大不列颠国王和议会为爱尔兰立法的权力。面对志愿兵的威胁，在大不列颠王国内阁的授意下，爱尔兰寡头议会被迫采取了一项争取民心的政策。1782年4月16日，爱尔兰议会投票支持独立。此前，1782年4月9日，查尔斯·詹姆斯·福克斯在下议院宣布，乔治三世将考虑最后一次安抚爱尔兰人的不满情绪。1782年5月17日，议会两院废除了乔治一世的《第六号宣告法案》，以及1494年制定的《波伊宁斯法》中由大不列颠枢密院控制爱尔兰议会的规定，从而恢复了爱尔兰的上诉司法权。因此，爱尔兰获得立法独立。1783年到1801年，爱尔兰几乎是一个独立的国家。然而，由于罗马天主教教徒没有投票权，爱尔兰议会只代表少数新教教徒，无权控制爱尔兰总督领导下的政府。另外，爱尔兰议会的立法也受到大不列颠王国内阁否决权的制约。

大不列颠王国议会同意爱尔兰立法独立，部分原因是美国独立战

---

① 即前文乔治·格伦维尔的长子。1779年，他承袭伯父坦普尔伯爵理查德·格伦维尔的爵位。1784年，他晋封为白金汉侯爵。——译者注

争，部分原因是亨利·弗勒德和亨利·格拉顿等人的努力。其中，亨利·格拉顿声名显赫，以至于1782年到1801年，爱尔兰议会被称为"格拉顿议会"。

然而，在西印度群岛和地中海，大不列颠王国可能在战争即将结束前获得几场辉煌的胜利。1778年，法兰西王国倒向美国一方后，战争的性质和大不列颠民族的情绪都发生了彻底的变化。起初，在对抗法兰西和西班牙联合舰队时，大不列颠王国几乎无法站稳脚跟，但此时，大不列颠王国已经奋起应对这场危机。大不列颠舰队迅速得到增强和改善，水手们视法军为天敌。因此，大不列颠舰队增加水手人数并不困难。

在西印度群岛，乔治·布里奇斯·罗德尼男爵与塞缪尔·胡德子爵的军队会合。1782年4月12日，几次犹豫不决的行动后，在多米尼加与圣特群岛之间，乔治·布里奇斯·罗德尼男爵率领的大不列颠海军与弗朗索瓦·约瑟夫·保罗·德·格拉塞率领的法兰西舰队正面交锋。在这场战役中，著名的破线战术获得了巨大胜利。由于法兰西舰队像往常一样排成一条长龙航行，乔治·布里奇斯·罗德尼男爵和两名舰长在不同地点突破了法兰西舰队的长龙。于是，法兰西舰队的战线被分成三段，乔治·布里奇斯·罗德尼男爵将法兰西舰队搅得一片混乱。几小时后，法兰西舰队溃散了。1782年4月12日18时，弗朗索瓦·约瑟夫·保罗·德·格拉塞被迫投降。

法兰西和西班牙联合舰队曾计划征服牙买加。牙买加与安提瓜和巴巴多斯是此时大不列颠王国在西印度群岛仅存的属地。然而，牙买加和其他岛屿现在十分安全，大不列颠海军的声誉得到充分恢复，波旁王朝的海上霸权遭到严重打击。

希思菲尔德男爵乔治·奥古斯塔斯·埃利奥特也率军在直布罗陀获胜。在阿尔赫西拉斯，一支法兰西和西班牙联合舰队协同地面部队，为进攻坚不可摧的堡垒做周密的准备。1782年9月13日，法兰西与西班牙联合舰队发动进攻，但被希思菲尔德男爵乔治·奥古斯塔斯·埃利奥特用猛烈的炮火击退。1782年10月11日，理查德·豪伯爵率领舰队抵达直布罗陀海峡。1783年2月6日，大不列颠军队解除法兰西和西班牙联合舰队对直布罗陀的围攻。

和平谈判仍在继续。1782年7月1日，罗金厄姆侯爵查尔斯·沃森·温特沃斯去世，谈判中断。对辉格党来说，他的离世是一场巨大的灾难。此时，辉格党分成两派，一派由谢尔本伯爵威廉·佩蒂领导，另一派由查尔斯·詹姆斯·福克斯领导，尽管两派名义上的领导者是波特兰公爵威廉·卡文迪什-本廷克。乔治三世很高兴再次摆脱了老辉格党，并且任命谢尔本伯爵威廉·佩蒂为首相。查尔斯·詹姆斯·福克斯和埃德蒙·伯克辞职，查尔斯·詹姆斯·福克斯的国务大臣一职由格兰瑟姆男爵托马斯·鲁宾孙接任，谢尔本伯爵威廉·佩蒂政府的国务大臣

波特兰公爵威廉·卡文迪什－本廷克

格兰瑟姆男爵托马斯·鲁宾孙

一职由托马斯·汤森接任。谢尔本伯爵威廉·佩蒂任第一财政大臣，小威廉·皮特成为财政大臣，艾萨克·巴雷成为军队主计长，爱德华·瑟洛男爵继续担任大法官，白金汉侯爵乔治·纽金特-坦普尔-格伦维尔成为爱尔兰总督。作为查塔姆伯爵威廉·皮特的追随者，谢尔本伯爵威廉·佩蒂倡导自由贸易，名噪一时。不幸的是，他从未成功赢得同僚的信任，并且经常被指责口是心非，被乔治三世称为"耶稣会会士①"。1783年，小威廉·皮特组建了著名的内阁，但没将谢尔本伯爵威廉·佩蒂招揽在内。谢尔本伯爵威廉·佩蒂的内阁并不强大，但承担的工作至关重要。1782年11月30日，大不列颠王国政府承认美国独立。虽然美国和加拿大的边界得到确认，但大不列颠王国政府无法保证美国境内的大不列颠效忠派被善待。南卡罗来纳是唯一温和对待效忠派的地方。最终，成千上万的效忠派人士从美国移民到加拿大，他们的后代仍然强烈反对任何加拿大与美国联合的提案。1783年1月20日，大不列颠王国与法兰西王国和西班牙王国签署了和约的初步协议。但直到1783年9月3日，《凡尔赛和约》才最终达成。针对《凡尔赛和约》的初步协议，查尔斯·詹姆斯·福克斯和弗雷德里克·诺斯勋爵结成联盟。于是，1783年2月，谢尔本伯爵威廉·佩蒂下台。谢尔本伯爵威廉·佩蒂内阁的弱点显而易见。第三代里士满公爵查尔斯·伦诺克斯、奥古斯塔斯·凯佩尔子爵和卡莱尔伯爵弗雷德里克·霍华德都不喜欢谢尔本伯爵威廉·佩蒂。1783年1月，这三人辞职，紧随其后辞职的是格拉夫顿公爵奥古斯塔斯·菲茨罗伊。1783年2月21日，议会投票谴责《凡尔赛和约》的条款，谢尔本伯爵威廉·佩蒂辞职。

乔治三世被迫接受查尔斯·詹姆斯·福克斯和弗雷德里克·诺斯勋爵成为内阁大臣。波特兰公爵威廉·卡文迪什-本廷克成为第一财政大

---

① 耶稣会会士，即耶稣会成员，从事教育、智力研究和文化活动。耶稣会向医院和教区提供神职人员，赞助社会部门。——译者注

签订《凡尔赛和约》的美国代表团，从左到右分别是约翰·杰伊，约翰·亚当斯，本杰明·富兰克林，亨利·劳伦斯，威廉·坦普尔·富兰克林。英方代表拒绝入画

臣和名义上的首相。查尔斯·詹姆斯·福克斯和弗雷德里克·诺斯勋爵任国务大臣，第三代卡莱尔伯爵弗雷德里克·霍华德成为掌玺大臣，约翰·卡文迪什勋爵成为财政大臣，奥古斯塔斯·凯佩尔子爵成为海军大臣。埃德蒙·伯克虽然担任军队主计长，但在内阁中没有席位。

　　内阁中最突出的人物是查尔斯·詹姆斯·福克斯。在《皮特传》中，罗斯伯里勋爵曾说他是"所有辩手中最伟大的，所有同事中最和蔼可亲的，所有朋友中最可敬的人。此外，在爱好文学的一代人中，他仅次于埃德蒙·伯克，是政界中受过最好教育的人"。查尔斯·詹姆斯·福克斯1749年出生，在伊顿公学和牛津大学接受教育。1770年到

约翰·卡文迪什勋爵

1774年，他在弗雷德里克·诺斯勋爵的内阁中任职。1774年到1782年，他是政府反对派中的积极分子。在罗金厄姆侯爵查尔斯·沃森·温特沃斯第二次领导内阁期间，他站在谢尔本伯爵威廉·佩蒂的对立面，因为他们二人毫无共同之处。1783年，他与弗雷德里克·诺斯勋爵联盟虽然有诸多理由，但引发一片哗然。这是一个严重的政治错误。查尔斯·詹姆斯·福克斯是议会中弗雷德里克·诺斯勋爵最激烈的反对者之一，他们因反对谢尔本伯爵威廉·佩蒂结盟被认为毫无原则。

显然，联合内阁是一个很有实力的内阁，但唯一出台的重要措施是1783年9月3日缔结的《凡尔赛和约》。大不列颠王国能与法兰西王国达成和约，部分原因是法兰西王国财政吃紧，部分原因是韦尔热纳伯爵夏尔·格拉维耶十分忧虑欧洲东部的局势，希望联合大不列颠王国遏制俄罗斯帝国和奥地利公国的战略意图。大不列颠王国从法兰西王国手中收回了西印度群岛的多米尼加、圣文森特、圣基茨、格林纳达、格林纳丁斯、尼维斯和蒙特塞拉特，在非洲收回了冈比亚和圣詹姆斯堡。

与此同时，大不列颠王国将西印度群岛的圣卢西亚和多巴哥及非洲的塞内加尔和戈雷移交给法兰西王国。针对纽芬兰的捕鱼权，大不列颠王国将密克隆岛和圣皮埃尔岛割让给法兰西王国，并且承认法兰西王国在纽芬兰有捕鱼权。大不列颠王国从西班牙王国手中收回了普罗维登斯和巴哈马群岛，并且获得洪都拉斯湾的伐木权。此外，大不列颠王国将东佛罗里达割让给西班牙，并且同意西班牙王国收复米诺卡和西佛罗里达。1784年5月24日，大不列颠王国与荷兰共和国签订条约，确认大不列颠王国保有纳格伯蒂讷姆。

1783年，大不列颠王国丧失其在北美的十三块殖民地，其在印度历史上一个重要时代也宣告结束。在陆上，大不列颠军队与马赫拉塔军队和迈索尔苏丹海德尔·阿里的军队交锋。在海上，大不列颠舰队与法兰西

皮埃尔·安德烈·德·叙弗朗

的皮埃尔·安德烈·德·叙弗朗①展开争夺战。此时，大不列颠王国在印度的地位受到严重威胁。1783年，大不列颠王国在印度的统治状况是：

> 虽然被动摇，但没有受损。这要归功于沃伦·黑斯廷斯的政治勇气……他带领印度政府安全度过了我国历史上最严重的

---

① 皮埃尔·安德烈·德·叙弗朗（Pierre André de Suffren，1729—1788），法兰西海军上将，普罗旺斯贵族家族首领圣特罗佩兹侯爵保罗·德·叙弗朗第三个儿子。——译者注

危机之一。当时，我们在世界各地的跨洋领土都处在极大的危险中，欧洲所有海军力量联合起来反对我们……无论是顽固而充满敌意的迈索尔苏丹海德尔·阿里，还是坚持发动进攻的马赫拉塔军队，都未能从沃伦·黑斯廷斯手中夺取一寸大不列颠领土。[1]

1772年4月，沃伦·黑斯廷斯就任孟加拉邦总督。他发现孟加拉的财政已经枯竭，"债务负担沉重，政府运转失灵"。[2]于是，沃伦·黑斯廷斯立刻将孟加拉和比哈尔的税收管理权收归东印度公司，并且交由孟加拉副总督管理。接下来的儿年，他实施了重要的金融和司法改革，镇压了"以抢劫为业，甚至出身强盗的达科特人"。通过良性管理，以及撤销许多地方性关税，他的政策刺激了印度的贸易。1772年到1774年，他建立了许多经济机构，并且在加尔各答设立了一所银行。1774年，沃伦·黑斯廷斯派出一支大不列颠使团到达西藏，在中国和印度之间开辟了一条利润丰厚的贸易路线。因此，他"为罗伯特·克莱夫用刀剑和外交赢来的国家奠定了文明统治的基础"[3]。

印度和平的主要威胁来自马赫拉塔人。名义上，马赫拉塔人由马赫拉塔族的创始人西瓦吉王公的后裔统治，实际上由浦那世袭首相白沙瓦管辖。但白沙瓦的权威有时会受到一些有权势的首领的质疑，如马尔瓦的斯坎迪亚和霍尔卡、贝拉尔的邦斯拉，以及巴罗达的盖克瓦。然而，不受内部斗争干扰时，马赫拉塔部落的首领们结成了一个大联盟对抗共同的对手。1772年后的许多年里，这个联盟的军事力量是大不列颠

---

① 阿尔弗雷德·莱尔：《英国在印度的崛起》，伦敦，约翰·默里出版社，1893年，第176页和第177页。——原注
② 特洛特：《沃伦·黑斯廷斯传》，第56页。——原注
③ 特洛特：《沃伦·黑斯廷斯传》，第74页。——原注

王国在印度殖民政府的最大威胁。为了自身利益，以及印度大部分地区的"和平与福祉"，大不列颠王国不得不与大联盟展开斗争。在巴尼帕德战役中战败后，马赫拉塔人很快恢复了元气。1771年，他们自称为沙阿皇帝的保护者。1772年，他们洗劫了罗尔坎德。同年，马赫拉塔人强迫沙阿皇帝将科拉和阿拉哈巴德划给他们，这两个地方是1765年沙阿皇帝与罗伯特·克莱夫签订条约后得到的。马赫拉塔人希望占领这两个地方，从而将比哈尔和奥德连在一起，但沙阿皇帝坚决拒绝了他们的要求。1773年9月，沃伦·黑斯廷斯与奥德纳瓦布签订了《贝拿勒斯条约》，以五十个拉克①的价格将科拉和阿拉哈巴德转给奥德纳瓦布。与此同时，沃伦·黑斯廷斯还划给贪婪的奥德纳瓦布一支大不列颠军队供其差遣。在与罗希拉斯的战争中，这支军队派上了用场。罗希拉斯是一个勇敢但不断制造麻烦的部落，居住在罗尔坎德地区，控制着恒河上游。

沃伦·黑斯廷斯认为，奥德纳瓦布是"东印度公司唯一有用的盟友"，罗希拉斯可能会与马赫拉塔人结盟，并且对大不列颠造成威胁。此外，让奥德纳瓦布占领罗尔坎德不只是给他带来财富和安全，也会"使他更依赖我们，让我们的联盟更加坚固"。因此，1773年和1774年，罗尔坎德被征服，奥德纳瓦布的贪婪得到了满足，沃伦·黑斯廷斯也为加尔各答的财政赚了一大笔钱。

1773年，弗雷德里克·诺斯的内阁大规模改革印度殖民政府。根据《管理法案》，沃伦·黑斯廷斯被任命为孟加拉大总督，同时控制在孟加拉和马德拉斯的殖民政府。除沃伦·黑斯廷斯本人外，弗雷德里克·诺斯还将得到一个由四名成员组成的委员会的协助。但如果孟加拉大总督的建议被否决，那么孟加拉大总督必须执行委员会多数派的决定。大不列颠王国政府还在印度设立了一个最高法院，但没有明确界定

---

① 拉克，印度、巴基斯坦等国独有的货币计量单位，一个拉克约为一万英镑。——译者注

其权力。此外，大总督虽然被赋予孟买和马德拉斯殖民政府的最高权力，但无权指示两地的总督执行何种政策。因此，印度引入了一种很不适合当地人民和当时环境的政府组织形式。在委员会成员中，理查德·巴韦尔一贯支持沃伦·黑斯廷斯，但其他三人，即约翰·克拉弗林将军、乔治·蒙森上校和《朱尼厄斯信函》的作者菲利普·弗朗西斯立即选择了反对大总督的立场，并且在一切可能的场合对大总督的政策加以阻挠。

　　一个叫努科玛的印度人发现沃伦·黑斯廷斯的反对派在委员会中占主导地位，便对沃伦·黑斯廷斯提出许多虚假指控。努科玛依赖的证据是伪造的，但沃伦·黑斯廷斯在委员会中的反对者太急于推翻他。因此，反对者们没有查证这些证据的真实性。突然，努科玛被加尔各答当地一位商人指控伪造货币。其伪造罪得到证实，努科玛被判有罪，并且在1775年被处以绞刑。沃伦·黑斯廷斯与虚假控诉没有任何关系，当然也没有暗中操作对努科玛的指控。于是，沃伦·黑斯廷斯因此事得益，因为他的对手不再对他提出捏造的指控。从这时起，沃伦·黑斯廷斯的地位更加稳固。1776年，他的一个对手乔治·蒙森上校去世，沃伦·黑斯廷斯凭借他的定位票①在委员会中占据主导地位。1777年，他的另一个对手约翰·克拉弗林将军去世。1780年，菲利普·弗朗西斯回到英格兰。

　　与此同时，印度发生了惊心动魄的事件。1778年到1784年，沃伦·黑斯廷斯为大不列颠王国保住了印度殖民地。其间，大不列颠王国对印度的控制受到马赫拉塔人的武装分子、法兰西军队和迈索尔苏丹海德尔·阿里武装分子的威胁。早在1774年，孟买政府极不明智地与马赫拉塔人开战，沃伦·黑斯廷斯认为有必要进行干预，但双方尚未达成令人满意的解决方案。1778年，大不列颠王国和法兰西王国爆发战争，约

---

① 定位票是团体某个成员为打破僵局行使的投票，该成员通常作为团体成员进行普通投票之外的投票，定位票权利通常归投票主持人所有。——译者注

翰·伯戈因将军在萨拉托加投降。1777年，一位叫圣吕班的法兰西使者到达普纳，开始策划反对大不列颠殖民统治的阴谋。对此，沃伦·黑斯廷斯立刻警觉起来。听到萨拉托加战败的消息后，沃伦·黑斯廷斯说："如果大不列颠王国的军队和影响力真的在西方受到如此严重的遏制，那么掌管着大不列颠王国东方利益的我们更应义不容辞地弥补国家的损失。"事实证明，当北美的殖民地正在消失时，大不列颠得以保存印度殖民地，要完全归功于沃伦·黑斯廷斯的努力和勇气。

1778年到1782年，沃伦·黑斯廷斯与马赫拉塔邦联处于公开战争状态。托马斯·温德姆·哥达德将军率领四五千人的军队从朱木拿向孟买进军，波帕姆少校攻占瓜廖尔，使这场战争在历史上留名。1782年，《萨尔拜条约》签订，为大不列颠带来了与马赫拉塔人长达二十年的和平。

1780年7月，迈索尔苏丹海德尔·阿里率领一支庞大的军队突入卡纳蒂克，几乎消灭了威廉·贝利上校率领的一支军队，使这场战争的局势变得严峻起来。海德尔·阿里对马德拉斯的袭击是其将大不列颠势力赶出印度的计划的一部分。1780年，这个计划开始实施，反大不列颠大联盟的主要成员白沙瓦、斯坎迪亚和霍尔卡负责攻打孟买，那格浦尔王公本西拉负责攻打加尔各答，海德尔·阿里负责攻打马德拉斯。

1781年7月1日，在波多诺沃战役中，艾尔·库特率军击败了海德尔·阿里的军队。1781年年底，大不列颠军队又两次战胜了海德尔·阿里的武装部队。同年，大不列颠王国还占领了锡兰①的尼加帕塔姆和亭可马里。1782年，海德尔·阿里发现反大不列颠大联盟正在解体，其军队已经无力抵抗大不列颠军队，并且陷入绝望。然而，伟大的法兰西海军上将皮埃尔·安德烈·德·叙弗朗率领一支法兰西舰队到达印度，紧接

---

① 锡兰，今斯里兰卡。——译者注

海德尔·阿里在波多诺沃战役中败亡

着，一支法兰西军队登陆。因此1782年，海德尔·阿里的势力再次威胁大不列颠军队。

1782年11月，海德尔·阿里去世，但和平并未立即到来，马德拉斯政府紧急呼吁援助。为满足战时财政的需要，沃伦·黑斯廷斯坚持认为，贝拿勒斯王公切伊特·辛格应该拿出一大笔钱支付战争费用。切伊特·辛格拒绝支付，沃伦·黑斯廷斯对他罚款五十万英镑并将他废黜。另外，沃伦·黑斯廷斯还帮助奥德纳瓦布胁迫其母亲和祖母向奥德纳瓦布交还他父亲的财产。用这笔财产，奥德纳瓦布还清了欠东印度公司的一大笔债。

在皮埃尔·安德烈·德·叙弗朗的作战技能和以往成功作战经验的帮助下，海德尔·阿里的继承人提普苏丹继续发动战争。1783年，法

提普苏丹

爱德华·休斯上将

兰西指挥官比西-卡斯泰尔诺侯爵夏尔·约瑟夫·帕蒂西耶率领一支远征军来到印度，协助提普苏丹。大不列颠需要更多经费发动战争。1782年，提普苏丹与爱德华·休斯上将数次交战，不分胜负。1783年6月，法兰西军队在一场战役中打败大不列颠军队后，得以部署一支军队，帮助比西-卡斯泰尔诺侯爵夏尔·约瑟夫·帕蒂西耶保卫古德洛尔，与接替艾尔·库特的詹姆斯·斯图亚特上校交战。大不列颠王国和法兰西王国缔结和平的消息结束了两国在印度的争斗。然而，提普苏丹仍然继续战斗。经历了漫长的包围后，阿奇伯尔德·坎贝尔上校率领两千七百人的小部队占领了门格洛尔。他们的英勇表现给世人留下了深刻印象。1784年，《门格洛尔条约》缔结，结束了大不列颠王国与提普苏丹的战争。1785年，沃伦·黑斯廷斯回到大不列颠。

在沃伦·黑斯廷斯处理印度事务的十四年里，东印度公司的命运发生了巨大变化。沃伦·黑斯廷斯结束管理印度时，东印度公司"在印度的主要政治力量中占据了统治地位"。

与此同时，战争清楚地暴露了东印度公司作为一个统治力量的弱点，而大不列颠王国已经失去了在北美的殖民地。因此，对大不列颠王国来说，明智地管理在印度的领土显得更有必要。

查尔斯·詹姆斯·福克斯试图通过《印度提案》，最终却导致联合内阁解散。东印度公司已经成为印度的实际统治者，其政治力量受到议会的猜忌。苏格兰大法官梅尔维尔子爵亨利·邓达斯之前曾提出了《印度提案》。此时，在埃德蒙·伯克的支持下，查尔斯·詹姆斯·福克斯决心修改东印度公司的章程。他的《印度提案》提出了一些值得称赞的行政改革计划，但与此同时，他也将东印度公司的政治权力完全移交给

梅尔维尔子爵亨利·邓达斯

大不列颠王国政府。七名专员将行使政治权力，他们首先由议会提名，然后由国王批准，任期四年。提案中人员任免部分的内容激起了公众的反对。他们传言说，所有印度殖民政府官员的任免将由查尔斯·詹姆斯·福克斯和弗雷德里克·诺斯勋爵的七名亲信掌握。

虽然《印度提案》在下议院获得通过，但乔治三世利用他在上议院的影响力阻挠这份提案通过。1783年12月17日，上议院否决了这份提案。

于是，联合内阁立即解散，小威廉·皮特出任首相。虽然当时大不列颠人还没有完全意识到这一点，但联合内阁的解散确实标志着乔治三世的第二次胜利。这是一场比1770年更持久的胜利，但小威廉·皮特的上台并不意味着回归"部门制政府"。尽管如此，乔治三世的胜利很快被视为辉格党的灭顶之灾。

印度殖民地大事年表

1603 年　英格兰政府授予英属东印度公司特许状

1662 年　法属东印度公司成立

1707 年　莫卧儿帝国皇帝奥朗则布驾崩

1741 年　约瑟夫·弗朗索瓦·迪普莱任本地治里总督

1751 年　罗伯特·克莱夫保卫阿科特

1754 年　约瑟夫·弗朗索瓦·迪普莱被召回

1757 年　普拉西战役

1760 年　文迪瓦什战役

1761 年　占领本地治里

　　　　　在巴尼帕德打败马赫拉塔人

1764 年　布克萨尔战役

1765 年到 1767 年　罗伯特·克莱夫最后一次停留印度

1767 年到 1769 年　马德拉斯委员会与海德尔·阿里和尼扎姆邦交战

1773 年　《管理法案》通过，沃伦·黑斯廷斯任孟加拉邦总督

1774 年　沃伦·黑斯廷斯任大总督

1778 年到 1782 年　与马赫拉塔军事武装交战

1779 年　海德尔·阿里加入对抗大不列颠王国的战争

1781 年　艾尔·库特在波多诺沃击败了海德尔·阿里

1782 年　提普苏丹继承海德尔·阿里（12 月）大位，继续敌对大不列颠

1784 年　《门格洛尔条约》签署

　　　　小威廉·皮特的《印度提案》

大不列颠大事年表

1782 年　罗金厄姆侯爵查尔斯·沃森·温特沃斯的第二届内阁（3 月到 7 月）

　　　　爱尔兰获得立法独立

　　　　西班牙军队占领米诺卡岛（2 月）

　　　　圣特战役（4 月）

　　　　谢尔本伯爵威廉·佩蒂任首相（7 月）

　　　　直布罗陀遭到大举进攻（9 月）

　　　　大不列颠王国承认美国独立（11 月）

1783 年　签订《凡尔赛和约》的初步协议（1 月）

　　　　谢尔本伯爵威廉·佩蒂的内阁倒台（2 月）

　　　　《凡尔赛和约》签署（9 月）

　　　　小威廉·皮特出任首相

第 **5** 章

1789 年之前小威廉·皮特的内阁

（1783—1789）

1784年，小威廉·皮特刚二十五岁，却面临着一项艰巨的任务。他1759年出生，1781年进入议会，1782年在谢尔本伯爵威廉·佩蒂的内阁任财政大臣。1783年2月，在谢尔本伯爵威廉·佩蒂的带领下，他辞去职务。随后，查尔斯·詹姆斯·福克斯和弗雷德里克·诺斯勋爵的联合内阁接管了政府。小威廉·皮特上台后，查尔斯·詹姆斯·福克斯成为反对派，并且获得下议院多数议员的支持。小威廉·皮特在公共事务方面经验不足，但得到了上议院、王室、伦敦城乃至全国民众的支持。此外，在1784年头几个月里，查尔斯·詹姆斯·福克斯的错误和小威廉·皮特的精明使其首相地位日趋稳固。1784年1月12日，议会召开会议，查尔斯·詹姆斯·福克斯没有敦促立即解散议会，而是竭尽全力迫使内阁辞职，否则他就在立法方面设置重重障碍。1784年2月27日，小威廉·皮特的马车在圣詹姆斯宫遭到反对派的袭击。另外，由于反对派此前的行为，小威廉·皮特的声望大增。1784年3月25日，议会解散。

　　对辉格党来说，随后的选举是灾难性的。由于人们十分钦佩年轻首相小威廉·皮特的勇敢行为，厌恶查尔斯·詹姆斯·福克斯和弗雷德里克·诺斯勋爵的联合内阁，以及忽视乔治三世在查尔斯·詹姆斯·福克斯的《印度提案》问题上的违宪行为，一百六十名"福克斯

威廉·威尔伯福斯

的殉道者"①失去了议会席位。威廉·威尔伯福斯是小威廉·皮特的朋友，倡导废除奴隶贸易，此时正代表约克郡回到议会。查尔斯·詹姆斯·福克斯本人也险些在威斯敏斯特选区的选举中败北。

此时，小威廉·皮特已经稳稳坐上首相宝座，并且得到了下议院多数议员的支持。直到《改革提案》提出后，辉格党才成功夺回议会多数席位。小威廉·皮特的内阁成员几乎没有改变，斯塔福德侯爵格兰维尔·莱韦森-高尔成为掌玺大臣，波特兰公爵威廉·卡文迪什-本廷克被任命为爱尔兰总督，卡姆登伯爵查尔斯·普拉特担任枢密院大臣。

---

① 当时，人们称辉格党人为"福克斯的殉道者"。——原注

表面上看，1784年的胜利是乔治三世的胜利，但他在1784年的胜利与1770年的胜利大不相同。弗雷德里克·诺斯勋爵1770年到1782年的首相任期标志着乔治三世的影响力达到顶峰。其间，乔治三世实际上是自己的首相，内阁制被"部门制"取代。乔治三世的个人统治没有经受住考验。随着北美殖民地的丧失、弗雷德里克·诺斯勋爵的倒台和辉格党的胜利，他的个人统治宣告结束。

然而，一系列意想不到的事件再次帮助了君主政体，辉格党人的胜利是短暂的。罗金厄姆侯爵查尔斯·沃森·温特沃斯去世，查尔斯·詹姆斯·福克斯与谢尔本伯爵威廉·佩蒂争斗，以及查尔斯·詹姆斯·福克斯与弗雷德里克·诺斯勋爵结盟，这一系列事件都彻底改变了当时的政治局势。1784年，乔治三世不但再次击败了辉格党，而且赢得了民心。1783年之前，乔治三世从未真正得到民众拥戴。1784年之后，他被认为是大不列颠最受欢迎的一位国王。

不过，在小威廉·皮特领导内阁期间，无人试图恢复"部门制政府"。与弗雷德里克·诺斯勋爵不同，小威廉·皮特不希望国王过度干涉政府事务。大不列颠王国第一次有了一位首相：他管理着内阁，被大臣们视为唯一的首脑。1791年，爱德华·瑟洛男爵确实试图摆脱首相对同僚的控制，但经过短暂的斗争后，乔治三世支持小威廉·皮特。最终，现代内阁制取得胜利。乔治三世对小威廉·皮特没有个人感情，但他认识到，在国民的大力支持下，这位年轻的首相站在他和辉格党中间。因此，直到1801年小威廉·皮特辞职前，乔治三世坚定不移地支持着这位在1784年帮助他让辉格党陷入困境的人。

在许多其他方面，1784年的情况与1770年的情况大不相同。美国独立战争及随之而来的北美殖民地的丧失，构成了大不列颠政治的一场革命。议会的腐败结束了，主要政党的政客们的责任感增强了，他们的辩论也更有礼貌了。1784年，在欧洲人的心目中，大不列颠王国只是一个三流国家。此时，大不列颠王国需要全面重组内部事务，密切关注印度的局势，谨慎处理与爱尔兰的政治和商业关系。要想恢复大不列颠王国在欧洲的地位，并且处理许多需要解决的金融、商业、政治和社会方面的问题，小威廉·皮特就需要一段和平时期，这需要大不列颠国民、乔治三世和议会的持续支持。

从美国独立战争结束到1793年大不列颠王国和法兰西第一共和国战争爆发，小威廉·皮特没有辜负国家对他的信任。他的演讲能力无与伦比，他处理财务的技能毋庸置疑，他的正直有目共睹，他的政治眼光经得起考验。在每一次危机中，他都表现出不凡的查塔姆伯爵威廉·皮特之子应有的勇气。经历一段时间的战争后，大不列颠王国政府急于推行内部改革，而小威廉·皮特是再适合不过的人选。小威廉·皮特虽然为人傲慢，经常对同事颐指气使，却是位熟谙议会管理艺术的大师。在与乔治三世和下议院打交道时，他表现得十分老练。他是位天生的领袖，他的爱国主义精神、勤奋努力和积极乐观给所有认识他的人留下深刻印象。他将强烈的责任感、对腐败的憎恨和对权力的热爱结合在一起。直到1793年，他内政外策的成功充分证明了这一点。他淡泊名利，一生清贫。大不列颠人民见惯了追名逐利的自私政客，自然全副热情地支持这位与众不同的大臣。小威廉·皮特痛恨腐败，心无旁骛，将任期的每时每刻都投身于国家利益。幸运的是，对大不列颠王国来说，小威廉·皮特勤奋、务实、善于理财。他接受亚当·斯密在《国富论》中提出的自由贸易观点，并且认识到殖民地的重要性。他对爱尔兰采取了宽容的态度，并且赞成解放天主教、改革议会和废除奴隶制。

1784年到1801年，小威廉·皮特任职期间，大不列颠发生了巨大的变化，英格兰成为一个制造业王国。18世纪的工业革命对大不列颠的重要性不亚于法国大革命。工业革命持续整个18世纪。18世纪末，英格兰从一个农业国变成一个制造业国家。"'18世纪的工业革命'充分定义了一个极其复杂的事件，源于经济、社会和政治需求，结出了经济、社会和政治果实。"①乔治一世的即位结束了17世纪和安妮女王统治时期的宗教和政治斗争，并且让大不列颠人能集中精力发展工业。

18世纪初，大不列颠乡村就有了制造业，妇女和儿童在农舍里纺纱。18世纪末，个体手艺人被淘汰，"家庭手工业者变成工厂工人"，这个变化反映了工业革命的一个阶段。18世纪，机械的引入彻底改变了大不列颠的四大产业，即钢铁、陶器、羊毛和丝绸贸易的生产能力。

乔治三世即位前，大不列颠王国主要发展农业和贸易，出口大量玉米和羊毛。羊毛贸易主要在诺里奇及东部各郡蓬勃发展。萨里郡和萨塞克斯郡则开展铁器贸易。从前，这两个地方能轻易获取大量木材烧炉子。查理二世统治时期，大不列颠王国从荷兰共和国手中夺取了运输贸易。与葡萄牙王国签订的《梅休恩条约》为大不列颠羊毛制品打开了葡萄牙市场，《乌得勒支和约》使布里斯托尔的商人可以从事利润丰厚的奴隶贸易。随后，海上霸权帮助大不列颠王国确立其在印度的统治地位。另外，大不列颠王国征服了加拿大。然而，直到乔治三世即位，毛纺和棉纺仍然是纯粹由妇女和儿童在农舍里从事的家庭手工业。

1760年前，大不列颠的工业和农业已经出现变化和发展的迹象。自18世纪初以来，棉花贸易稳步增长。1700年到1750年，兰开夏郡的人口翻了一番。18世纪上半叶，查尔斯·汤森子爵和其他人将注意力转向改善农业的生产能力，尤其是萝卜的种植。直到乔治三世即位，虽然到处都有即将发生变化的迹象，但在很大程度上，大不列颠王国仍然是一个由农民和商人组成的国家，自耕农和小农依然可以谋生。

然而，在随后的四十年中，工业革命已经完成，大不列颠的财富骤增，以至于能在促使拿破仑·波拿巴倒台的过程中起主导作用。

---

① 《爱丁堡评论》，第419期，第126页。——原注

1784年，大不列颠的枯竭显而易见。欧洲大陆的政治家们希望美国独立战争能让大不列颠王国从此一蹶不振。然而，大不列颠王国没有让他们如愿。在这场灾难性的战争结束后的十年里，大不列颠以一种非同寻常的方式从枯竭中恢复过来。印度的贸易迅速发展，为大不列颠王国带来了源源不断的财富。工业革命正在快速进行，制造商、贸易商和地主都获益巨大。此外，工业革命还意味着农业体系的巨大变革，意味着大不列颠王国从一个农业国转变成一个制造业国家。在工业革命的带动下，机器生产取代手工劳动。大不列颠的人口迅速增长，英格兰北部成为大制造业中心，运河系统开始发展。小威廉·皮特上台前，许多变化已经发生，但直到19世纪初，人们才认识到这些变化的全部意义。

大不列颠王国的财富依赖其海上霸权。实际上，大不列颠王国的海上霸权并没有因为它与北美殖民地的战争而被削弱。在战争期间，荷兰、法兰西、西班牙和美国的航运和贸易都遭受了严重损失。敌对状态结束后，大不列颠王国在商业方面占据了世界霸主地位。1784年，大不列颠王国的商业基础稳固，没有因为与北美殖民地的战争遭到破坏。直到现在，大不列颠王国仍在欧洲的运输贸易中占据最大份额。1800年，大不列颠的进出口总值是其1783年的两倍。

因此，在工业革命期间，大不列颠王国的对外贸易蓬勃发展。大不列颠的繁荣在很大程度上是由于"生产流程的改进和交通设施的增加，在更大程度上，是由于水或者蒸汽推动的机械代替了人工劳作"[1]。

1735年，亚伯拉罕·达比二世首次发现用煤和焦炭炼铁比用木炭炼铁更便宜，于是，大量人口从英格兰南部向北部迁移。大不列颠能生产大量的铁，使铁变得很便宜，不再需要进口。1765年到1782年，詹姆斯·瓦特改进了蒸汽机，加快了铁的冶炼。

---

[1] 威廉·亨特：《1760年到1801年英格兰政治史》，第170页。——原注

詹姆斯·瓦特改进蒸汽机

　　1738年，约翰·凯发明了飞梭，大大提高了织工织印花布的速度，增加了棉线的需求。1765年，詹姆斯·哈格里夫斯发明了珍妮纺纱机。1768年，托马斯·海斯发明了一种改进版的纺纱机——水框架纺纱机。1775年，塞缪尔·克朗普顿结合前两种纺纱机，发明了骡子珍妮纺纱机。纺纱机的改进大大满足了对棉线的需求。理查德·阿克赖特不是发明家，但利用了许多发明。他是个精力充沛、精明能干的商人，极具毅力、组织能力和勇气。新工业运动正迅速将大不列颠转变为一个制造业国家，而理查德·阿克赖特不过是其中的一位代表人物。1754年，约翰·威尔金森建造了第一座炼焦炉，他毕生致力于建立新的铸造厂。与理查德·阿克赖特一样，约翰·威尔金森不是个发明家，而是一个精力充沛的卓越商人。生产工艺的改进，加上人口的迅速增长，导致对煤炭需求的增加。与此同时，大不列颠的道路得到改善，农业生产技能得到提升，运河系统得到完善。1761年，布里奇沃特运河开通，连接了布里奇沃特公爵弗朗西斯·埃杰顿的一个煤矿的所在地沃斯利与曼彻斯特。

约翰·凯

塞缪尔·克朗普顿

理查德·阿克赖特

约翰·威尔金森

这条运河由水车木匠詹姆斯·布林德利主持修建，这项工程的成功带动了许多其他运河的修建。1759年以前，大不列颠没有运河。1777年，大不列颠已经修建了十一条运河。通过科学的新耕作方法，以及改进牛羊饲养技术，食品的需求也得到满足。

18世纪下半叶，除了机械，许多其他方面也得到了发展，这标志着"那个时期工业的空前进步，开启了大不列颠人民发展的新篇章"[①]。

1769年，乔赛亚·韦奇伍德在伯斯勒姆附近建立了一家工厂，标志着大不列颠陶瓷工艺史上的一个新纪元。他自己出钱，大力推进布里奇

詹姆斯·布林德利

---

① 《爱丁堡评论》，第419期，第129页。——原注

沃特运河工程。作为一个开明的资本家和组织者，他站在时代的前列。与此同时，马修·博尔顿在伯明翰建立了一座大型铁器仓库，并且与德意志建立了贸易关系。

随着工业的变化，大不列颠的农业和畜牧业也经历了一场革命。荒地被圈了起来，用于畜牧。土地的产量大大增加。在工业革命进行的过程中，自耕农迅速消失。新的农业制度带来的变革要求大量的资金投入，只有富裕的地主和大农场主才能支付得起这笔资金。机器的发明给靠纺纱为生的阶层带来许多苦难，农业的进步也使小自耕农破产。于是，小自耕农不得不将土地卖给大地主，增加了贫困劳动力的数量。因

马修·博尔顿

此，修改《济贫法》成为必要。1783年，《吉尔伯特法案》通过，各教区成立工会，规范分配户外救济。

在工业革命取得进展的这些年里，大不列颠的商业突飞猛进。17世纪，利物浦还是一座无足轻重的城市，但在18世纪结束前，它成为大不列颠王国第二大港。在内部贸易转型的同时，大不列颠的对外贸易也在扩张。[①]大不列颠王国开始出口铁器和陶瓷，其总体贸易额迅速增长。所有这些发展是由大不列颠公民自发形成的，没有得到国家任何资助。技术发明和能源开发是迅速改变大不列颠并引发其社会和工业革命的主导力量。

工业革命的特点体现在英格兰北部的煤炭和钢铁产业的发展、运河系统的扩大、水动力和蒸汽动力的机械代替手工劳作、工厂的建立和农业的巨大变化等方面。

大不列颠从一个农业和玉米出口国，很快变成一个人口众多的制造业国家，甚至需要进口玉米。工厂制度的发展取代了旧的家庭生产制度，并且在农村地区引起了一场彻底的革命。大不列颠的城镇迅速扩张，在一段时间内造成大众的痛苦。"1803年，七分之一的人接受了户外救济。"[②]小威廉·皮特似乎从未理解庞大工厂体系的重要性，但感受到贫困阶级的痛苦。小威廉·皮特是亚当·斯密的追随者，其处理金融问题的能力在两个时期起到了重大作用：第一个时期是1783年到1793年，大不列颠的资源需要小心保护和开发；第二个时期是与法兰西第一共和国交战期间，大不列颠政府需要处理金融和商业危机，并且需要为大不列颠的盟友筹集大量资金。

即使是1789年法国大革命爆发，甚至1793年荷兰出现了危机，或者奥斯曼土耳其帝国与俄罗斯帝国和奥地利公国爆发了战争，小威廉·皮

---

① 《爱丁堡评论》，第419期，第136页。——原注
② 托特：《自1689年以来的英国史》，第93页。——原注

17 世纪的利物浦

特也仍然能将注意力转向印度和爱尔兰，以及国内的政治、经济和社会改革。

印度殖民政府的问题需要立即解决。查尔斯·詹姆斯·福克斯的《印度提案》未获通过，于是，小威廉·皮特登上首相之位。1784年1月，小威廉·皮特亲自提出一项提案，但仅以八票之差被否决。1784年8月，他又提出一项提案，最终成为法律，并且直到叛乱发生，这项提案一直是管理印度的依据。

根据这项提案，一个由内阁和枢密院成员组成的管理委员会负责管理东印度公司的政治事务，但东印度公司在印度的总司令和高级官员由国王任命，并且对国王负责。此外，其他任免权仍然掌握在东印度公司手中，公司董事表面上继续担任他们从前担任的职务。因此，虽然公司的政治管理移交给了一个带内阁性质的管理委员会，并且随内阁变更，但公司的特许权不受干涉。由查尔斯·詹姆斯·福克斯、理查德·布林斯利·谢里丹和埃德蒙·伯克领导的反对派谴责这种双重政府制度，但反对无效。1784年年底之前，这项提案以多数票获得通过。在印度，双重政府制度一直延续到1858年。

1785年2月，沃伦·黑斯廷斯辞去孟加拉大总督一职，并且离开印度。一回到大不列颠，他就受到乔治三世和东印度公司董事们的热情接待。沃伦·黑斯廷斯为大英帝国保住了印度，得到交口称赞，其爱国主义精神受到广泛认可。然而，小威廉·皮特对沃伦·黑斯廷斯没有表现出丝毫热情，并且准备批评他的行为。小威廉·皮特公开宣称，自己既不是沃伦·黑斯廷斯的忠实朋友，也不是他一贯的对手，并且决心支持正义和平等。在埃德蒙·伯克的鼓动下，反对派决定攻击沃伦·黑斯廷斯，并且希望小威廉·皮特支持反对派的指控。1786年2月，埃德蒙·伯克宣布，他打算在上议院弹劾沃伦·黑斯廷斯。听取了为上届孟加拉大总督沃伦·黑斯廷斯的辩护后，下议院投票表决埃德蒙·伯克提出的指控。指控主要有三条。第一条是沃伦·黑斯廷斯为打击掠夺成性的罗希拉斯而借兵给奥德纳瓦布。第二条是他对贝拿勒斯纳瓦布处以一笔重罚，因为贝拿勒斯纳瓦布未能为最近与海德尔·阿里的战争提供部队和资金。第三条是奥德纳瓦布得到沃伦·黑斯廷斯的许可，掠夺自己母亲和祖母的财产，因为此时，印度殖民政府向奥德纳瓦布索要与迈索尔苏丹开战的资金。最终，对沃伦·黑斯廷斯的第一条指控被下议院驳回，但下议院接受了第二条和第三条指控。

1787年，埃德蒙·伯克在上议院弹劾沃伦·黑斯廷斯。1788年2月，著名的审判开始。虽然埃德蒙·伯克作了精彩的开场演说，但公众舆论还是支持沃伦·黑斯廷斯这位卓越的前印度行政长官。审判拖得很长，几乎无人对此感兴趣。1795年4月23日，沃伦·黑斯廷斯被判无罪。1786年，查尔斯·康华里侯爵被任命为新任印度大总督。1788年2月，小威廉·皮特努力使《宣告法案》通过，宣布1784年的提案有效。该提案规定，东印度公司必须支付管理委员会为保卫大不列颠在印度的领土而派遣军队的费用。

至于针对爱尔兰的政策，小威廉·皮特没获得成功。1782年，爱尔兰获得了立法独立。此时，小威廉·皮特希望授予爱尔兰与大不列颠进行自由贸易的权利。然而，爱尔兰普遍存在强烈的不满情绪，迫切希望改革议会。爱尔兰议会毫无代表性，其三百个议席，除了八十二个席位，其余都由政府和一百一十六个席位所有者①控制。志愿兵召开大会并拟订了一项民主改革提案，但这项提案没有涉及天主教解放问题。亨利·弗勒德试图在"严格的新教基础上"通过这项改革法案，但在一片哗然中，他的改革法案受挫。因此，整个爱尔兰仍然处于无政府状态。为安抚不满情绪，使大英帝国广泛获益，并且最终改革爱尔兰议会，小

① 所有者，17世纪为建立和管理英国殖民地被授予皇家宪章的人，同时拥有所在殖民地议会的席位。——译者注

威廉·皮特以罕见的政治远见大力促使大不列颠和爱尔兰实行自由贸易。虽然1785年的某些决议朝着自由贸易的方向发展，但遭到由查尔斯·詹姆斯·福克斯、埃德蒙·伯克、弗雷德里克·诺斯伯爵和理查德·布林斯利·谢里丹带领下的议会反对派的强烈反对，这些人代表了狭隘的制造业地区的观点。另外，由于亨利·格拉顿领导的爱尔兰议会的反对，小威廉·皮特不得不放弃促进与爱尔兰贸易的计划，以及"通过共同利益团结两个国家"的想法。1784年，爱尔兰总督拉特兰公爵查尔斯·曼纳斯预言："除非结成一个联合王国，否则爱尔兰将在二十年后与大不列颠切断联系。"1801年，他的预言得到证实[①]。

在推行议会改革方面，小威廉·皮特同样遭遇失败。自1768年米德尔塞克斯选举以来，查塔姆伯爵威廉·皮特、约翰·威尔克斯和第三代里士满公爵查尔斯·伦诺克斯一直主张改革议会，小威廉·皮特在1782年和1783年也曾就此问题提出动议。1785年4月，他提出一项议会改革提案，建议"从现在三十六个衰落的选区所有者手中回购议席，并且将七十二个议席分配给人口更密集的郡，以及伦敦和威斯敏斯特"。当时，政府对改革议会不感兴趣，并且对当前的政府和首相都很满意，查尔斯·詹姆斯·福克斯和弗雷德里克·诺斯勋爵都反对这项计划。最终，议会以高出七十四票的多数票否决了这项提案。

直到现在，小威廉·皮特在下议院还没有获得固定的、有组织的多数席位，他的地位并不稳固。乔治三世确实给予了他坚定的支持，而小威廉·皮特在上议院逐渐开展的革命也极大地巩固了他的地位。小威廉·皮特上任时，上议院在很大程度上由辉格党控制。然而，小威廉·皮特不断奖励他的追随者，授予他们爵位。在他的追随者中，大部分是成功的律师和商人。1801年，他帮助一百四十人得到或者晋升爵

---

① 1801年，爱尔兰王国并入大不列颠王国，大不列颠与爱尔兰联合王国成立。——译者注

位。上议院主要由富人组成，由于不受腐败的影响，上议院不再是辉格党寡头政治的大本营，也不再是"领土巨头的集会"，而是一个基于财富和保守主义理念的集会。

　　1786年，通过成功的财政措施及与法兰西缔结商业条约，小威廉·皮特加强了对国家的控制。他旨在减少国家债务的偿债基金计划受到普遍认可。1793年，大不列颠王国政府的债务减少了一千万英镑。根据这个计划，大不列颠王国政府从税收中拨出一百万英镑用于累积复利以支付国债。1807年，这一措施其实已经被放弃。为增加财政收入，小威廉·皮特遏制了与增加公共贷款有关的滥用行为，并且废除议员在信函上标记邮资已付的做法。另外，他采取措施遏制走私，通过了《悬停法案》①，实施增加关税和消费税的计划，即罗伯特·沃波尔的消费税计划，并且征收部分内陆关税。1784年，茶和酒的关税降低了。大不列颠王国政府偿还了债务，改革了海关。因此，商人们广泛受益。1786年，小威廉·皮特还重组贸易委员会，使其成为一个重要机构。然而，他最重要的一项财政措施是1786年9月26日与法兰西签订的商业条约。

　　1783年签订的《凡尔赛和约》中，有一项条款规定，大不列颠王国和法兰西王国应该制定贸易往来计划并"在1784年1月1日起的两年内实施并完成"这项计划②。两起事件迫使大不列颠内阁采取行动。1785年7月，法兰西政府颁布法令，抵制进口大不列颠制造的商品。1785年11月，法兰西王国和荷兰共和国结盟。小威廉·皮特意识到有必要采取行动。1786年3月，他派奥克兰男爵威廉·伊登到巴黎与法兰西外交大臣韦尔热纳伯爵夏尔·格拉维耶谈判。1785年，小威廉·皮特成立了新的贸易委员会，奥克兰男爵威廉·伊登是其中一员。小威廉·皮特发现，

---

① 《悬停法案》，规定外国或者大不列颠国内船舶进入沿海国家三英里海域之前，相关政府官员有登船并检查货物的权力。——译者注
② 《剑桥现代史》第8卷，第284页。——原注

威廉·伊登

奥克兰男爵威廉·伊登十分擅长商业事务谈判，以及韦尔热纳伯爵夏尔·格拉维耶急于促进法兰西的贸易。这项商业条约使法兰西和大不列颠都从中获益巨大，两国间的大部分保护性关税都废除了。然而，由于乔治三世和大臣们都不同意自由贸易政策，小威廉·皮特只能采取互惠互利政策。

　　大不列颠王国和葡萄牙王国签订的《梅休恩条约》还没有废除。但对法兰西葡萄酒的关税，大不列颠王国政府降到与对葡萄牙葡萄酒征收关税的同等水平^①。由于斯皮塔菲尔德织布工的强烈抗议，法兰西的丝绸被完全禁止进口，但五金、餐具、棉花、羊毛制品、亚麻制品和细麻布在两国的进出口贸易中没有受到太多限制。大不列颠与法兰西的贸易得到极大推动，但由于在组织、企业和机械方面优于法兰西，大不列颠制造商获利更多。查尔斯·詹姆斯·福克斯和理查德·布林斯利·谢里丹领导的辉格党强烈反对这项条约。查尔斯·詹姆斯·福克斯宣称，法兰西是大不列颠的天然对手。然而，小威廉·皮特对此事采取了政治家的态度。他对"法兰西是我们的世代对手"的观点嗤之以鼻，并且认识到采取开明的商业政策对大不列颠有利。1786年，与法兰西签订的商业条约使他成为一名政治家、金融家和优秀的管理者。

在处理与安抚持异见者和贩卖奴隶的有关问题时，小威廉·皮特表现得既谨慎又勇敢。1787年，亨利·博福伊提出一项动议，要求废除查理二世统治时期通过的《测试法案》与《公司法案》，这两个法案是宗教狂热时代的产物。由于罗伯特·沃波尔的内阁每年都通过《赔偿法》，所以这些法案其实并没有对持异见者施加太大压力。小威廉·皮特的立场则艰难许多，他的政党仍然在下议院占少数席位。因此，他不得不依靠"国王之友"和"独立"议员的支持，但他发现反对派出现意见分歧，教会也整体反对亨利·博福伊的提案。小威廉·皮特只能宣布反对这项提案。于是，这项提案以九十八票对一百七十六票未获通过。

在威廉·威尔伯福斯、格兰维尔·夏普和约翰·克拉克森坚持不懈的反对下，奴隶贸易的残酷行径已经臭名昭著，小威廉·皮特对此态度坚定。1772年，曼斯菲尔德伯爵威廉·默里规定，奴隶一踏上大不列颠，就是自由的。然而，该决定并没有减少西印度群岛的奴隶贸易。

---

① 1703年，英格兰王国和葡萄牙王国签订《梅休恩条约》。葡萄牙王国允许进口英格兰产的羊毛制品，葡萄牙葡萄酒也获准进入英格兰。与法兰西葡萄酒相比，葡萄牙葡萄酒获得了三分之一的关税优惠。——原注

直到1788年，约翰·克拉克森被奴隶贸易的暴行震惊了。在贵格会和威廉·威尔伯福斯的支持下，他开展了反奴隶制运动。威廉·威尔伯福斯是约克郡的代表议员，也是小威廉·皮特的朋友。他不顾伦敦、利物浦和布里斯托尔商人的反对，鼓励全面调查奴隶贸易及其罪恶。1788年，他支持威廉·多尔宾提出的一项议案，要求完善奴隶运输船的管理。该提案在下议院获得通过，但在上议院被修改得毫无用处，因为从奴隶贸易获利的人有着巨大的影响力。1791年，威廉·威尔伯福斯提出废除奴隶贸易的动议。动议虽然得到小威廉·皮特和查尔斯·詹姆斯·福克斯的支持，但仍然以八十八票对一百六十三票被否决。1792年后，与法兰西的战争引起了广泛关注，奴隶问题被搁置了好几年。

威廉·多尔宾

1787年和1788年，小威廉·皮特的注意力主要集中在王室事务和国外纷争。查尔斯·詹姆斯·福克斯和弗雷德里克·诺斯勋爵的联合内阁倒台时，乔治三世已经获得民心。1786年，一个疯女人攻击乔治三世失败。另外，由于刚从1789年的精神病中恢复过来，乔治三世更受民众拥戴。有一段时间，乔治三世很为儿子威尔士亲王乔治·奥古斯塔斯·腓特烈的行为恼火。威尔士亲王乔治·奥古斯塔斯·腓特烈负债累累。1785年，他违反了《王位继承法案》和1772年的《王室婚姻法案》，

威尔士亲王乔治·奥古斯塔斯·腓特烈

娶了美丽迷人的罗马天主教教徒玛利亚·菲茨赫伯特。1787年，查尔斯·詹姆斯·福克斯得到威尔士亲王乔治·奥古斯塔斯·腓特烈的保证后，下议院决定替他偿还债务，并且宣布这桩婚姻无效。[①]1788年11月，乔治三世患精神病后，威尔士亲王乔治·奥古斯塔斯·腓特烈摄政的问题被提上议事日程。反对派认为此时小威廉·皮特的内阁必然会倒台，因为威尔士亲王乔治·奥古斯塔斯·腓特烈与理查德·布林斯利·谢里

玛利亚·菲茨赫伯特

---

① 根据大不列颠民法，这桩婚姻为非法婚姻。——原注

丹和查尔斯·詹姆斯·福克斯关系密切，并且查尔斯·詹姆斯·福克斯已经原谅了威尔士亲王乔治·奥古斯塔斯·腓特烈在与玛利亚·菲茨赫伯特的婚姻问题上的口是心非，希望能成为首相。由于预计查尔斯·詹姆斯·福克斯会胜利，爱德华·瑟洛男爵立即与反对派合谋。在这个命运攸关的时刻，眼看着大不列颠的前途风雨飘摇，小威廉·皮特却表现出"心无旁骛和对自身利益的极度不在意，选择了对乔治三世最公正、对国家最有益的道路"[1]。1788年12月10日，小威廉·皮特提议设立一个委员会审查摄政先例。查尔斯·詹姆斯·福克斯表示反对，称威尔士亲王乔治·奥古斯塔斯·腓特烈有明确的摄政权，并且呼吁议会裁决此事。查尔斯·詹姆斯·福克斯做得过头了，小威廉·皮特以"国王和国家的捍卫者身份对抗自命不凡的辉格党"，提出了一项《摄政提案》，提名威尔士亲王乔治·奥古斯塔斯·腓特烈为摄政王，但严格限制摄政王对爵位授予、官员任免、年金批准、国王财产处置及管理乔治三世个人和家庭方面的权力。与此同时，小威廉·皮特将乔治三世交给弗朗西斯·威利斯医生——一位富有治疗精神病经验的牧师。1789年2月19日，《摄政提案》最终在上议院通过前，乔治三世恢复了健康。通过对摄政问题的处理，以及在整个危机期间体现出来的公正无私，小威廉·皮特极大地加强了乔治三世对他的信任和他在政府中的地位。辉格党人失去了信誉。查尔斯·詹姆斯·福克斯宣称威尔士亲王乔治·奥古斯塔斯·腓特烈拥有"固有的摄政权力"，但小威廉·皮特及约克公爵兼奥尔巴尼公爵腓特烈[2]推翻了这个声明，并在上议院承认了大不列颠君主的选举性质[3]。

---

① 索尔兹伯里侯爵罗伯特-加斯科因·塞西尔的散文，《传记》，伦敦，约翰·默里出版社，1905年，第98页。——原注
② 约克公爵兼奥尔巴尼公爵腓特烈，乔治三世的次子。——译者注
③ 即王储不具备自动摄政的权力，选择摄政王的权力属于议会。——译者注

1789年，乔治三世康复后，圣保罗大教堂举行了公众感恩活动。乔治三世声望高涨。他的康复与小威廉·皮特外交政策的胜利同时发生。

1783年12月19日，小威廉·皮特升任首相时，大不列颠王国被孤立了。美国独立战争期间，大不列颠王国受到法兰西、西班牙和荷兰军队的联合攻击，俄罗斯帝国领导了反对大不列颠海上霸权的武装中立运动，普鲁士王国和奥地利公国也加入其中。腓特烈大帝从未原谅过比特伯爵约翰·斯图尔特的行为。直至驾崩，他一直不信任大不列颠政府。1783年，大不列颠王国完全失去其在北美的十三块殖民地。另外，大不列颠王国被迫同意爱尔兰立法独立。此时，大不列颠王国在欧洲没有朋友，处于濒临覆灭的边缘。大陆列强认为大不列颠开始衰落。然而，它们的预测忽略了一个事实，即大不列颠保住了海上霸权，并且稳稳占据最大份额的欧洲贸易运输。它们无法估量工业革命对大不列颠制造业和贸易的巨大影响，并且对小威廉·皮特处理经济问题的能力一无所知。

大不列颠在美国独立战争后恢复得如此之快，在很大程度上要归功于小威廉·皮特明智而大胆的外交政策。他出任首相时，法兰西王国和西班牙王国因1761年的《家族盟约》拧成一股绳。根据1756年和1757年的条约，奥地利公国与法兰西王国结盟。1781年，俄罗斯帝国和奥地利公国也达成谅解。

1783年及随后几年里，对欧洲和平的主要威胁来自西方的神圣罗马帝国皇帝约瑟夫二世野心勃勃的计划和东方的俄罗斯沙皇叶卡捷琳娜大帝的侵略政策。约瑟夫二世希望获得巴伐利亚，并且希望用奥地利公国在尼德兰的属地交换巴伐利亚选帝侯的世袭领地。另外。他还希望撕毁1715年的《屏障条约》①，并且违反1648年的《威斯特伐利亚和约》，

---

① 《屏障条约》，1709年到1715年签署和批准的一系列协议，通过允许荷兰人占领西班牙属尼德兰或者奥地利属尼德兰的一些堡垒，在荷兰共和国和法兰西王国之间建立缓冲区。这些堡垒最终证明是无效的防御手段。1781年，奥地利公国废除该条约。——译者注

詹姆斯·哈里斯

开放谢尔特河通航。面对波旁王朝联盟和约瑟夫二世的目标，大不列颠王国政府必须谨慎行事。1785年5月，大不列颠王国在海牙的特使詹姆斯·哈里斯主张与普鲁士王国建立紧密联盟。与大不列颠王国一样，普鲁士王国也是一个没有盟友的大国。大不列颠外交大臣利兹公爵弗朗西斯·奥斯本赞成与俄罗斯帝国和奥地利公国结盟。与查塔姆伯爵威廉·皮特和霍兰勋爵亨利·福克斯一样，利兹公爵弗朗西斯·奥斯本也对波旁联盟充满担忧，并且视俄罗斯帝国为大不列颠王国的天然盟友。经过一个突发事件的转折后，小威廉·皮特采纳了詹姆斯·哈里斯的观点，而不是利兹公爵弗朗西斯·奥斯本的观点。与此同时，小威廉·皮特以自己的个性给大不列颠王国的外交政策留下了深刻印记。

乔治三世以汉诺威选帝侯身份加入了腓特烈大帝建立的"元首联盟"。1785年7月,"元首联盟"反对神圣罗马帝国皇帝约瑟夫二世交换巴伐利亚的计划。约瑟夫二世开放谢尔特河通航的计划也遭受挫折。此外,约瑟夫二世准备动用武力入侵巴伐利亚,但遭到荷兰人的武装抵抗。战争似乎不可避免。1785年11月8日,法兰西外交大臣韦尔热纳伯爵夏尔·格拉维耶安排约瑟夫二世与荷兰人签订《枫丹白露条约》。于是,法兰西势力开始在荷兰占据主导地位,法兰西王国和荷兰共和国结

约瑟夫二世

奥兰治亲王威廉五世

成联盟。当时的荷兰共和国总督是奥兰治亲王威廉五世，他由于倾向于
与大不列颠王国结盟，被迫离开海牙。

　　1715年为保护奥地利公国和荷兰共和国不受法兰西王国侵略而签订
的《屏障条约》宣告终止。阻止法兰西王国在荷兰占主导地位是大不列
颠的一项传统外交政策，但此时也被废除。对此，威廉·爱德华·哈特
波尔·莱基曾发表著名论断："大不列颠最古老、最亲密的一个盟友，
世界主要的海洋大国之一，从此与大不列颠分道扬镳，加入法兰西的圈
子，事实上是成为波旁王朝联盟的一分子。"[1]

---

① 　威廉·爱德华·哈特波尔·莱基：《18世纪英国史》，第5卷，第78页。——原注

当时，虽然法兰西外交大臣韦尔热纳伯爵夏尔·格拉维耶的主要目标是与小威廉·皮特签订商业条约。不过，对大不列颠王国来说，法荷联盟仍然是一个严重威胁。最终，1786年，与荷兰共和国联盟后不久，法兰西王国就与大不列颠王国签订了著名的商业条约。因此，小威廉·皮特有力地驳斥了法兰西王国是大不列颠世代仇敌的观点。实际上，自1740年起，大不列颠的政治家们一直持这一观点。

1788年对大不列颠历史的重要性不亚于其对欧洲史的重要性。1788年1月，皇家海军阿瑟·菲利普船长押解一帮罪犯在植物湾登陆。不久，

阿瑟·菲利普船长

悉尼子爵托马斯·汤森

大不列颠在这里建立了殖民地，并且以国务大臣悉尼子爵托马斯·汤森的名字将这里命名为悉尼。1768年到1779年，詹姆斯·库克船长曾在南太平洋航行了几次，发现了新西兰和澳大利亚。1770年，詹姆斯·库克船长声称新南威尔士的东半部归大不列颠所有。然而，美国独立战争浇灭了大不列颠人民殖民扩张的热情。直到阿瑟·菲利普船长在植物湾登陆时，大不列颠才开始正式殖民澳大利亚。不知不觉间，在东半球，大不列颠开始为自己在北美遭受的损失寻求到了一些补偿。

然而，在小威廉·皮特看来，欧洲事务比建立殖民地更重要。1786年8月17日，腓特烈大帝驾崩。1787年2月13日，韦尔热纳伯爵夏尔·格拉维耶逝世。他们的离世对欧洲事务和大不列颠的外交政策产生了重大影响。腓特烈大帝一生都拒绝干涉荷兰政治，也拒绝与大不列颠达成谅解。他的继任者腓特烈·威廉二世的妹妹普鲁士的威廉明娜嫁给了奥兰治亲王威廉五世。普鲁士的威廉明娜对大不列颠有很深的感情，也十分关注荷兰的事务。1787年6月，当威廉五世准备和法兰西王国开战时，威廉五世的王妃普鲁士的威廉明娜被一支法兰西军队抓获。于是，1787年9月，她的哥哥普鲁士国王腓特烈·威廉二世入侵荷兰。小威廉·皮特决定在必要时帮助威廉五世，虽然这可能会导致法军入侵荷兰，从而引发

普鲁士的威廉明娜

欧洲战争。根据1785年的条约，法兰西王国应该保证荷兰在遭受攻击时提供援助。如果韦尔热纳伯爵夏尔·格拉维耶还在世，那么这个条约无疑会得到执行。

　　然而，韦尔热纳伯爵夏尔·格拉维耶的继任者蒙莫林伯爵阿尔芒·马克胆小怕事、优柔寡断。当时，法兰西正迅速滑向革命。鉴于欧洲东部发生的事件，大不列颠王国政府也不能指望奥地利公国或者俄罗斯帝国提供任何援助。此外，普鲁士王国的入侵产生了决定性结果——奥兰治亲王威廉五世再次出任荷兰共和国总督，法兰西在荷兰的势力被推翻。在这场危机中，小威廉·皮特一边为任何可能发生的事情做准备，一边派威廉·格伦维尔男爵帮助詹姆斯·哈里斯和平结束这起事件。他们的

威廉·格伦维尔男爵

努力成功了。1787年10月27日，蒙莫林伯爵阿尔芒·马克承认海牙发生的变化，并且宣布法兰西政府无意干涉荷兰事务。就这样，小威廉·皮特为大不列颠王国夺回了其在欧洲的位置，詹姆斯·哈里斯的努力赢得了一个贵族头衔。被封为马姆斯伯里伯爵后，他在1793年到1801年大不列颠王国与法兰西王国的战争期间再次声名显赫。1788年，大不列颠王国、普鲁士王国和荷兰共和国组成三国同盟，共同防御，维护和平。小威廉·皮特取得了辉煌胜利，大不列颠王国不再孤立，并且在欧洲人民心目中占有重要地位。在欧洲大陆，腓特烈·威廉二世为普鲁士王国赢得了一场巨大胜利，但法兰西的外交政策遭到了严重挫败。

欧洲的政治形势为三国同盟提供了许多实施其和平政策的机会。在欧洲东部，俄罗斯帝国和奥地利公国与奥斯曼土耳其帝国交战。瑞典国王古斯塔夫三世试图从俄罗斯帝国手中夺回芬兰和卡累利阿，但立刻遭到丹麦军队的攻击。瑞典王国的覆灭似乎不可避免，波罗的海的势力平衡也将随之发生彻底变化。于是，三国同盟立即介入，大不列颠王国驻丹麦王国特使休·埃利奥特的外交活动取得了成功。在大不列颠舰队威胁要举行示威前，丹麦王国退出了战争。

相对来说，小威廉·皮特阻止普鲁士军队进攻奥地利公国的任务更加艰巨。1788年欧洲东部的战役失败后，奥地利军队在1789年取得了一些军事胜利，但奥地利属尼德兰反对约瑟夫二世的改革，并且引发了一场革命。约瑟夫二世的改革考虑不周、过于仓促，导致匈牙利也出现了严重的不满情绪。普鲁士国王腓特烈·威廉二世看准了奥地利公国的弱点，认为这是进攻奥地利公国的一个极佳机会。但当腓特烈·威廉二世希望采取积极行动反对奥地利公国时，小威廉·皮特希望帮助奥地利公国从战争中脱身，以防止敌对行动蔓延。小威廉·皮特是第一个意识到大不列颠从与俄罗斯帝国的友谊中得不到任何好处的大不列颠大臣。实际上，俄罗斯帝国在东方和波罗的海的战略目标与大不列颠的目标相

瑞典国王古斯塔夫三世

冲突。通过与法兰西王国签订商业条约，以及在1784年到1793年一有机会就间接反对俄罗斯帝国，小威廉·皮特扭转了乔治三世早期的外交政策。这一做法显示了小威廉·皮特的远见卓识。

直到1792年年底，在小威廉·皮特的引领下，三国同盟继续发挥维护和平的作用。1790年2月20日，约瑟夫二世驾崩，利奥波德二世即位。小威廉·皮特赞赏利奥波德二世对普鲁士国王腓特烈·威廉二世好战计划表现出的智慧和坚定。此时，奥地利公国在尼德兰的属地和匈牙利的问题都和平解决了。1790年7月，《赖兴巴赫公约》使奥地利公国和普鲁士王国建立起友好关系，奥地利公国和奥斯曼土耳其帝国的战争也结束了。小威廉·皮特的努力得到了回报，除俄罗斯帝国和奥斯曼土耳其帝国仍在交战外，欧洲列强实现了和平。1792年1月，俄罗斯帝国和奥斯曼土耳其帝国也签订了《雅西条约》。

1790年，西班牙王国势力进入大不列颠控制的努特卡海峡，大不列颠王国和西班牙王国的关系变得紧张。但由于小威廉·皮特的坚决态度及付出的外交努力，这一矛盾被化解。然而，1791年，小威廉·皮特遭到俄罗斯帝国的拒绝。小威廉·皮特坚持要求俄罗斯帝国撤出奥恰基夫——黑海上一个不太重要的堡垒。对此，叶卡捷琳娜大帝拒绝让步。小威廉·皮特发现自己在议会和国家中都得不到支持，便被迫放弃这一

签订《雅西条约》

路易十六

　　主张。利兹公爵弗朗西斯·奥斯本辞去外交大臣一职，由威廉·格伦维尔男爵接任。[1]

　　起初，1789年法国大革命的爆发并没有改变大不列颠王国政府与法兰西王国政府的友好关系。直到1792年8月10日，路易十六下台，小威廉·皮特开始警觉起来，大不列颠与法兰西的战争迫在眉睫。

---

[1]　关于1788年后小威廉·皮特外交政策的详细记录，见阿瑟·哈索尔：《1789年到1837年的战争与改革》，伦敦，里文顿出版社，1906年，第5页和第6页。——原注

自1784年起，大不列颠王国的地位发生了巨大变化。起初，大不列颠王国名誉扫地，濒临覆灭，在欧洲没什么地位。美国独立战争的失败，以及随之而来的孤立，进一步印证人们对大不列颠即将衰落的预测。1792年，一切都改变了。工业革命为大不列颠带来了财富，大不列颠的人口因此迅速增长。大不列颠在印度的殖民统治引人瞩目，西班牙王国也没有遏制住大不列颠王国势力在加拿大的扩张。1788年的三国同盟证明了大不列颠在欧洲大陆取得的新地位，而1786年签订的《商业条约》将大不列颠王国和法兰西王国联系在一起。1790年，普鲁士王国和奥地利公国在赖兴巴赫缔结和约，俄罗斯帝国和瑞典王国在韦雷拉议和，奥地利公国和奥斯曼土耳其帝国在西斯托瓦签订和约。在这三起事件中，小威廉·皮特都发挥了重大影响。1792年年初，欧洲处于和平状态，大不列颠的强大地位毋庸置疑。

　　在很大程度上，大不列颠的繁荣局面是小威廉·皮特造就的。与北美殖民地的战争使大不列颠民众形成了清醒的认识。小威廉·皮特上任后，继续开展罗金厄姆侯爵查尔斯·沃森·温特沃斯的内阁实施的经济改革工作。小威廉·皮特执政清廉，以个人影响力结束了议会的腐败制度。威廉·爱德华·哈特波尔·莱基说，在小威廉·皮特的任期内，"腐败体系的陈旧传统终于被打破了"。与谢尔本伯爵威廉·佩蒂一样，小威廉·皮特也是自由贸易的倡导者，尽管商业阶层通常反对他的措施，阻止他贯彻所有的经济理念。从1784年到法国大革命爆发，小威廉·皮特成功地重组了大不列颠的财政，并且与法兰西王国签订了一项有价值的商业条约，提高了大不列颠王国的信誉。虽然他的爱尔兰政策和议会改革方案都遭遇失败，但他还是通过了有价值的《印度提案》。他主张解放奴隶，支持解放天主教。直到1793年大不列颠与法兰西的战争爆发，他才将全部精力转向用于制订明智而自由的措施上。

本章大事年表

1784 年　大选，小威廉·皮特出任首相

　　　　小威廉·皮特提出《印度提案》

1785 年　大不列颠王国在欧洲被孤立

1786 年　与法兰西王国签订商业条约

1788 年　审判沃伦·黑斯廷斯

1788 年到 1789 年　摄政问题

1788 年　大不列颠王国开始在澳大利亚殖民

　　　　三国同盟形成

1789 年　法国大革命

1790 年　签署《莱辛巴赫公约》

　　　　努特卡海峡危机

1791 年　奥恰基夫事件

1792 年　法兰西国王路易十六被废

　　　　法兰西人侵占奥地利属尼德兰

1793 年　大不列颠与法兰西战争爆发

解释和说明

1783年到1789年小威廉·皮特的内阁

财政大臣：小威廉·皮特。

大法官：爱德华·瑟洛男爵（1783—1792）。

枢密院大臣：斯塔福德侯爵格兰维尔·莱韦森-高尔（1783—1784）；卡姆登伯爵查尔斯·普拉特（1784—1794）。

国务大臣：悉尼子爵托马斯·汤森（1783—1789）；威廉·格伦维尔男爵（1789—1791）；梅尔维尔子爵亨利·邓达斯（1791—1794）。

外交大臣：利兹公爵弗朗西斯·奥斯本（1783—1791）；威廉·格伦维尔男爵（1791-1794）。

掌玺大臣：拉特兰公爵查尔斯·曼纳斯（1783—1784）；斯塔福德侯爵格兰维尔·莱韦森-高尔（1784—1794）。

海军部第一大臣：塞缪尔·胡德子爵（1784—1788）；查塔姆伯爵约翰·皮特（1788—1794）。

军队主计长：第三代里士满公爵查尔斯·伦诺克斯（起初在内阁没有席位）（1789—1795）。

海军司库：梅尔维尔子爵亨利·邓达斯（1783—1791）。

贸易委员会主席（1785年设立）：利物浦伯爵查尔斯·詹金森。

第四部分

文学掠影

第 1 章

1714 年到 1742 年的文学

18 世纪大不列颠文学的三个时期——亚历山大·蒲柏及其创作——《鲁滨孙漂流记》——新兴阶级读者的兴起——自然描写诗派的兴起

从乔治一世即位到法国人革命爆发，大不列颠文学史分为三个时期。第一个时期为1714年到1742年，第二个时期为1742年到1763年，第三个时期为1763年到1789年。罗伯特·沃波尔时代文学的特征与乔治三世早期统治时期文学的特征大不相同。乔治一世时期的文学受古典主义影响，具有"奥古斯都文学"的特征。在某种程度上，乔治二世时期的文学也是如此。这两个时期文学的形式都经过精心雕琢，作家们宁可牺牲更高的文学质量，也务求文学形式的完美。当时的作者大多墨守成规，观点狭隘。与此同时，他们作品的文学形式令人钦佩。在安妮女王统治时期，许多生活在乔治一世统治时期和乔治二世统治早期的作家就开始他们的文学生涯。当时，文学作品的内容主要是政治类的，受到作者所在党派的推崇。

约瑟夫·爱迪生及其追随者大部分都出现在乔治二世漫长的统治期之前。托马斯·帕内尔是位名气不大的诗人，1718年去世。约瑟夫·爱迪生1719年去世，马修·普赖尔1721年去世，威廉·康格里夫和理查德·斯梯尔1729年去世。在这些作家中，约瑟夫·爱迪生声望最高。他的散文表明，他具有非同寻常的文学天赋。然而，这些作家无人能与亚历山大·蒲柏比肩。安妮女王统治时期，亚历山大·蒲柏因1711年的

托马斯·帕内尔

马修·普赖尔

威廉·康格里夫

理查德·斯梯尔

《论批评》和1712年的精彩戏剧《卷发遇劫记》而一举成名。乔治一世统治时期，亚历山大·蒲柏成立了斯克里布勒乌斯俱乐部。该俱乐部成员包括约翰·阿巴思诺特、约翰·盖伊、托马斯·帕内尔和马修·普赖尔。1715年到1725年，亚历山大·蒲柏完成了《伊利亚特》和《奥德赛》的翻译。这两部译作一出版，他就立即被公认为大不列颠最著名的文学家和"当今最伟大的诗人"。这些译作以当时"流行的诗歌形式"英雄双韵体写成，文学造诣登峰造极，尽管其中有很多错误，但还是读者众多。亚历山大·蒲柏厌恶这个时代的小文人，并且在《愚人志》中加以讽刺。1728年，《愚人志》首次出版，1741年又加以扩充。直到1744年去世，亚历山大·蒲柏一直在文学领域保持着崇高的地位。据说，《愚人志》的出现及其尖刻的特征是受了乔纳森·斯威夫特的影

约翰·阿巴思诺特

响。1728年，《愚人志》出版后，亚历山大·蒲柏进入文学生涯的第三阶段。他与博灵布罗克子爵亨利·圣约翰过从甚密。在后者的影响下，1732年到1734年，亚历山大·蒲柏创作了《人论》，1733年到1738年创作了《模仿贺拉斯》。这些作品及《论批评》和《讽刺和书信》，主要是说教文章，体现了作者精湛的写作技巧。

因此，如果说罗伯特·沃波尔的政治经历代表了乔治一世统治时期和乔治二世统治前十五年的政治运动，那么亚历山大·蒲柏的创作活动代表了该时期的文学运动。文学运动本身代表了贵族运动，这是乔治一世和乔治二世统治时期的时代特点。亚历山大·蒲柏本人也在高层活动，与威尔士亲王腓特烈关系密切。博林布罗克子爵亨利·圣约翰更是亚历山大·蒲柏的"导师和朋友"。在亚历山大·蒲柏的朋友中，有阿盖尔公爵阿奇伯尔德·坎贝尔、巴斯伯爵威廉·普特尼、威廉·温德姆、切斯特菲尔德伯爵乔治·斯坦霍普和科伯姆子爵理查德·坦普尔。因此，亚历山大·蒲柏与罗伯特·沃波尔的反对者有着密切的联系，但他的作品中没有一篇像乔纳森·斯威夫特的《布商的信》一样，猛烈抨击当时的政治体制，严厉批评党内斗争存在的腐败。

亚历山大·蒲柏的作品代表了文学中的矫揉造作倾向及贵族气质，他的《愚人志》抨击了当时出现的大众化影响。丹尼尔·笛福的《鲁滨孙漂流记》就是一部大众化的文学作品。亚历山大·蒲柏对中下层阶级深恶痛绝。《鲁滨孙漂流记》写于1719年到1720年，不是一部体现文明阶级智慧的作品，而是用"通俗易懂的白话英语写成，每个有阅读能力的人都能完全看懂"[①]的作品。新兴阶层的读者正在涌现，他们不满于亚历山大·蒲柏及其追随者矫揉造作的文风。罗伯特·沃波尔下台后，新兴阶层读者的影响力愈发明显。

---

① 莱斯利·斯蒂芬：《18世纪英国文学与社会》，1904年，第136页。——原注

乔治一世统治时期，我们可以发现一个新的英语诗歌流派正在兴起。艾伦·拉姆齐写了《温柔的牧羊人》。1726年到1730年，苏格兰人詹姆斯·汤姆逊完成了《四季》，成为自然描写诗派的真正创始人。詹姆斯·汤姆逊影响力巨大，影响了后来的马克·埃肯赛德、威廉·华兹华斯、珀西·比希·雪莱、约翰·济慈和艾阿尔弗雷德·丁尼生。

第 **2** 章

1742 年到 1763 年的文学

1742年到1763年，"文学作品越来越倾向于以中产阶级为受众"[1]，通常带有感伤主义色彩。毫无疑问，这在很大程度上要归功于这些年的宗教和政治觉醒。这一时期始于卫斯理运动，终于查塔姆伯爵威廉·皮特的声誉及其政治生涯带来的爱国情感爆发。这一时期开始时，贵族统治稳固。七年战争后期，贵族的地位被严重削弱。

　　以罗伯特·沃波尔、切斯特菲尔德伯爵乔治·斯坦霍普和博灵布罗克子爵亨利·圣约翰等人为代表的上层阶级的道德冷漠受到抨击。总体上，卫斯理运动反映了中下层阶级的觉醒。

　　文学创作正在成为一种固定的职业，"文学作品越来越倾向于以中产阶级为受众"[2]。1742年，爱德华·扬的《夜思》的第一部分出版。与此同时，罗伯特·布莱尔的《坟墓》出版。《坟墓》的出版迎合了人民的宗教情感。与亚历山大·蒲柏的作品不同，《坟墓》仅仅将宗教看作抽象哲学。这些诗完全符合新的宗教感情，得到了约翰·卫斯理的赞赏。

　　在散文家中，萨缪尔·约翰逊和萨缪尔·理查生是道德写作的代表。萨缪尔·约翰逊在《漫步者》和《闲谈者》上发表了一系列文学性

---

[1]　莱斯利·斯蒂芬：《18世纪英国文学与社会》，1904年，第147页。——原注
[2]　莱斯利·斯蒂芬：《18世纪英国文学与社会》，1904年，第147页。——原注

散文，有时也讨论宗教问题。在1740年出版的《帕米拉》、1748年出版的《克拉丽莎》和《查尔斯·格兰底森》中，萨缪尔·理查生反映了当时流行的宗教"感伤主义"及道德情感。萨缪尔·理查生、亨利·菲尔丁和托比亚斯·斯摩莱特是现代小说的创始人。亨利·菲尔丁的《约瑟夫·安德鲁斯》1742年出版，《汤姆·琼斯》1749年出版。托比亚斯·斯摩莱特的《兰登传》1748年出版，《汉弗莱·克林克历险记》1771年出版。亨利·菲尔丁的创作代表了对萨缪尔·理查生作品中夸张的感伤主义和狭隘观点的反叛。事实上，亨利·菲尔丁创作现代小说不是为了道德说教，而是为了"描绘人性"。劳伦斯·斯特恩也属于这个

亨利·菲尔丁

劳伦斯·斯特恩

新型的小说流派。1759年，他发表了《项狄传》，接着发表了《多情客游记》。

　　在同一时期，博灵布罗克子爵亨利·圣约翰攻击以罗伯特·沃波尔为代表的辉格党政权。在乔治二世统治早期，他和巴斯伯爵威廉·普特尼一起在《工匠》杂志上发表了大量文章。后来，他创作了《爱国者国王》。在书中，他提出的一些原则后来被乔治三世吸收。

　　卫理公会的复兴和重新关注穷人产生的影响，体现在托马斯·格雷的《墓园挽诗》、奥利弗·哥尔德斯密斯的《荒村》和威廉·申斯通的《女教师》中。艾伦·拉姆齐的诗歌也表现出对人类，尤其是穷人的关注。艾伦·拉姆齐是约翰·盖伊和亚历山大·蒲柏的朋友。

乔治二世统治末期，在托马斯·沃顿1757年创作的《论蒲柏》中可以清楚地看到，反对"用诗歌进行道德说教的风尚"的迹象开始出现了。托马斯·沃顿的观点得到了托马斯·格雷和威廉·柯林斯的赞同。他们的观点代表了不断增强的历史感，体现了摆脱蒲柏学派严格教条的渴望。蒲柏学派倾向于将诗歌写成"押韵散文"。随着乔治三世即位，"理性时代"宣告结束。

第 **3** 章

1763 年到 1789 年的文学

从七年战争结束到法国大革命爆发，上个时期结束时出现的文学创作趋势得到了发展和加强。公众舆论的影响力越来越大，报纸的影响力与日俱增。议会改革势在必行，民众普遍对辉格党贵族的独断专权十分憎恨。《朱尼厄斯信函》代表了人们对寡头政府日益增长的不满，以及对改革议会代表制度的渴望。这一时期，演讲学在大不列颠繁荣起来。小威廉·皮特、查尔斯·詹姆斯·福克斯、理查德·布林斯利·谢里丹和埃德蒙·伯克的演讲都是杰作。埃德蒙·伯克的观点代表了对下议院改革的反感，实际上是对任何重大政治变革的反感。埃德蒙·伯克有理由感到恐慌，因为1763年到1789年是工业革命的开始和发展时期。工厂体系和商业的发展、运河的迅速延伸、英格兰和苏格兰大城市的发展，以及随之而来的贫困救济制度的建立逐渐改变了大不列颠。与此同时，政党斗争、美国独立战争和对沃伦·黑斯廷斯的弹劾，都反映出政党问题的严重性。因此，可以说，乔治三世统治早期是文学创作的"停滞期"。

随着时间的推进，新旧学派相互斗争。1775年和1777年，理查德·布林斯利·谢里丹分别创作了戏剧《对手》和《丑闻学校》这两部

威廉·柯珀

剧作与奥利弗·哥尔德斯密斯的《屈身求爱》属于同一种风格。但像英雄双韵体一样，这种风格的戏剧正迅速消失。在诗歌中，有一种明显的回归自然的倾向。这种倾向在威廉·柯珀和罗伯特·彭斯等诗人的作品中表现明显。他们受到时代政治和社会变化的影响，也受到之前研究的影响。萨缪尔·约翰逊本质上是名保守党人。奥利弗·哥尔德斯密斯分别在1765年创作了《旅行者》，1770年创作了《荒村》，1766年创作了《威克菲尔德的牧师》。奥利弗·哥尔德斯密斯虽然同情渴望回归自然并且实施合理慈善改革的人，但绝不是任何革命运动的倡导者。

乔治·克拉布和威廉·柯珀分别在1781年和1782年发表了一篇文章，对社会的奢靡风气和世界统治者的自私表示痛心。乔治·克拉布是现实主义的代表人物，喜欢在创作时娓娓道来。这两位诗人虽然在写作上墨守成规，但偶然也会写一些带有浪漫主义色彩的诗歌。由于18世纪上半叶功利主义精神附带的现实主义特征，在法国大革命爆发前的几年里，人们掀起了一股反叛热潮。"理性时代"在乔治三世统治早期已经基本结束，感伤主义不再流行，与"回归自然"一起出现的是一场历史运动。1725年出版的艾伦·拉姆齐的《温柔的牧羊人》和1730年山版的詹姆斯·汤姆逊的《四季》，预示着一个新的诗歌流派已经兴起。詹姆斯·麦克弗森1762年创作的《莪相》，托马斯·珀西1765年创作的《英诗辑古》，1770年去世的托马斯·查特顿的诗，以及威廉·布莱克1783年开始创作的诗歌，代表新一轮的文物和历史研究热潮。这场热潮被称为浪漫主义运动。浪漫主义运动暗含对以往历史的兴趣，这在乔治三世统治早期有充分体现。大卫·休谟1761年完成的《英格兰史》、威廉·罗伯逊1769年完成的《查理五世时代》和爱德华·吉本1788年完成的《罗马帝国衰亡史》是这一时期历史写作的代表作。从这时起，人们对大不列颠和其他国家历史的兴趣渐增，许多对古希腊和古罗马历史的研究活动纷纷出现。19世纪，经过亨利·哈勒姆和威廉·斯塔布斯等人的研究，英国史吸引了更多关注。1776年出版的威廉·布莱克斯通的《英国法律评论》与亚当·斯密的《国富论》一起，构成研究英国法律和政治经济史的经典著作。

切斯特菲尔德伯爵乔治·斯坦霍普和贺拉斯·沃波尔的《书信集》，以及埃德蒙·伯克的《演讲集》，表现出完全不同的写作特征。这些书信引人注意的地方在于它们揭示了当时的社会问题。埃德蒙·伯

乔治·克拉布

詹姆斯·麦克弗森

威廉·布莱克

大卫·休谟

克的作品展现了这个时代最精彩的修辞。因此，自18世纪中期起，几乎每一个文学流派都出现了明显的变化。对自然之爱及对过去之爱为大不列颠文学注入了新元素。让-雅克·卢梭代表的新精神渗透到大不列颠思想的各个方面，并且在威廉·华兹华斯和萨缪尔·泰勒·柯勒律治的作品中达到顶峰。

附录　与大不列颠历史有关的大事年表

早期大不列颠：从449年到1066年

公元

410年　罗马帝国在不列颠的统治结束

449年　首个盎格鲁–撒克逊定居点建立

597年　坎特伯雷的奥古斯丁登陆英格兰

613年　切斯特战役

664年　惠特比会议

796年　麦西亚的奥法驾崩

800年　查理曼加冕称帝

802年到839年　威塞克斯的埃格伯特在位

约850年　皮克特人和苏格兰人在肯尼思·麦卡尔平的领导下结成同盟

878年　《韦德摩尔条约》

899年　阿尔弗雷德大帝驾崩

912年　罗洛成为诺曼底公爵

937年　布伦南布尔战役

959年到975年　"和平者"埃德加在位

962年　奥托一世加冕为神圣罗马帝国皇帝

987年　卡佩王朝在法兰西建立

1014年　克隆塔夫战役

1016年　克努特成为英格兰国王

1038年　诺曼人在普利亚定居

1046年到1056年　亨利三世在位，神圣罗马帝国的影响力在中世纪
　　　　　　　　　到达顶峰

1062年　诺曼人登陆西西里

诺曼人和安杰文人：从1066年到1307年

1066年　黑斯廷斯战役

1073年　希尔德布兰德成为教皇，史称"格列高利七世"

1073年　英格兰的诺曼贵族发动第一次叛乱

1075年　神圣罗马帝国与罗马教廷的斗争开始

　　　　塞尔柱王朝的突厥人征服耶路撒冷

1090年　诺曼人征服西西里

1095年　第一次十字军远征

1097年　马尔科姆三世之子埃德加成为苏格兰国王

1099年　十字军占领耶路撒冷，耶路撒冷成为拉丁王国一部分

1107年　索尔兹伯里的罗杰组建御前会议①

1138年到1268年　霍亨斯陶芬王朝统治时期

1125年到1186年　归尔弗党人和吉博林党人的纷争

1138年　夺旗战役

---

① 御前会议，原文*Curia regis*是一个拉丁语，相当于英语中的*Royal council*或*King's court*，应翻译为"御前会议"。在法兰西王国早期及英格兰诺曼王朝时期，该机构主要由君主的重臣组成。——译者注

1139年　斯蒂芬和玛蒂尔达之间的内战爆发

1146年　圣伯纳德鼓动第二次十字军远征

1153年　《沃灵福德条约》签署

1154年到1189年　亨利二世在位，为英格兰立法，建立统治秩序

1164年　《克拉伦登宪法》

1166年　《克拉伦登敕令》

1169年到1171年　英格兰开始征服爱尔兰

1173年到1174年　亨利二世镇压诺曼贵族的最后一次叛乱

1180年到1223年　腓力二世在位，法兰西王国逐渐强大

1189年到1192年　第三次十字军远征

1193年　休伯特·沃尔特成为大法官

1194年　理查一世与法兰西开战

1198年到1216年　教皇英诺森三世在位，成为中世纪教皇制达到巅峰
　　　　　　　　的标志

1204年　阿基坦的埃莉诺去世

1204年到1216年　约翰王先后失去诺曼底、缅因、安茹、图赖讷
　　　　　　　　和普瓦图

1204年到1261年　君士坦丁堡并入拉丁帝国

1208年　教皇英诺森三世对英格兰下达禁行圣事令

1213年　约翰王向教皇英诺森三世屈服

1214年　布瓦恩战役

1215年　约翰王签署《大宪章》

1226年到1270年　路易九世即位，成为法兰西国王

1254年　亨利三世代其子埃德蒙接受西西里王位

1254年　康拉德四世驾崩，霍亨斯陶芬王朝灭亡

1258年　《牛津条例》

1258年　巴格达陷落，阿拉伯哈里发王朝灭亡

1264年　刘易斯战役

1265年　莱斯特伯爵西蒙·德·孟福尔的著名议会

1282年　西西里晚祷之乱

1284年　爱德华一世征服威尔士

1295年　模范议会

1303年　法兰西国王腓力四世召开议会

1305年　克莱门特五世在阿维尼翁建立教廷

金雀花王朝后期和法兰西战争：1307年到1399年

1311年　上议院条令颁布者反对爱德华二世

1314年　班诺克本战役

1315年　摩加顿战役，瑞士邦联崛起

1328年　法兰西瓦卢瓦王朝开始

1333年　上议院和下议院形成

1337年　百年战争开始

1346年　克雷西战役和内维尔十字战役

1347年　英格兰军队占领加来

1348年　黑死病开始在意大利传播

1356年　普瓦捷战役
　　　　艾蒂安·马塞尔在巴黎领导革命运动，神圣罗马帝国皇帝
　　　　查理四世颁布《金牛法令》

1360年　《布雷蒂尼和约》

1362年　鞑靼人帖木儿开始征服中亚

1376年　善政议会召开

1381年　英格兰农民起义

1384年　约翰·威克利夫去世

1388年　上议院上诉者反对理查二世

1389年　理查二世开始亲政

1399年　理查二世被推翻

玫瑰战争：从1399年到1485年

1400年　杰弗里·乔叟卒

1403年　什鲁斯伯里战役

1410年　西吉斯蒙德称德意志国王

1414年　康斯坦斯宗教会议成立

1415年　阿金库尔战役爆发

1416年　亨利五世再次发动对法兰西战争

　　　　扬·胡斯被烧死

1419年　盎格鲁-勃艮第联盟建立

1420年　《特鲁瓦条约》

1431年　圣女贞德阵亡

1435年　勃艮第公爵"好人"腓力与法兰西国王查理七世议和

1453年　奥斯曼土耳其军队占领君士坦丁堡

1455年　玫瑰战争开始

1461年　爱德华四世即位。法兰西国王路易十一即位

1465年　公益同盟成立

1469年　阿拉贡国王斐迪南二世与卡斯蒂尔女王伊莎贝拉一世联

　　　　姻，卡斯蒂尔王国和阿拉贡王国合并

1471年　巴尼特战役和蒂克斯伯里战役

1475年　爱德华四世入侵法兰西，与路易十一签订《皮基尼条约》

1476年　威廉·卡克斯顿在威斯敏斯特建立印刷厂

1477年　神圣罗马帝国皇帝马克西米利安一世娶勃艮第的玛丽，为哈布斯堡王朝的强大奠定基础

1483年　法兰西国王查理八世即位

1485年　博斯沃思战役

都铎王朝：从1485年到1603年

1487年　星室法庭成立

1492年　克里斯托弗·哥伦布发现美洲

1494年　法兰西国王查理八世入侵意大利

1496年　《大商业条约》签署

1513年　弗洛顿战役

1517年　马丁·路德的《论纲》发表

1519年　西班牙国王查理一世成为神圣罗马帝国皇帝查理五世

1521年　哈布斯堡王朝和法兰西瓦卢瓦王朝开战

1522年　奥斯曼土耳其军队占领罗得岛

1529年到1536年　议会改革

1535年到1539年　亨利八世解散修道院

1536年　亨利八世成为英格兰国教最高领袖

1536年到1543年　威尔士与英格兰合并

1546年　施马尔卡尔登战争

1555年　《奥格斯堡和约》

1558年　英格兰失去加来

1559年　英格兰女王伊丽莎白一世通过《君权至上法案》《统一宗

教法案》和《爱丁堡条约》

1560年　苏格兰宗教改革胜利

1562年到1598年　法兰西宗教战争

1565年　奥斯曼土耳其军队攻打马耳他失败

1570年　教皇庇护五世开除伊丽莎白一世教籍

1571年　奥斯曼土耳其军队在勒班托战败

1587年　苏格兰女王玛丽被诛

1588年　击败"西班牙无敌舰队"

1589年　亨利四世即位，法兰西波旁王朝建立

1592年　苏格兰建立长老会

1602年到1603年　英格兰首次完全征服爱尔兰

大叛乱：从1603年到1660年

1605年　火药阴谋

1609年　西班牙与荷兰议和

1610年　法兰西国王亨利四世驾崩

1611年　英格兰殖民阿尔斯特

1612年　索尔兹伯里伯爵罗伯特·塞西尔卒

1616年　可卡因被禁用，威廉·莎士比亚去世

1618年到1648年　三十年战争

1618年　《柏斯五章》

1621年　弗朗西斯·培根遭弹劾

1624年　威尔士亲王查理与亨丽埃塔·玛丽亚的婚约订立

1625年　加的斯远征失败

1628年　《权利请愿书》，白金汉公爵乔治·维利尔斯被谋杀

1630年　瑞典国王古斯塔夫·阿道夫率军进入德意志

1637年　约翰·汉普顿拒绝支付船税

　　　　苏格兰人反对引入《祈祷书》

1640年　长期议会召开

1641年　斯特拉福德伯爵托马斯·温特沃斯被处决

1642年到1649年　英格兰内战

1644年　马斯顿荒原战役

1645年　纳斯比战役

1648年　《威斯特伐利亚和约》签署

1649年　查理一世被处死

1651年　伍斯特战役

1652年到1654年　第一次英荷战争

1653年　奥利弗·克伦威尔成为护国公

1655年　英格兰王国占领牙买加

1657年　英格兰王国与法兰西王国结盟

1658年　奥利弗·克伦威尔去世

1659年　《比利牛斯和约》

王政复辟与光荣革命：从1660年到1714年

1660年　查理二世复辟

1662年　《统一宗教法案》

1662年到1665年　《克拉伦登法典》

1665年到1667年　第二次英荷战争

1667年到1668年　路易十四发动遗产继承战争

1668年　英格兰、荷兰和瑞典组成三国同盟

1670年　《多佛秘约》

1672年到1678年　路易十四发动对荷兰战争

1673年　《测试法案》

1674年　约翰·弥尔顿去世

1678年　《奈梅亨条约》

1679年　议会通过《人身保护法案》，提出《排除提案》

1681年到1685年　英格兰人反对议会，支持查理二世

1681年　路易十四的军队占领斯特拉斯堡

1682年　彼得大帝即位

1683年　扬三世·索别斯基率军解救被奥斯曼土耳其军队包围的维
　　　　也纳

1685年　路易十四废除《南特敕令》

1688年到1697年　奥格斯堡联盟战争

1688年　英格兰光荣革命

　　　　威廉三世和玛丽二世成为英格兰共主

1690年　博因战役

1692年　拉霍格战役，英格兰确立海上霸权

1694年　英格兰银行成立

1697年　《瑞斯维克和约》

1698年　《海牙条约》

1699年　奥地利公国与奥斯曼土耳其帝国签订《卡尔洛维茨条约》

1700年　《伦敦条约》，西班牙国王查理二世驾崩，
　　　　约翰·德莱顿去世

1701年　勃兰登堡选帝侯成为普鲁士国王

1701年到1713年　西班牙王位继承战争

1704年　英格兰占领直布罗陀，布莱尼姆战役

1706年　　拉米伊战役和都灵战役

1707年　　英格兰与苏格兰组成联合王国

　　　　　阿尔曼萨战役

1710年　　审判亨利·萨谢弗雷尔

　　　　　辉格党政府垮台

1713年　　《乌得勒支和约》

1714年　　安妮女王驾崩

大英帝国的扩张：从1714年到1789年

1715年　　路易十四驾崩，詹姆斯党人叛乱

1716年　　《七年法案》

1717年　　大不列颠、法兰西、荷兰结盟

1718年　　大不列颠、法兰西、荷兰与神圣罗马帝国结成四国联盟

1720年　　南海泡沫

1721年　　罗伯特·沃波尔和查尔斯·汤森组阁

　　　　　《尼斯塔德和约》签署与俄罗斯帝国崛起

1725年　　西班牙与奥地利签订《维也纳第一条约》

　　　　　汉诺威-英格兰[①]、法兰西和普鲁士联盟

1727年到1728年　　大不列颠王国和西班牙王国之间的短暂战争

1730年　　查尔斯·汤森辞职

1733年到1735年　　波兰王位继承战争

1736年　　爱丁堡发生波蒂厄斯暴动

1738年　　卫斯理兄弟开始复兴宗教

---

① 　"汉诺威-英格兰"对应的原文是*Hanover-England*，真实的含义是汉诺威选帝侯国与英格兰王国共主——乔治一世。——译者注

1739年　大不列颠王国与西班牙王国爆发战争

1740年到1748年　奥地利王位继承战争

1742年　罗伯特·沃波尔下台

1743年　代廷根战役

1744年　亚历山大·蒲柏去世

1745年　詹姆斯党人叛乱，丰特努瓦战役

1748年　《艾克斯拉沙佩勒和约》签署

1756年到1763年　七年战争

1757年　查塔姆伯爵威廉·皮特与纽卡斯尔公爵托马斯·佩勒姆-霍
　　　　利斯内阁，普拉西战役

1759年　大不列颠军队占领魁北克，基伯龙湾战役

1760年　乔治三世即位

1763年　《巴黎和约》签订

1764年　俄罗斯帝国和普鲁士王国结盟

1765年　《印花税法案》实施

1768年　米德尔塞克斯选举

1770年到1782年　弗雷德里克·诺斯勋爵内阁

1772年　第一次瓜分波兰
　　　　古斯塔夫三世在瑞典发动革命

1773年　《管理法案》通过，废除耶稣会

1774年　《库楚克-开纳吉条约》签署

1775年到1783年　美国独立战争

1778年　法兰西援助英属北美殖民地人民
　　　　查塔姆伯爵威廉·皮特去世

1781年　俄罗斯和奥地利结盟

1782年　爱尔兰获得立法独立

1783年　俄罗斯帝国吞并克里米亚，进入黑海

　　　　签署《凡尔赛和约》

　　　　查尔斯·詹姆斯·福克斯提出《印度提案》

1784年　小威廉·皮特长期内阁开始

1787年　沃伦·黑斯廷斯遭弹劾

　　　　俄罗斯帝国和奥斯曼土耳其帝国爆发战争（1787—1792）

1788年　奥地利加入对奥斯曼土耳其帝国的战争（1788—1790）

　　　　大不列颠、普鲁士、荷兰结成三国同盟

战争与改革：从1789年到1837年

1789年　法国大革命爆发

1790年　大不列颠王国与西班牙王国签订《埃斯库利亚尔条约》

1792年　法兰西对奥地利和普鲁士发动战争

　　　　法兰西王国覆灭

1792年　法兰西第一共和国成立

1793年到1802年　大不列颠王国与法兰西第一共和国爆发战争

　　　　第二次瓜分波兰

1796年　《巴塞尔条约》

　　　　第三次瓜分波兰

1796年到1799年　法兰西第一共和国督政府统治时期

1797年　圣文森特战役和坎珀当战役

　　　　斯皮特黑德叛乱及诺尔叛乱

1797年到1798年　爱尔兰叛乱

1798年到1799年　拿破仑·波拿巴远征埃及

1798年　尼罗河战役

1799年　拿破仑·波拿巴任第一执政

1800年　大不列颠王国与爱尔兰合并

　　　　大不列颠军队占领马耳他

1801年　小威廉·皮特长期内阁结束

1802年　《亚眠和约》签订，《伯塞恩条约》签订

1803年到1815年　英国与拿破仑·波拿巴统治的法兰西爆发战争

1804年　拿破仑·波拿巴称帝

　　　　小威廉·皮特再次出任首相

1805年　特拉法尔加战役和奥斯特里茨战役

1806年　小威廉·皮特去世（1月23日）

　　　　查尔斯·詹姆斯·福克斯去世（9月13日）

　　　　耶拿战役

　　　　拿破仑·波拿巴颁布《柏林法令》

1807年　《提尔西特条约》签订，枢密院令签署

1808年到1814年　英军参加伊比利亚半岛战争

1809年　科鲁尼亚战役与瓦尔赫仑远征

1811年　威尔士亲王乔治·奥古斯塔斯·腓特烈摄政

1812年　英美爆发战争

　　　　萨拉曼卡战役

　　　　拿破仑·波拿巴远征莫斯科

1813年　德意志解放战争开始

　　　　维多利亚战役

1814年　推翻拿破仑·波拿巴的统治

　　　　《巴黎第一条约》签署

　　　　波旁王朝复辟

1814年到1815年　维也纳会议

1815年　百日王朝，滑铁卢战役，神圣同盟形成

1819年　六项法案颁布

1820年　乔治三世驾崩

1821年到1829年　希腊独立战争

1821年到1822年　西班牙属美洲殖民地爆发独立战争

1822年　乔治·坎宁任外交大臣

1823年　《门罗主义》出版，天主教协会在爱尔兰成立

1827年　乔治·坎宁任首相（8月8日去世），纳瓦里诺战役

1828年　克莱尔补选

1829年　《天主教解放提案》获得通过

1830年　乔治四世驾崩，威廉四世即位（6月）

　　　　法兰西第二次革命（7月）

1832年　《改革法案》

1837年　维多利亚女王即位

译名对照表

A Century of Scottish History	《苏格兰百年史》
Abraham Darby II	亚伯拉罕·达比二世
Act of Indemnity	《豁免法案》
Act of Settlement	《王位继承法》
Act of Supremacy	《君权至上法案》
Act of Uniformity	《统一宗教法案》
Acts of Trade	《贸易法案》
Adam Smith	亚当·斯密
Adrien Maurice de Noailles	阿德里安·莫里斯·德·诺瓦耶
Afred Tennyson	阿尔弗雷德·丁尼生
Ajaccio	阿雅克肖
Aland Islands	奥兰群岛
Albany	奥尔巴尼
Alcide	"阿尔希德"号
Alexander Hume-Campbell	亚历山大·休姆－坎贝尔
Alexander Murray	亚历山大·默里
Alexander Pope	亚历山大·蒲柏
Alexander Wedderburn	亚历山大·韦德伯恩
Alfred Comyn Lyall	阿尔弗雷德·莱尔
Alfred Thayer Mahan	阿尔弗雷德·塞耶·马汉
Alfred the Great	阿尔弗雷德大帝
Algeciras	阿尔赫西拉斯
Allahabad	阿拉哈巴德

Allan Ramsay	艾伦·拉姆齐
Andreas Gottlieb von Bernstorff	安德烈亚斯·戈特利布·冯·伯恩斯托夫
André-Hercule de Fleury	安德烈－埃居尔·德·弗勒里
Andrew Fletcher	安德鲁·弗莱彻
Andrew Oliver	安德鲁·奥利弗
Andrew Wilson	安德鲁·威尔逊
Anglican Church	圣公会
Anglo-Burgundian	盎格鲁－勃艮第
Anjou	安茹
Anna of Russia	俄罗斯沙皇安娜
Anne Antoine	阿内·安托万
Anne Queen	安妮女王
Anne Robert Jacques Turgot	安·罗伯特·雅克·杜尔戈
Antigua	安提瓜
Antoin	安托万
Antonio del Giudice	安东尼奥·德尔·朱迪切
Antonio Farnese	安东尼奥·法尔内塞
Antwerp	安特卫普
Apulia	普利亚
Aragon	阿拉贡
Archbishop of Canterbury	坎特伯雷大主教
Archbishop of York	约克大主教
Archibald Campbell	阿奇伯尔德·坎贝尔
Armada	无敌舰队
Armand de Vignerot du Plessis	阿尔芒·德·维涅龙·杜普莱西
Armand Marc	阿尔芒·马克
Arthur Elphinstone	阿瑟·埃尔芬斯通
Arthur Gore	阿瑟·戈尔
Arthur Phillip	阿瑟·菲利普
Assiento Treaty	《阿西恩托条约》
Ath	阿特郡

Attorney General	总检察长
Augustine of Canterbury	坎特伯雷的奥古斯丁
Augustus FitzRoy	奥古斯塔斯·菲茨罗伊
Augustus II the Strong	"强壮的"奥古斯塔斯二世
Augustus Keppel	奥古斯都·凯佩尔
Aurungzebe	奥朗则布
Avignon	阿维尼翁
Aylesbury	艾尔斯伯里
Aymar Joseph de Roquefeuil	艾马·约瑟夫·德·罗克伊
Bagdad	巴格达
Bahamas	巴哈马群岛
Banastre Tarleton	巴纳斯特·塔尔顿
Bangor	班戈
Bank of England	英格兰银行
Barbadoes	巴巴多斯
Baroda	巴罗达
Baron Ashburton	阿什伯顿男爵
Baron Auckland	奥克兰男爵
Baron Carpenter	卡朋特男爵
Baron Dorchester	多切斯特男爵
Baron Grantham	格兰瑟姆男爵
Baron Heathfield	希思菲尔德男爵
Baron Holland	霍兰男爵
Baron le Despencer	勒·德斯潘瑟男爵
Baron Mendip	门迪普男爵
Baron Ripperda	里珀达男爵
Barre	巴尔
Barrier Treaty	《屏障条约》
Battle of Agtincourt	阿金库尔战役
Battle of Almansa	阿尔曼萨战役
Battle of Austerlitz	奥斯特里茨战役

Battle of Bahoor	巴胡尔战役
Battle of Bannockburn	班诺克本战役
Battle of Barnet	巴尼特战役
Battle of Blenheim	布莱尼姆战役
Battle of Bosworth	博斯沃思战役
Battle of Bouvines	布瓦恩战役
Battle of Boyne	博因战役
Battle of Brandywine	布兰迪万战役
Battle of Brooklyn	布鲁克林战役
Battle of Brunanburh	布伦南布尔战役
Battle of Bunker Hill	邦克山战役
Battle of Buxar	伯格萨尔战役
Battle of Camperdown	坎珀当战役
Battle of Cape St. Vincent	圣文森特战役
Battle of Chester	切斯特战役
Battle of Clontarf	克隆塔夫战役
Battle of Corunna	科鲁尼亚战役
Battle of Crécy	克雷西战役
Battle of Dettingen	代廷根战役
Battle of Flodden	弗洛顿战役
Battle of Fontenoy	丰特努瓦战役
Battle of Hastenbeck	哈斯滕贝克战役
Battle of Hastings	黑斯廷斯战役
Battle of Jena	耶拿战役
Battle of Kolin	科林战役
Battle of Kunersdorf	库纳尔多夫战役
Battle of La Hogue	拉霍格战役
Battle of Leutben	勒本战役
Battle of Lewes	刘易斯战役
Battle of Marston Moor	马斯顿荒原战役
Battle of Minden	明登战役

Battle of Mollwitz	莫尔维茨战役
Battle of Morgarten	摩加顿战役
Battle of Naseby	内斯比战役
Battle of Navarino	纳瓦里诺战役
Battle of Neville's Cross	内维尔十字战役
Battle of Plassey	普拉西战役
Battle of Poitiers	普瓦捷战役
Battle of Porto Novo	波多诺沃战役
Battle of Prague	布拉格战役
Battle of Quiberon Bay	基伯龙湾战役
Battle of Ramillies	拉米伊战役
Battle of Raucoux	劳库克斯战役
Battle of Rossbach	罗斯巴赫战役
Battle of Salamanca	萨拉曼卡战役
Battle of Senlac	森拉克战役
Battle of Shrewsbury	什鲁斯伯里战役
Battle of St.Toy	圣托伊战役
Battle of Tewkesbury	蒂克斯伯里战役
Battle of the Gowpens	考彭斯战役
Battle of the Nile	尼罗河战役
Battle of the Saintes	圣特战役
Battle of the Standard	夺旗战役
Battle of Trafalgar	特拉法尔加战役
Battle of Turin	都灵战役
Battle of Victoria	维多利亚战役
Battle of Wandiwash	文迪瓦什战役
Battle of Waterloo	滑铁卢战役
Battle of Worcester	伍斯特战役
Battle of Zorndorf	宗多夫战役
Bay of Honduras	洪都拉斯湾
Beauport	博波尔

Begum speech	奥德贵妇演说
Behar	比哈尔
Belleisle	贝利勒岛
Benedict Arnold	本尼迪克特·阿诺德
Benjamin Franklin	本杰明·富兰克林
Benjamin Hoadly	本杰明·霍德利
Berar	贝拉尔
Bergen-op-Zoom	贝亨奥普佐姆
Berlin Decrees	《柏林法令》
Bhonsla	邦斯拉
Bhonsla Rajah of Nagpore	那格浦尔王公本西拉
Bill of Pains and Penalties	《剥夺公民权提案》
Birmingham	伯明翰
Bishop of Rochester	罗切斯特主教
Black Hole	黑洞
Black Sea	黑海
Blair	布莱尔
Bloomsbury Gang	布卢姆茨伯里帮派
Bobbing John	摇摆的约翰
Bohemia	波西米亚
Boston Massacre	波士顿屠杀
Botany Bay	植物湾
Boulogne	布洛涅
Bourbon Dynasty	波旁王朝
Boy Patriots	青年爱国者
Bradford Grammar School	布拉德福德文法学校
Braemar	布雷马
Brass Crosby	布拉斯·克罗斯比
Brecon	布雷肯
Breed's Hill	布里德山
Bremen	不来梅

Brest	布雷斯特
Bridgewater Canal	布里奇沃特运河
Brihuega	布里韦加
Bristol	布里斯托尔
Brussels	布鲁塞尔
Burkersdorf	布克尔斯多夫
Burslem	伯斯勒姆
Burton Pynsent	伯顿平森
Cabinet system	内阁制
Cadiz	加的斯
Calais	加来
Calcutta	加尔各答
Cambridge Modern History	《剑桥现代史》
Canter of Coltbrig	科尔特布里格慢跑
Canute	克努特
Cape Breton Island	布雷顿角岛
Cape Finisterre	菲尼斯特角
Cape Horn	合恩角
Cape Passaro	帕萨罗角
Capetian Dynasty	卡佩王朝
Captain Hozier	霍齐尔上尉
Captain Trotte	特洛特上尉
Carberry Hill	卡伯里山
Carl Gyllenborg	卡尔·吉伦堡
Carlisle	卡莱尔
Carnatic	卡纳蒂克
Caroline of Ansbach	安斯巴赫的卡罗琳
Carthage	迦太基
Carthagena	卡塔赫纳
Castile	卡斯蒂尔
Catherine I	叶卡捷琳娜一世

Charles VIII	查理八世
Charles Watson	查尔斯·沃森
Charles Watson-Wentworth	查尔斯·沃森·温特沃斯
Charles Wesley	查尔斯·卫斯理
Charles William Ferdinand	查理·威廉·斐迪南
Charles Wills	查尔斯·威尔斯
Charles Wyndham	查尔斯·温德姆
Charles XII	卡尔十二世
Charleston	查尔斯顿
Charleston Peninsula	查尔斯顿半岛
Charlotte of Mecklenburg-Strelitz	梅克伦堡 – 施特雷利茨的夏洛特
Charterhouse	查特豪斯学院
Cherbourg	瑟堡
Chesapeake Bay	切萨皮克湾
Cheyt Singh	切伊特·辛格
Chief Secretary of State	首席国务大臣
Chief-Justice	首席法官
Christ Church	基督教堂学院
Christian Perfection	《基督教的完善》
Clarendon	克拉伦登
Clarendon Code	《克拉伦登法典》
Clement V	克莱门特五世
Colonel Townley	汤利上校
Commander-in-Chief	总司令
Commentaries on the Laws of England	《英国法律评论》
Committee of Correspondence	通信委员会
Common Sense	《常识》
Comte d'Aché	达谢伯爵
Comte de Lally	拉利伯爵
Comte de Montmorin	蒙莫林伯爵
Comte de Vergennes	韦尔热纳伯爵

Daniel Webb	丹尼尔·韦布
David Hume	大卫·休谟
Declaration of Rights	《权利宣言》
Declaratory Act of 6	《第六号宣告法案》
Defence of Arcot	阿尔果德保卫战
Deists	自然神论
Delaware	特拉华
Deserted Village	《荒村》
Devikota	德维科塔
Dictionary of National Biography	《国家传记词典》
Dissenters	持异见者
Dnimmossie Moor	德尼莫西荒原
Dominica	多米尼加
Donald Cameron of Lochiel	洛基尔的唐纳德·卡梅伦
Dorothy Townshend	多萝西·沃波尔
Drapier's Letters	《布商的信》
Dresden	德累斯顿
Duc de Broglie	布罗伊公爵
Duchy of Bremen	不来梅公国
Duke of Argyll	阿盖尔公爵
Duke of Bedford	贝德福德公爵
Duke of Berwick	伯里克公爵
Duke of Bolton	博尔顿公爵
Duke of Bridgewater	布里奇沃特公爵
Duke of Brunswick	不伦瑞克公爵
Duke of Buckingham	白金汉公爵
Duke of Burgundy	勃艮第公爵
Duke of Cumberland	坎伯兰公爵
Duke of Devonshire	德文公爵
Duke of Grafton	格拉夫顿公爵
Duke of Gramond	格拉蒙公爵

Duke of Leeds	利兹公爵
Duke of Marlborough	马尔伯勒公爵
Duke of Mecklenburg-Schwerin	梅克伦堡－施韦林公爵
Duke of Montrose	蒙特罗斯公爵
Duke of Newcastle	纽卡斯尔公爵
Duke of Normandy	诺曼底公爵
Duke of Orléans	奥尔良公爵
Duke of Ormonde	奥蒙德公爵
Duke of Parma	帕尔马公爵
Duke of Perth	珀斯公爵
Duke of Portland	波特兰公爵
Duke of Richelieu	黎塞留公爵
Duke of Richmond	里士满公爵
Duke of Shrewsbury	什鲁斯伯里公爵
Dukedom of Athol	阿瑟尔公爵领地
Dumfries	邓弗里斯
Dumfriesshire	邓弗里斯郡
Dunbar	邓巴
Duncan Forbes of Culloden	卡洛登的邓肯·福布斯
Dunciad	《愚人志》
Dungannon	邓甘嫩
Dunkirk	敦刻尔克
Earl Camden	卡姆登伯爵
Earl Granville	格兰维尔伯爵
Earl Mahon	马洪伯爵
Earl of Aberdeen	阿伯丁伯爵
Earl of Arran	阿伦伯爵
Earl of Bath	巴斯伯爵
Earl of Bute	比特伯爵
Earl of Carhampton	卡尔汉普顿伯爵
Earl of Carlisle	卡莱尔伯爵

Earl of Carnwath	康沃斯伯爵
Earl of Chatham	查塔姆伯爵
Earl of Chesterfield	切斯特菲尔德伯爵
Earl of Crawford	克劳福德伯爵
Earl of Cromarty	克罗默蒂伯爵
Earl of Dartmouth	达特茅斯伯爵
Earl of Derwentwater	德文沃特伯爵
Earl of Egremont	埃格雷蒙特伯爵
Earl of Glencairn	格伦凯恩伯爵
Earl of Halifax	哈利法克斯伯爵
Earl of Hardwicke	哈德威克伯爵
Earl of Harrington	哈林顿伯爵
Earl of Holdernesse	霍尔德内斯伯爵
Earl of Jersey	泽西伯爵
Earl of Kilmarnock	基尔马诺克伯爵
Earl of Leicester	莱斯特伯爵
Earl of Liverpool	利物浦伯爵
Earl of Malmesbury	马姆斯伯里伯爵
Earl of Mansfield	曼斯菲尔德伯爵
Earl of Mar	马尔伯爵
Earl of Marchmont	马切蒙特伯爵
Earl of Nithsdale	尼斯代尔伯爵
Earl of Northington	诺辛顿伯爵
Earl of Nottingham	诺丁汉伯爵
Earl of Orford	奥福德伯爵
Earl of Orrery	奥尔里伯爵
Earl of Oxford and Mortimer	牛津伯爵兼莫蒂默伯爵
Earl of Rochford	罗奇福德伯爵
Earl of Rosslyn	罗斯林伯爵
Earl of Salisbury	索尔兹伯里伯爵
Earl of Sandwich	桑威奇伯爵

Earl of Seaforth	西福斯伯爵
Earl of Shelburne	谢尔本伯爵
Earl of Stair	斯泰尔伯爵
Earl of Straflford	斯特拉福德伯爵
Earl of Suffolk	萨福克伯爵
Earl of Sunderland	桑德兰伯爵
Earl of Sutherland	萨瑟兰伯爵
Earl of Wilmington	威尔明顿伯爵
Earl of Winchilsea	温奇尔西伯爵
Earl of Winton	温顿伯爵
Edgar	埃德加
Edgar the Peaceful	和平者埃德加
Edict of Nantes	《南特敕令》
Edinburgh	爱丁堡
Edmund Burke	埃德蒙·伯克
Edward Boscawen	爱德华·博斯科恩
Edward Braddock	爱德华·布雷多克
Edward Gibbon	爱德华·吉本
Edward Hawke	爱德华·霍克
Edward Hughes	爱德华·休斯
Edward I	爱德华一世
Edward II	爱德华二世
Edward IV	爱德华四世
Edward Russell	爱德华·拉塞尔
Edward Thurlow	爱德华·瑟洛
Edward Vernon	爱德华·弗农
Edward Young	爱德华·扬
Egbert of Wessex	威塞克斯的埃格伯特
Elba	厄尔巴岛
Elbe	易北河
Eleanor of Aquitaine	阿基坦的埃莉诺

Elector of Hanover	汉诺威选帝侯
Electorate of Bavaria	巴伐利亚选帝侯国
Electorate of Saxony	萨克森选帝侯国
Elegy in a Country Churchyard	《墓园挽诗》
Elizabeth Farnese	伊丽莎白·法尔内塞
Ellis	埃利斯
Emperor Shah Alum	沙阿皇帝
Enumeration Laws	《列举法》
Epworth	埃普沃斯
Erastianism	伊拉斯特主义
Ernest Augustus	恩斯忒·奥古斯塔斯
Essay on Criticism	《论批评》
Essay on Man	《人论》
Essay on Pope	《论蒲柏》
Estonia	爱沙尼亚
Ethan Allen	伊桑·艾伦
Étienne Marcel	艾蒂安·马塞尔
Euripides	欧里庇得斯
Evangelical Party	福音派
Excise Scheme	消费税计划
Exclusion Bill	《排除提案》
Eyre Coote	艾尔·库特
Falkirk	福尔柯克
Ferdinand II	斐迪南二世
Finchley	芬奇利
Finland	芬兰
First Consul	第一执政
First Family Compact	《第一次家族盟约》
First Lord of the Treasury	第一财政大臣
First Partition Treaty	《第一次分治条约》
First Treaty of Paris	《巴黎第一条约》

First Treaty of Versailles	《凡尔赛第一条约》
First Treaty of Vienna	《维也纳第一条约》
Flanders	佛兰德斯
Florida	佛罗里达
Fontenoy	丰特努瓦
Fort Augustus	奥古斯都堡
Fort Duquesne	迪凯纳堡
Fort Frontenac	弗兰特纳克堡
Fort George	乔治堡
Fort Philip	菲利普堡
Fort St. David	圣大卫堡
Fort St. George	圣乔治堡
Fort St. James	圣詹姆斯堡
Fort William	威廉堡
Fort William Henry	威廉·亨利堡
Forth	福斯河
Francis Atterbury	弗朗西斯·阿特伯里
Francis Bacon	弗朗西斯·培根
Francis Bernard	弗朗西斯·伯纳德
Francis Dashwood	弗朗西斯·达什伍德
Francis Egerton	弗朗西斯·埃杰顿
Francis Henry Skrine	弗朗西斯·亨利·斯克林
Francis II Rákóczi	弗朗索瓦二世·拉科齐
Francis Osborne	弗朗西斯·奥斯本
Francis Parkman	弗朗西斯·帕克曼
Francis Willis	弗朗西斯·威利斯
François Claude Chauvelin	弗朗索瓦·克劳德·肖夫兰
François Joseph Paul de Grasse	弗朗索瓦·约瑟夫·保罗·德·格拉塞
François Martin	弗朗索瓦·马丁
François Thurot	弗朗索瓦·蒂罗
Frasers	弗雷泽

Frederick Duke of York and Albany	约克公爵兼奥尔巴尼公爵腓特烈
Frederick Ernest de Fabrice	弗雷德里克·恩斯特·德·法布里斯
Frederick Harrison	弗雷德里克·哈里森
Frederick Howard	弗雷德里克·霍华德
Frederick North	弗雷德里克·诺斯
Frederick Prince of Wales	威尔士亲王腓特烈
Frederick the Great	腓特烈大帝
Frederick William I	腓特烈·威廉一世
Frederick William II	腓特烈·威廉二世
Frederickshald	弗雷德里克哈尔德
Gaekwar	盖克瓦
Gambia	冈比亚
Gaspee	"加斯皮"号
Gentle Shepherd	《温柔的牧羊人》
Geoffrey Chaucer	杰弗里·乔叟
Georg Heinrich von Görtz	奥格尔格·海因里希·冯·约尔茨
George Anson	乔治·安森
George Augustus	乔治·奥古斯塔斯
George Augustus Eliott	乔治·奥古斯塔斯·埃利奥特
George Augustus Frederick	乔治·奥古斯塔斯·腓特烈
George Berkeley	乔治·贝克莱
George Brydges Rodney	乔治·布里奇斯·罗德尼
George Canning	乔治·坎宁
George Carpenter	乔治·卡朋特
George Chesterfield	乔治·切斯特菲尔德
George Collier	乔治·科利尔
George Crabbe	乔治·克拉布
George Darby	乔治·达比
George Germain	乔治·杰曼
George Grenville	乔治·格伦维尔
George Hamilton-Gordon	乔治·汉密尔顿－戈登

Gortuleg	戈塔莱格
Governor of Madras	马德拉斯总督
Grand Alliance	大联盟
Grand Duchy of Tuscany	托斯卡纳大公国
Granville Leveson-Gower	格兰维尔·莱韦森－高尔
Granville Sharp	格兰维尔·夏普
Grave	《坟墓》
Greek War of Independence	希腊独立战争
Grenada	格林纳达
Grenadines	格林纳丁斯
Griffith Jones	格里菲斯·琼斯
Guadaloupe	瓜达卢佩岛
Guadeloupe	瓜德罗普
Guardian of the Realm	大不列颠王国的守护者
Guastalla	瓜斯塔拉
Guelph	盖尔夫
Guelphs	归尔弗党人
Guilford Court House	吉尔福德法院
Guillaume Dubois	纪尧姆·迪布瓦
Guinea	几内亚
Gulf of Finland	芬兰海湾
Gustav III	古斯塔夫三世
Gustavus Adolphus	古斯塔夫斯·阿道夫
Guy Carleton	盖伊·卡尔顿
Gwalior	瓜廖尔
Habeas Corpus Act	《人身保护法案》
Halifax	哈利法克斯
Hannah More	汉娜·莫尔
Hans Caspar von Bothmer	汉斯·卡斯帕·冯·博特默
Hapsburgs	哈布斯堡王朝
Haske	哈斯克

Henry V	亨利五世
Henry Vansittart	亨利·范西塔特
Henry VIII	亨利八世
Henry Fielding	亨利·菲尔丁
Herrenhausen project	赫伦豪森计划
Hesse-Kasse	黑森－卡塞尔
Hildebrand	希尔德布兰德
Hindostan	印度斯坦
History of Charles V	《查理五世时代》
History of England	《英国史》
Hochkirch	霍克奇克
Hohenstaufen	霍亨斯陶芬
Holkar	霍尔卡
Holland	荷兰
Holstein	荷尔斯泰因
Holy Alliance	神圣联盟
Holy Roman Emperor	神圣罗马帝国皇帝
Holyrood	霍利鲁德
Homer	荷马
Honduras	洪都拉斯
Horace Walpole	贺拉斯·沃波尔
Horatio Gates	霍雷肖·盖茨
Houghton	霍顿
House of Brandenburg	勃兰登堡王朝
House of Savoy	萨伏依家族
Hovering Act	《悬停法案》
Howel Harris	豪厄尔·哈里斯
Hubert de Brienne	休伯特·德·布里耶纳
Hubert Walter	休伯特·沃尔特
Hubertusburg	胡贝图斯堡
Hudson	哈德孙河

Hudson's Bay	哈得孙湾
Hugh Edward Egerton	休·爱德华·埃杰顿
Hugh Eliot	休·埃利奥特
Huguenots	胡格诺派
Hyder Ali	海德尔·阿里
Hyderabad	海得拉巴
Iliad	《伊利亚特》
Imitations of Horace	《模仿贺拉斯》
India Bill	《印度提案》
Influence of Sea Power upon History	《海权对历史的影响》
Ingria	因格里亚
Inverness	因弗内斯
Isaac Barré	艾萨克·巴雷
Isabella I	伊莎贝拉一世
Isle of Man	曼岛
Isles des Saintes	圣特群岛
Isthmus of Panama	巴拿马地峡
Jacobite Rebellions	詹姆斯党人叛乱
Jamaica	牙买加
James Brindley	詹姆斯·布林德利
James Butler	詹姆斯·巴特勒
James Cook	詹姆斯·库克
James FitzJames	詹姆斯·菲茨詹姆斯
James Francis Edward Stuart	詹姆斯·弗朗西斯·爱德华·斯图亚特
James Gardiner	詹姆斯·加德纳
James Graham	詹姆斯·格雷厄姆
James Hargreaves	詹姆斯·哈格里夫斯
James Harris	詹姆斯·哈里斯
James Macpherson	詹姆斯·麦克弗森
James Murray	詹姆斯·默里
James Oglethorpe	詹姆斯·奥格尔索普

James Otis Jr.	小詹姆斯·奥蒂斯
James Radclyffe	詹姆斯·拉德克利夫
James Stanhope	詹姆斯·斯坦霍普
James Stuart	詹姆斯·斯图亚特
James Thomson	詹姆斯·汤姆逊
James Watt	詹姆斯·瓦特
James Wolfe	詹姆斯·沃尔夫
Jan Huss	扬·胡斯
Jan III Sobieski	扬三世·索别斯基
Jean-François de La Clue-Sabran	让－弗朗索瓦·德·拉·克吕－萨布朗
Jean-Jacques Rousseau	让－雅克·卢梭
Jeffery Amherst	杰弗里·阿默斯特
Jenkins's Ear	《詹金斯的耳朵》
Jerónimo Grimaldi	赫罗尼莫·格里马尔迪
Jerusalem	耶路撒冷
Jesuit	耶稣会会士
Joan of Arc	圣女贞德
Johann Philipp von Hattorf	约翰·菲利普·冯·哈托夫
John Adams	约翰·亚当斯
John Aislabie	约翰·艾斯拉比
John Arbuthnot	约翰·阿巴思诺特
John Bradstreet	约翰·布拉德斯特里特
John Burgoyne	约翰·伯戈因
John Byng	约翰·宾
John Cameron of Lochiel	洛基尔的约翰·卡梅伦
John Carteret	约翰·卡特雷
John Churchill	约翰·丘吉尔
John Clarkson	约翰·克拉克森
John Clavering	约翰·克拉弗林
John Cope	约翰·科普
John Dalrymple	约翰·达尔林普尔

José Patiño	何塞·帕蒂尼奥
Joseph Addison	约瑟夫·爱迪生
Joseph Andrews	《约瑟夫·安德鲁斯》
Joseph Butler	约瑟夫·巴特勒
Joseph François Dupleix	约瑟夫·弗朗索瓦·迪普莱
Joseph II	约瑟夫二世
Joshua Guest	乔舒亚·格斯特
Josiah Wedgwood	乔赛亚·韦奇伍德
Jumna	朱木拿
Junius	朱尼厄斯
Karelia	卡累利阿
Karl August	卡尔·奥古斯特
Karl Leopold	卡尔·利奥波德
Kelso	凯尔索
Kenneth MacAlpine	肯尼思·麦卡尔平
Kenneth Mackenzie	肯尼思·麦肯齐
Kingdom of Denmark	丹麦王国
Kingdom of Naples	那不勒斯王国
Kingdom of Poland	波兰王国
Kingdom of Prussia	普鲁士王国
King's Mountain	国王山
Kingswood	金斯伍德
Kora	科拉
Lady Sarah Lennox	萨拉·伦诺克斯夫人
Lagos	拉古什
Lake Champlain	尚普兰湖
Lake George	乔治湖
Lake Ontario	安大略湖
Lakh	拉克
Lancashire	兰开夏郡
Lancaster	兰开斯特

Lord John Cavendish	约翰·卡文迪什勋爵
Lord Justice Clerk	大陪审法官
Lord Lovat	洛瓦特勋爵
Lord Milton	弥尔顿勋爵
Lord Nairnc	奈恩勋爵
Lord of the Admiralty	海军大臣
Lord Privy Seal	掌玺大臣
Lord Reay	雷伊勋爵
Lord Rosebery	罗斯伯里勋爵
Lord-lieutenancy	督察中尉
Lord-Lieutenant of Ireland	爱尔兰总督
Lords Justices	高等法官
Lords Ordainers	上议院条令者
Lorraine	洛林
Louis de Grammont	路易·德·格拉蒙公爵
Louis Georges Érasme de Contades	路易·乔治·埃拉斯姆·德·孔塔德
Louis IX	路易九世
Louis XI	路易十一
Louis XV	路易十五
Louisburg	路易斯堡
Louis-Joseph de Montcalm	路易-约瑟夫·德·蒙特卡姆
Lys	"莱斯"号
Macdonald of Sleat	莱特氏族的麦克唐纳
Madras	马德拉斯
Maestricht	马斯特里赫特
Magdalene College	莫德琳学院
Magna Carta	《大宪章》
Magnus Intercursus	《大商业条约》
Mahe	马埃
Mahratta Confederacy	马赫拉塔邦
Mahratta League	马赫拉塔联盟

Massachusetts	马萨诸塞
Master of the Ordnance	军械总管
Masulipatam	默苏利珀塔姆
Matilda	玛蒂尔达
Matthew Boulton	马修·博尔顿
Matthew Prior	马修·普赖尔
Maurice de Saxe	莫里斯·德·萨克斯
Mauritius	毛里求斯
Maximilian I	马克西米利安一世
Mecklenburg	梅克伦堡
Methodist Revival	卫理公会复兴
Methuen Treaty	《梅休恩条约》
Middlesex Election	米德尔塞克斯选举
Minorca	梅诺卡
Mir Qasim	米尔·卡西姆
Mississippi	密西西比河
Mississippi Scheme	密西西比计划
Moffat	莫弗特
Moghul Emperor	莫卧儿皇帝
Molasses Act	《糖蜜法案》
Monroe Doctrine	《门罗主义》
Montesquieu	孟德斯鸠
Montmorency	蒙莫朗西
Montreal	蒙特利尔
Montserrat	蒙特塞拉特
Moravian Church	摩拉维亚教派
Morning Chronicle	《晨间记事》
Morning Herald	《晨间先驱报》
Morning Post	《晨间邮报》
Moscow	莫斯科
Mumbai	孟买

Nadir Shah	纳迪尔·沙阿
Nagapattinam	纳格伯蒂讷姆
Nairn	奈恩
Najmuddin Ali Khan	纳杰姆丁·阿里汗
Napoleon Bonaparte	拿破仑·波拿巴
Nathanael Greene	纳撒尼尔·格林
Navigation Laws	《航海法》
Nawab of Oude	奥德纳瓦布
Nevis	尼维斯
New Hampshire	新罕布什尔
New Jersey	新泽西
Newfoundland	纽芬兰
Niagara	尼亚加拉
Nicholas Haddock	尼古拉斯·哈多克
Night Thoughts	《夜思》
Nizam Ali Khan Asaf Jah II	尼扎姆·阿里汗·阿萨夫·贾赫二世
Nizam of the Deccan	德干王公
Nonconformists	不信奉国教者
Nootka Sound	努特卡海峡
Nore	诺尔
Norfolk	诺福克
Norman Macleod	诺曼·麦克劳德
Normandy	诺曼底
Normans	诺曼人
North Briton	《北大不列颠人》
North Carolina	北卡罗来纳
Norwich	诺里奇
Nova Scotia	新斯科舍
Nuncomar	努科玛
Occasional Conformity Act	《临时国教法案》
Ochakiv	奥恰基夫

Ochil Hills	奥希尔山
Odyssey	《奥德赛》
Offa of Mercia	麦西亚的奥法
Ohio River	俄亥俄河
Old Sarum	老萨鲁姆
Oliver Cromwell	奥利弗·克伦威尔
Oliver Goldsmith	奥利弗·哥尔德斯密斯
Orinoco	奥里诺科河
Ossian	《莪相》
Ostend East India Company	奥斯坦德东印度公司
Oswego	奥斯威戈
Otto I	奥托一世
Pamela	《帕米拉》
Pasquale Paoli	帕斯夸莱·保利
Patna Factory	巴特那贸易站
Patrick Ferguson	帕特里克·弗格森
Patrick Henry	帕特里克·亨利
Patriot King	《爱国者国王》
Paul Jones	保罗·琼斯
Paymaster of the Forces	军队主计长
Peace of Aix-la-Chapelle	《艾克斯拉沙佩勒和约》
Peace of Amiens	《亚眠和约》
Peace of Brétigny	《布雷蒂尼和约》
Peace of Nystad	《尼斯塔德和约》
Peace of Passarowitz	《帕萨罗维茨和约》
Peace of Pyrenees	《比利牛斯和约》
Peace of Ryswick	《瑞斯维克和约》
Peace of Utrecht	《乌得勒支和约》
Peace of Westphalia	《威斯特伐利亚和约》
Peene	佩讷河
Pembroke College	彭布罗克学院

Peninsular War	伊比利亚半岛战争
Pennsylvania	宾夕法尼亚
Penrith	彭里斯
Percy Bysshe Shelley	珀西·比希·雪莱
Perth	珀斯
Peshwa	白沙瓦
Peter II	彼得二世
Peter III	彼得三世
Peter the Great	彼得大帝
Peter Warren	彼得·沃伦
Peterhead	彼得黑德
Philadelphia	费城
Philip Francis	菲利普·弗朗西斯
Philip II	腓力二世
Philip IV	腓力四世
Philip of Spain	西班牙的腓力
Philip Stanhope	菲利普·斯坦霍普
Philip V	腓力五世
Philip Yorke	菲利普·约克
Philippines	菲律宾
Philips the Good	"好人"腓力
Piacenza	皮亚琴察
Picts	皮克特人
Pierre André de Suffren	皮埃尔·安德烈·德·叙弗朗
Pierre Benoît Dumas	皮埃尔·伯努瓦·迪马
Pierre de Rigaud	皮埃尔·德·里戈
Point Lévis	莱维角
Poitou	普瓦图
Poltava	波尔塔瓦
Pomerania	波美拉尼亚
Pondicherry	本地治里

Pontiac	庞蒂亚克
Poona	浦那
Pope Gregory VII	教皇格列高利七世
Pope Gregory XIII	教皇格列高利十三世
Pope Innocent III	教皇英诺森三世
Pope Pius V	教皇庇护五世
Port Mahón	马翁港
Porteous Riots	波蒂厄斯暴动
Porto Bello	贝略港
Poynings' Law	《波伊宁斯法》
Pragmatic Sanction	《国是诏书》
Prague	布拉格
Presbyterianism	长老会
President of the Council	枢密院大臣
Preston	普雷斯顿
Prestonpans	普雷斯顿潘
Prince of Kaunitz-Rietberg	考尼茨－里特贝格伯爵
Prince of Orange	奥兰治亲王
Prince of Wales	威尔士亲王
Prince Waldeck and Pyrmont	沃尔代克兼皮尔蒙特大公
Prince William	威廉王子
Principality of Verden	费尔登公国
Privy Council	枢密院
Protector	护国公
Providence	普罗维登斯
Provisions of Oxford	牛津条款
Public Advertiser	《公众广告》
Quaker	贵格会
Quebec Act	《魁北克法案》
Quiberon Bay	基伯龙湾
Rajah of Benares	贝拿勒斯王公

Ralph Abercromby	拉尔夫·阿伯克龙比
Rambler	《漫步者》
Rape of the Lock	《卷发遇劫记》
Reform Bill	《改革提案》
Regency Bill	《摄政提案》
Religious Peace of Augsburg	《奥格斯堡宗教和约》
Reliques of Ancient English Poetry	《英诗辑古》
Revel	雷瓦尔
Revolution Settlement	《光荣革命解决方案》
Rhode Island	罗得岛
Richard Arkwright	理查德·阿克赖特
Richard Barwell	理查德·巴韦尔
Richard Bentley	理查德·本特利
Richard Brinsley Sheridan	理查德·布林斯利·谢里丹
Richard Grenville-Temple	理查德·格伦维尔－坦普尔
Richard Howe	理查德·豪
Richard I	理查一世
Richard II	理查二世
Richard Ingoldsby	理查德·英戈尔兹比
Richard Montgomery	理查德·蒙哥马利
Richard Oliver	理查德·奥利弗
Richard Porson	理查德·波森
Richard Smith	理查德·史密斯
Richard Steele	理查德·斯梯尔
Richard Temple	理查德·坦普尔
River Kistna	吉斯德纳河
River Plate	普拉特河
Robert Blair	罗伯特·布莱尔
Robert Burns	罗伯特·彭斯
Robert Cecil	罗伯特·塞西尔
Robert Clive	罗伯特·克莱夫

Robert Dalzell	罗伯特·达尔泽尔
Robert Darcy	罗伯特·达西
Robert Harley	罗伯特·哈利
Robert Henley	罗伯特·亨利
Robert Jenkins	罗伯特·詹金斯
Robert Munro	罗伯特·芒罗
Robert Walpole	罗伯特·沃波尔
Robinson Crusoe	《鲁滨孙漂流记》
Roger of Salisbury	索尔兹伯里的罗杰
Rohilcund	罗尔坎德
Rohillas	罗希拉斯
Rollo	罗洛
Rome	罗马
Royal Marriage Act	《王室婚姻法案》
Rügen	吕根岛
Saint Kitts	圣基茨
Salem	塞勒姆
Samuel Adams	塞缪尔·亚当斯
Samuel Cornish	塞缪尔·科尼什
Samuel Crompton	塞缪尔·克朗普顿
Samuel Hood	塞缪尔·胡德
Samuel Johnson	萨缪尔·约翰逊
Samuel Martin	塞缪尔·马丁
Samuel Richardson	萨缪尔·理查生
Samuel Taylor Coleridge	萨缪尔·泰勒·柯勒律治
Samuel Wesley	萨缪尔·韦斯利
Santiago de Cuba	圣地亚哥
Sardinia	撒丁岛
Sarmiento	萨缅托
Satires and Epistles	《讽刺和书信》
Savile Act	《萨维尔法案》

Scheldt	斯海尔德河
Schism Act	《分裂法案》
Schmalcaldic War	施马卡尔马尔登战争
Schoolmistress	《女教师》
Schrader	施拉德
Scindia	斯坎迪亚
Scottish Episcopal Church	苏格兰圣公会
Scriblerus Club	斯克里布勒乌斯俱乐部
Seasons	《四季》
Second Family Compact	《第二次家族盟约》
Second Treaty of Westminster in January	《威斯敏斯特第二条约》
Secret Treaty of Dover	《多佛秘约》
Secretary at War	战争大臣
Secretary of State	国务大臣
Secretary of State for the Colonies	殖民地事务大臣
Secretary of State in Scotland	苏格兰事务大臣
Selina Hastings	塞利娜·黑斯廷斯
Seljukian Turks	塞尔柱王朝的突厥人
Senegal	塞内加尔
Septennial Act	《七年法案》
Seven Years' War	七年战争
She Stoops to Conquer	《屈身求爱》
Sheriffmuir	谢利夫穆尔
Sherramuir	谢拉穆尔
Sicilian Vespers	西西里晚祷之乱
Sicily	西西里岛
Sigismund	西吉斯蒙德
Silesia	西里西亚
Simon de Montfort	西蒙·德·孟福尔
Simon Fraser	西蒙·弗雷泽
Sistova	西斯托瓦

Sivaji Maharaj	西瓦吉王公
Six Independent Companies	六个独立连
Solicitor- General	副检察长
Sophie of Hanover	汉诺威的索菲亚
South Carolina	南卡罗来纳
South Sea Company	南海公司
Speeches	《演讲集》
Spencer Compton	斯潘塞·康普顿
spinning-jenny	珍妮纺纱机
Spitalfields	斯皮塔菲尔德
Spithead	斯皮特黑德
St. Bernard	圣伯纳德
St. Eustatius	圣尤斯特歇斯岛
St. Germains	圣日耳曼
St. Lawrence	圣劳伦斯河
St. Lubin	圣吕班
St. Lucia	圣卢西亚
St. Malo	圣马洛
St. Mary's Church	圣玛丽教堂
St. Patrick's Cathedral	圣帕特里克大教堂
St. Vincent	圣文森特
Stadtholder of Dutch Republic	荷兰共和国总督
Staffordshire	斯塔福德郡
Stamp Act	《印花税法案》
Stanislaw Leszczyński	斯坦尼斯瓦夫·莱什琴斯基
Stephen	斯蒂芬
Stettin	斯德丁
Stirling	斯特灵
Stralsund	施特拉尔松德
Strassburg	斯特拉斯堡
Stringer Lawrence	斯特林格·劳伦斯

Studholme Hodgson	斯塔德霍姆·霍奇森
Sultan of Mysore	迈索尔苏丹
Suraj-ud-dauleh	苏拉杰－乌德－达勒
Surat	苏拉特
Surrey	萨里郡
Sussex	萨塞克斯郡
Swiss Confederation	瑞士邦联
Tatler	《闲谈者》
Test Act	《测试法案》
The Adventure of Roderick Random	《兰登传》
The American Revolution	《美国革命》
The Critic	《批评家》
The Expectation of Humphrey Clinker	《汉弗莱·克林克历险记》
The Good Parliament	善政议会
The Hundred Days	百日王朝
The Lords Appellant	上议院上诉者
The Orders in Council	枢密院令
The Peerage Bill	《贵族提案》
The Rivals	《对手》
The School for Scandal	《丑闻学校》
The Sentimental Journey	《多情客游记》
The Serious Call	《严肃的召唤》
The Social History of England	《英国社会史》
The Star Chamber	星室法庭
The Triple Alliance	三国同盟
Theses	《论纲》
Third Battle of Panipat	第三次巴尼帕德战役
Third Treaty of Vienna	《维也纳第三条约》
Thomas Adams	托马斯·亚当斯
Thomas Arthur	托马斯·阿蒂尔
Thomas Babington Macaulay	托马斯·巴宾顿·麦考利

Thomas Coke	托马斯·科克
Thomas Forster	托马斯·福斯特
Thomas Gage	托马斯·盖奇
Thomas Graves	托马斯·格雷夫斯
Thomas Gray	托马斯·格雷
Thomas Highs	托马斯·海斯
Thomas Hutchinson	托马斯·哈钦森
Thomas Jefferson	托马斯·杰斐逊
Thomas Paine	托马斯·潘恩
Thomas Parnell	托马斯·帕内尔
Thomas Pelham-Holles	托马斯·佩勒姆－霍利斯
Thomas Pitt	托马斯·皮特
Thomas Preston	托马斯·普雷斯顿
Thomas Robinson	托马斯·鲁宾孙
Thomas Thynne	托马斯·锡恩
Thomas Townshend	托马斯·汤森
Thomas Warton	托马斯·沃顿
Thomas Wentworth	托马斯·温特沃斯
Thomas Whately	托马斯·惠特利
Thomas Wyndham Goddard	托马斯·温德姆·哥达德
Thomas Chatterton	托马斯·查特顿
Thomas Percy	托马斯·珀西
Thompson	汤普森
Ticonderoga	泰孔德罗加
Timour the Tarta	鞑靼人帖木儿
Tobago	多巴哥
Tobias Smollett	托比亚斯·斯摩莱特
Tolbooth	托尔布斯
Tom Jones	《汤姆·琼斯》
Torgau	托尔高
Tottenham	托特纳姆

Toulon	土伦
Touraine	图赖讷
Tournay	图尔内
Traveller	《旅行者》
Treasurer of the King's Household	王室司库
Treaties of Basel	《巴塞尔条约》
Treaties of Nijmegen	《奈梅亨条约》
Treaty of Alliance	《同盟条约》
Treaty of Bassein	《伯塞恩条约》
Treaty of Benares	《贝拿勒斯条约》
Treaty of Berlin	《柏林条约》
Treaty of Dresden	《德累斯顿条约》
Treaty of Edinburgh	《爱丁堡条约》
Treaty of Fontainebleau	《枫丹白露条约》
Treaty of Jassy	《雅西条约》
Treaty of Karlowitz	《卡尔洛维茨条约》
Treaty of Kuchuk-Kainarji	《库楚克－开纳吉条约》
Treaty of Mangalore	《门格洛尔条约》
Treaty of Paris	《巴黎和约》
Treaty of Picquigny	《皮基尼条约》
Treaty of Salbye	《萨尔拜条约》
Treaty of Seville	《塞维利亚条约》
Treaty of the Escurial	《埃斯库利亚尔条约》
Treaty of Tilsit	《提尔西特条约》
Treaty of Troyes	《特鲁瓦条约》
Treaty of Vienna	《维也纳条约》
Treaty of Wallingford	《沃灵福德条约》
Treaty of Wedmore	《韦德摩尔条约》
Treaty of Worms	《沃尔姆斯条约》
Trevecca	特里维卡
Triennial Act	《三年法案》

Trincomalee	亭可马里
Trinitarian	三位一体
Tristram Shandy	《项狄传》
Tsearevna Catherine Ivanovna	叶卡捷琳娜·伊万诺芙娜
Ulrika Eleanora	乌尔丽卡·埃莉诺拉
Ulster	阿尔斯特
Under-Secretary for Foreign Affairs	副外交大臣
Under-Secretary of State	副国务大臣
Union of England and Scotland	英格兰与苏格兰组成联合王国
Unitarians	一位神论
University of Oxford	牛津大学
Usedom	乌瑟多姆
Ushant	阿申特岛
Valley Forge	福吉谷
Valley of Glen Finnan	格伦芬南山谷
Valois	瓦卢瓦
Vancouver Island	温哥华岛
Vellinghausen	维林豪森
Verden	费尔登
Verela	韦雷拉
Vicar of Wakefield	《威克菲尔德的牧师》
Vice-Treasurer for Ireland	爱尔兰副财务大臣
Victor-François	维克托·弗朗索瓦
Virgil	维吉尔
Virginia	弗吉尼亚
Viscount Bolingbroke	博灵布罗克子爵
Viscount Cobham	科伯姆子爵
Viscount Melville	梅尔维尔子爵
Viscount of Kenmure	肯穆尔子爵
Viscount Palmerston	帕默斯顿子爵
Viscount Sackville	萨克维尔子爵

Viscount Strathallan	斯特拉瑟伦子爵
Viscount Sydney	悉尼子爵
Viscount Torrington	托灵顿子爵
Voltaire	伏尔泰
Walcheren	瓦尔赫仑
Wandiwash	文迪瓦什
War of Devolution	权力下放战争
War of Liberation	解放战争
War of the Austrian Succession	奥地利王位继承战争
War of the Polish Succession	波兰王位继承战争
War of the Spanish Succession	西班牙王位继承战争
Warburg	瓦尔堡
Warren Hastings	沃伦·黑斯廷斯
Wealth of Nations	《国富论》
Welbore Ellis	威尔伯·埃利斯
Wenzel Anton	文策尔·安东
Weser	威悉河
West Cornwall	西康沃尔
West Indies	西印度群岛
Whig Ministry	辉格党政府
Whitby	惠特比
Wilhelemina of Prussia	普鲁士的威廉明娜
William Baillie	威廉·贝利
William Barrington	威廉·巴灵顿
William Blackstone	威廉·布莱克斯通
William Blake	威廉·布莱克
William Blakeney	威廉·布莱克尼
William Boyd	威廉·博伊德
William Cavendish	威廉·卡文迪什
William Cavendish-Bentinck	威廉·卡文迪什－本廷克
William Caxton	威廉·卡克斯顿

William Collins	威廉·柯林斯
William Congreve	威廉·康格里夫
William Count of Schaumburg-Lippe	沙姆堡－利珀伯爵威廉
William Cowper	威廉·柯珀
William Cunningham	威廉·坎宁安
William Dolben	威廉·多尔宾
William Dowdeswell	威廉·多德斯韦尔
William Drummond	威廉·德拉蒙德
William Eden	威廉·伊登
William Edward Hartpole Lecky	威廉·爱德华·哈特波尔·莱基
William Gordon	威廉·戈登
William Grenville	威廉·格伦维尔
William Haviland	威廉·哈维兰
William Home	威廉·霍姆伯爵
William Howe	威廉·豪
William Hunt	威廉·亨特
William III	威廉三世
William IV	威廉四世
William Johnson	威廉·约翰逊
William Legge	威廉·莱格
William Maxwell	威廉·麦克斯韦尔
William Murray	威廉·默里
William Nassau de Zuylestein	威廉·纳索·德·祖莱斯特因
William North	威廉·诺斯
William Petty	威廉·佩蒂
William Pitt	威廉·皮特
William Pitt the Younger	小威廉·皮特
William Pulteney	威廉·普特尼
William Pynsent	威廉·平森
William Robertson	威廉·罗伯逊
William Shakspeare	威廉·莎士比亚